예배당 옆 영화관

예배당 옆 영화관

: 닫힌 예배당을 영화로 열다

2021년 7월 28일 처음 펴냄

지은이 | 김기대
펴낸이 | 김영호
펴낸곳 | 도서출판 동연
등   록 | 제1-1383호(1992. 6. 12)
주   소 | 서울시 마포구 월드컵로 163-3
전   화 | (02)335-2630
전   송 | (02)335-2640
이메일 | yh4321@gmail.com

ISBN 978-89-6447-672-7 03040

예배당 옆 영화관

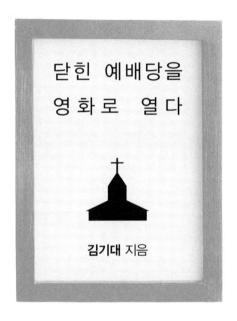

닫힌 예배당을
영화로 열다

김기대 지음

동연

우연히 기획된 내 30대의 출발은 미국이었다. 유학인 줄 알고 미국행 비행기에 몸을 실었다가 다시 돌아오는 데 12년이 걸렸다.

'킹 메이커'가 되겠다는 호탕한 꿈을 접고 하루 열두 시간 샌드위치를 싸고 닭을 구우며 자영업자로 살았던 시간, 어느 모임에서 띠동갑의 나이 차이를 극복하고 친구가 된 그는 결국 나를 교회로 인도했고 신학생이 될 것을 격려했으며, 결국 내 30대의 온전한 멘토가 되었다. 평화의교회 사회선교 간사로 신앙의 기초를 세우고 세상을 바라보는 눈을 배웠던 것은 온전히 김기대 담임목사 덕이었다.

저자가 세상을 바라보는 눈은 언제나 서늘하다. 3대째 기독교인 집안에서 태어나 유교가 주류인 사회에서 비주류 기독교인으로 자랐고, 연세대에서 비주류인 신학을 전공했고, 기독교인으로 비교종교학을 박사과정 삼아 불교를 공부했다. 한국에서 그저 그런 성공한 목회자의 보장된 길을 마다하고 미국에 이민 갔다. 미국 사회에서 비주류인 한인 교회의 담임목사가 되었고, 미국장로교(PCUSA) 소속 교회에서 진보와 인권을 앞세워 한인 커뮤니티에서 비주류로 버텼다. 언제나 주류主流의 유혹을 거부하고 비주류의 서늘한 시선을 그대로 담은 그의 글은 우리가 당연하다고 생각했던 것들에 대한 새로운 의문을 던져 준다.

"The medium is the message"(매체는 메시지다).

Marshall McLuhan이 『미디어의 이해』에서 말한 Media에 대한 정의다. 영화삼독은 영화라는 매체(Media)로 우리가 속해 있는 세상에서 우리를 끄집어내어 필름으로 만든 세계 안에 던진다. 카메라가 방향을 틀면 우린 자연스레 우리가 시선을 돌렸다는 일체감을 가지게 된다. 영화라는 매체(Media)가 가진 위대한 힘이다. 저자는 영화라는 Media가 우리에게 어떤 메시지를 주는지 해석해줌과 동시에 교회와 우리 사이의 영매(Media)가 되어 영화를 통해 하나님을 만나고 해석하는 체험을 하게 한다.

당신이 기독교인이라면 이 책을 통해 좀 더 풍성한 하나님의 다른 모습을 보게 될 것이고, 동시에 교회가 세상에 어떻게 다가가야 하는지 그 실마리를 보여줄 것이다. 당신이 비기독교인이라면 획일화된 주류의 시각에서 벗어나 세상을 좀 더 높은 곳에서 바라볼 수 있는 날개를 달아줄 것이다.

코로나로 지친 우리의 현실에 단단한 위로를 전해 줄 김기대 목사의 『예배당 옆 영화관』을 여러분께 권한다.

열린민주당 당 대변인
전 정치연구소 씽크와이 소장
김성회

머 리 말

　　버지니아 울프의 『자기만의 방』은 1928년 10월 케임브리지의 뉴넘대학에서 '여성과 픽션'이라는 주제로 강연한 내용을 담은 책이다. 강연 속 '나'는 케임브리지대학 도서관에 가고 싶었지만, 관리인은 대학 연구원과 함께 오거나 소개장이 있어야 도서관에 들어갈 수 있다며 '나'를 막아섰다. 버지니아 울프는 이렇게 쓴다.

> 교회당 안에서 울리던 오르간 소리와 도서관의 닫힌 문을 생각했고, 잠긴 문 안으로 들어갈 수 없다는 사실이 얼마나 불쾌한지 생각했어요. 잠긴 문밖으로 나설 수 없으면 그건 더 불쾌할 거라는 생각도 했어요.

　　성별보다 계급이 더 뚜렷한 차별 도구로 작동하는 교회가 금지의 공간이 된 것은 어제오늘의 일이 아니지만 1년여 이상 코로나19로 닫힌 사회에서 교회는 분노의 표적으로 명토 박아졌다. 교회의 문은 밖에서 걸어 잠겼고, 옛날의 영광(그런 게 있었는지는 모르겠지만)을 회복하려는 교회는 자꾸 밖으로 뛰쳐 나가려는 시대를 살고 있다.

　　강고한 기득권 집단과 그것을 무너뜨려야 할 히브리인의 대결이 만들어 낸 여리고성 이야기는 이제 주객이 뒤집혀 읽혀야 한다. 무너져야 할 것은 여리고성이 아니라 여리고 교회며, 성 밖의 히브리인들은 교회를 안타깝게 바라보는 시민들이다. 그렇다면 여리고 교회와 시민들을 중개할 라합 같은 영매(Media)*는 없을까?

그것이 내가 영화에 주목한 이유다. 독실한 개혁교회 집안에서 태어난 폴 슈레이더 감독은 17살까지 영화 한 편 보지 못했다고 한다. 청소년 후반기에 이르러 영화에 눈 뜬 그는 〈퍼스트 리폼드〉를 통해 "모든 보존된 것들은 창조를 지속한다. 그것이 우리가 하나님의 창조에 참여하는 방법이다"라는 신앙고백을 했다. 영화는 그에게 더 넓은 세상으로 나가는 출구인 동시에 신비와 만나는 지점이기도 했다.

출구가 막힌 한국교회는 영화로부터 '세속'과의 연대를 배워야 닫힌 문을 그나마 조금이라도 열 수 있을 것이다. 동시에 영화가 던져주는 화두에서 초월적 가치를 발견할 때 성과 속 모두로부터 도태되지 않는다.

코로나19 속에서 꾸역꾸역 모이는 이들을 향해 고작 비대면 예배도 괜찮다는 말로 개방성을 가르치려 했던 자칭 진보들도 그들이 가진 상상력과 신학의 한계를 보여주는 데는 마찬가지였다.

영화는 교회뿐 아니라 계급, 페미니즘, 난민, 환경 등 모든 현안에서 서로를 향해 닫혀 있는 한국 사회에서 참신한 돌파구가 될만하다. 특히 상위 계급으로 상승할 수 있다고 믿는 한국의 젊은이들에게 〈기생충〉은 잔인하리만큼 현실을 후벼 판다. 현실을 직시해야만 해법도 나오는 법, 그것을 자각하기에는 영화만 한 것이 없다고 생각한다. 마치 혁명의 전위대처럼 말이다.

나는 '하느님'이 표기법에 맞는다고 생각하지만, 이 책에서는 새

---

* Media가 영매의 뜻뿐 아니라 중개자라는 뜻, 또는 영화와 방송에도 사용된다는 점에 주목했다.

번역본 성서를 따라 '하나님'이라고 썼다. 다만 인용글 중에 '하느님'으로 쓴 경우 원문을 그대로 살렸다. 『도덕경』 1장의 "이름을 이름 지우면 늘 그러한 이름이 아니"라는 내 생각이 표기의 통일성보다 우선한 까닭이다. 그 밖의 이름에서도 부르기에 익숙한 전례를 따랐다. 예민한 독자들의 양해를 바란다.

　여기에 담긴 글 중 일부는 인터넷 매체 〈뉴스M〉에 실렸었고 〈오마이 뉴스〉에 중복으로 게재한 글들도 간혹 있다. 그 외 대부분은 설교단에서 평화의교회 교우들과 함께 나누었던 이야기다. 재미없는 이야기를 들어준 교우들, 함께 공부하는 평화서당 회원들, 〈뉴스M〉의 최병인 대표에게 감사의 뜻을 전한다. 오랜 벗 동연의 김영호 대표와 편집진의 수고도 두고두고 기억될 것이다.

2021년 6월

김기대

차 례

| 1부 |

닫힌 예배당, 열린 영화관

내 믿음은 정말 내 것인가?
〈나를 찾아줘〉

세계는 더 이상 주체에 의존해서 살아가지 않으며, 그 주체가 사망한다고 해서 마치 정서적으로 의존하고 있는 배우자처럼 함께 종말을 고하지도 않는다.

_ 테리 이글턴, 『낯선 사람들과의 불화』

페이스북과 같은 SNS의 확산으로 사람들은 두 가지 재미를 갖게되었다. 다른 이의 사생활을 엿보는 관음증과 자신의 행동이나 생각이 다른 이에게 어떻게 평가받는지를 알아보는 재미다. 더 많은 '좋아요'를 받기 위해 자신을 어느 정도 포장하는 것은 흠결도 아니다.

영화 〈나를 찾아줘〉(데이빗 핀처 감독, 2014년)는 부부의 갈등을 소재로 한 영화 같지만 실은 타자의 시선 속에 갇혀버린 현대인의 비극을 다룬 영화다. 원작은 2012년 발행된 길리언 플린의 동명 소설이다.

닉(벤 애플렉 분)과 에이미(로자먼드 파이크 분)는 뉴욕에서 프리랜서 작가 활동을 하다가 직업을 잃자 닉의 고향 미주리주로 돌아온다. 이곳에서 그들은 뉴욕 생활에서는 꿈도 꿀 수 없는 저택을 임대하고,

닉은 조그만 대학에서 강의 자리를 얻고, 쌍둥이 여동생 마고와 함께 선술집 더 바The Bar를 차린다. 어떤 수식어도 필요 없는 '그 선술집', 개별적 술집이 아니라 세상의 술집을 대변하는 보편성을 가진 작명이다. 이들은 자신이 곧 보편의 진리라고 믿고 싶어 하지만 현실은 그렇지 않다.

어느 날 아침 외부인의 침입 흔적과 함께 아내 에이미가 실종되는 사건이 일어난다. 유명 작가의 딸이자 어머니가 쓴 소설 주인공이란 유명세 때문에 실종 하루 만에 에이미 찾기 웹사이트와 에이미 찾기 자원봉사단이 꾸려진다. 언론의 취재 열기는 당연한 터, 닉과 에이미는 하루아침에 전국적인 스타가 된다. 자원봉사단에 온 사람들은 실제 에이미를 찾는 일보다 자신들이 이 사건에 어떤 형태로든지 연계되어 있다는 사실을 즐긴다. 일부는 닉과 셀프 카메라를 찍어 그것을 자신의 SNS에 올렸다.

닉은 팬(?)들과 사진을 찍을 때마다 연예인처럼 억지 미소를 짓지만, 아내의 실종에 대한 그의 속마음이 웃음에 담겨 있다.

경찰의 수사가 답보 상태가 될수록 닉이 용의자에 오른다. 집에서 발견된 핏자국과 어설픈 격투 흔적들이 이러한 심증을 뒷받침한다. 그러던 중에 닉이 1년여 이상 제자와 불륜관계를 유지해 왔다는 것이 발각되자 방송은 이미 닉을 진범으로 단정한 채 분위기를 몰아가고, 배우자 살인범 전문 변호사까지 붙는다.

닉은 아내를 사랑하지는 않았지만 살해하여 시체를 유기할 사람은 아니었다. 그렇다면 에이미는 어디로 갔을까? 모든 것은 에이미의 완벽한 조작이었다. 스스로 피를 뽑아 혈흔을 남기고, 자신을 '사망에 이르게 한' 둔기를 한여름에 벽난로에 넣어 태운 흔적을 남기고,

이웃집 수다쟁이 여인에게 가정불화를 토로해왔고, 뒷골목의 유명한 마약상에게 총기 구입을 의뢰하고, 실제로 하지 않은 임신 증거를 남긴다. 에이미는 이런 일들을 일기장에 남기고 스스로 사라진 것이었다.

결혼의 환상이 깨어진 상태에서 닉을 살인범으로 몰아 감옥에 가두려고 계획해 온 에이미의 설정이었다. 강도를 만나 모든 시나리오가 어긋나자 어릴 적 자신에게 집착했던 고교 동창 콜린스를 찾아간다. 거부인 콜린스의 도움으로 은둔 생활을 하면서 다르게 방향을 잡은 에이미는 닉에게 극적으로 돌아온다.

닉의 혐의는 풀리고, 두 사람은 천신만고 끝에 사랑을 되찾은 부부로 매체 앞에서 '연기'한다. 닉은 이 모든 것이 에이미의 음모였다는 것을 알고 있지만 헤어나올 수가 없다. 증거도 불충분할뿐더러 죽음을 무릅쓰고 남편에게 돌아온 아내를 내칠 수도 없는 일이기 때문이다.

결국 두 사람은 사랑은 없고 서로에 대한 두려움은 지니고 있지만, 타자의 시선들 앞에서 포장하며 살아갈 수밖에 없다.

영화는 우리가 되었으면 하는 모습과 진짜 우리 모습 사이 그리고 대중들에게 비친 자신들의 모습, 이 세 개의 이미지 간극에서 오는 비극을 보여준다. 에이미는 실종 자작극을 꾸미고 숨어다닐 때 자신의 자살 계획을 담은 메모에서 'kill myself'라고 쓰지 않고 'kill self'라고 쓴다. 에이미는 이런 이미지 간극이 자신의 문제만이 아니라 모든 '자아'들의 공통된 문제라는 것을 알기 때문에 '자아'라고 표현한 것이다. 마치 술집의 이름을 그 선술집이라고 지은 것처럼…. 즉, 자신의 경우가 모든 인간의 경우에서 보편적으로 나타나는 현상이

어야만 했다. 에이미의 자아 사이에 있는 이미지 간극은 모든 사람의 경우에도 크게 다르지 않게 나타난다.

어메이징 에이미

에이미는 유명 작가인 어머니의 작품 〈어메이징 에이미Amazing Amy〉 속의 에이미와 실제 에이미 사이에서 고민하며 자라났다. 어머니의 동화 속 에이미는 완벽하고, 실제 에이미는 그렇지 못했다. 하지만 어머니의 독자들은 두 에이미를 동일시했다. 처음에는 동화 속 주인 공에 못 미치는 자신이 부끄러웠지만, 차츰 동화 속 에이미처럼 거짓 으로 사는 데 익숙해진다.

사소한 경험을 과도한 체험으로 극화시키는 작화증 환자처럼 에 이미는 어느 모습이 자신의 모습인지 자신도 헷갈린다. 그리고 어느 파티장에서 결혼의 최적화된 상태로 닉을 만난 것이다. 닉과 에이미 는 세상이 규범으로 정해 놓은 '좋은 결혼'을 위해 연기할 줄 알고 있었다.

닉도 크게 다르지 않았다. '치매' 아버지로부터 독립한 어른이라 고 생각하지만, 그는 자신의 쌍둥이 여동생과는 미분화된 상태다.

에이미는 자신마저 타자화시키면서 만들어진 자신을 연출해 나 간다. 그러다가 남편을 통해 자신을 찾으려다가 실패하고 이제는 미디어를 통해 자신을 확인해 간다. 영화의 원제는 〈가버린 소녀〉 (Gone Girl)인데, 끝까지 자신을 발견하지 못하고 소녀의 상태에 머물 러 있는 에이미의 정신 상태를 담은 제목이라면 우리말 제목 〈나를 찾아줘〉는 훨씬 철학적이다. 에이미가 되었건 닉이 되었건 타자의 시선과 욕망으로부터 자유로운 '나'를 찾으려다 실패한 사람들이다. 닉과 에이미는 라깡이 말한 유아적 상상계나 아버지에 의해 좌우되는 상징계에 심각하게 예속되어 있는 상태에서 부부 관계를 유지해 왔다. 보다 정확하게 말하자면 두 부부에게 있어서 상징계의 대타자는 아버지가 아니라 어머니였다. 에이미는 자신을 가공해낸 어머니의 욕망으로부터 자유롭지 못했고, 닉은 여동생과 미분화된 관계를 통해 어머니의 빈자리를 메꿔 나갔다.

나를 찾는 일이 왜 그리 어려운가?

불교에서는 나를 비우라고 하지만 이런 개념은 본래 일본 선불교로부터 배운 얼치기 대중 선사들의 가르침이다. 본래 불교에서는 비우고 말고 할 것 없이 '나'라는 것이 없다. 그만큼 '나'라는 존재는 불가해한 존재다. 사도 바울도 이 문제로 고민했다.

> 나는 내 속에 곧 내 육신 속에 선한 것이 깃들여 있지 않다는 것을 압니다. 나는 선을 행하려는 의지는 있으나, 그것을 실행하지는 않으니 말입니다. 나는 내가 원하는 선한 일은 하지 않고, 도리어 원하지 않는 악한 일을 합니다. 내가 해서는 안 되는 것을 하면, 그것을 하는 것은 내가 아니라, 내 속에 자리를 잡고 있는 죄입니다(로마서 7:18-20).

사도 바울에게 '원하지 않는 악한 일'이란 타자의 욕망이 나에게서 작동하는 경우다. 닉과 에이미의 경우 서로가 서로에게 '원치 않는 악한 일'을 강요하다가 결혼이 파탄 났다. 그러나 이 영화가 단순히 부부 갈등을 전문으로 하는 미국판 '사랑과 전쟁'이 아닌 이유는 우리 모두의 'SELF'가 타인의 시선에 의해 좌우되고 있기 때문이다.

'신앙' 혹은 '믿음'은 나의 주체적 결단인가? 아니면 나를 나 아닌 나로 만드는 객관화된 타자인가? 화려하고 상투화된 신앙 용어로 덕지덕지 덧붙여진 '나'를 아직도 진짜 '나' 인줄 알고 있는 사람들은 어쩌면 닉과 에이미보다도 자기 성찰이 덜된 사람들이 아닐까?

어른이 되지 못하고 죽는 인생
〈보이후드〉

남자들이 더 이상 날 쳐다보지 않아.

_ 밀란 쿤데라, 『정체성』

영화 '보이후드'(리처드 링클레이터 감독, 2014년)는 무려 12년이란 기간 동안 매년 조금씩 촬영하여 만든 영화다. 주인공 메이슨(엘라 콜트레인 분)이 6살인 2002년부터 18살 될 때까지의 성장 과정을 영화에 담았다. 전체 상영시간(165분)을 단순히 12로 나누어 보면 매년 14분 정도의 분량만을 촬영했다는 이야기다. 감독이나 배우의 신뢰가 없이는 불가능한 일이다. 링클레이터 감독은 아버지 역을 맡은 에단 호크에게 자신이 도중에 죽으면 영화를 완성해 달라고 부탁했다는 후문이 있다. 신뢰가 무너지는 세상에서 신뢰만으로도 충분히 가치 있는 영화다.

〈보이후드〉는 2014년 제64회 베를린영화제 은곰상(감독상)을 수상했다. 영화 사이트인 로튼 토마토Rotten Tomatoes에서는 평점 9.4를, 메타크리틱Metacritic에선 100점을 기록했다. 한국 네이버 영화의 전문가 평점은 9.5를 기록했다. 2015년 아카데미 시상식에서는 선전이 예상되었으나 어머니 역의 패트리샤 아퀘트가 여우조연상을 수상하는 데 그쳤다. 미국 아카데미에 앞선 골든 글로브와 영국 아카데미 영화상에서 작품상과 감독상, 여우조연상을 수상해 오스카에서도 그만한 성적을 예상했으나 빗나가고 말았다. 수상이 영화의 수준과 비례하는 것은 아니겠지만 어쨌든 좋은 영화다.

　메이슨과 누나 사만다 남매는 부모의 이혼 후 엄마(패트리샤 아퀘트 분)와 함께 살고 있다. 엄마는 자기 계발과 자녀 양육이라는 무거운 두 짐 때문에 허덕이지만, 가끔 만나는 아이들의 아빠(에단 호크 분)는 세상의 모든 남자가 그렇듯이 '영원한 자유인'으로 살고 싶어 한다. 부부의 이혼 사유가 짐작되는 설정이다. 엄마는 가정과 인생이 안정되었으면 좋겠고, 아빠는 세상이 정해준 틀에서 벗어나고 싶다. 텍사스라는 배경, 즉 부시 전 대통령의 고향에서 아빠는 가끔 만나는 아이들을 앉혀 놓고 부시와 이라크전을 비판한다. 그렇다고 그가 어떤 정치적 입장을 가지고 조목조목 설명하는 것은 아니다. 선술집에서 정치논쟁을 하다가 주먹다짐까지 벌이는 사람들의 거친 말본새처럼 그냥 자기 생각을 되는대로 쏟아 놓는다.
　아이들과 볼링장에 간 아빠는 "인생에는 범퍼란 게 없어"라고 말한다. 볼링 레인에는 어린아이들을 위해 볼링공이 양쪽 홈에 빠지지 않도록 안전장치(범퍼)가 있다. 그러면 아이들이 아무렇게나 던진 공이 이쪽저쪽 부딪히다가 결국에는 핀 몇 개라도 쓰러뜨리게 된다. 메이슨이 자꾸 공이 홈에 빠지자 범퍼를 올려달라고 아빠에게 짜증을 냈을 때 아빠가 한 말이 바로 이 말이다. 인생이 빗나갔을 때 그를 지켜주고 다시 원 궤도로 돌려놓을 장치는 없다는 말이다. 그냥 빠지면 빠진 대로, 핀을 쓰러뜨리면 쓰러뜨린 대로 살아가는 것이 인생인 것을 철없는 아빠는 즐겁게 터득해간다.

안정을 찾는 사람은 계속 헤매고, 헤매던 사람은 안정을 찾고…

엄마는 뒤늦게 대학 공부를 하면서 교수와 재혼을 한다. 둘의 알콩달콩한 연애 장면은 없다. 엄마는 안정이, 두 아이를 양육하고 있던 두 번째 남편은 가족이 필요했을 뿐이다. 남매와 남매가 만나 자녀가 4명이 되었어도 비슷한 또래의 아이들은 사이좋게 잘 지낸다. 반면 부부 사이는 조금씩 금이 가기 시작한다. 특별한 갈등 요소는 없지만 살아가는 방법이 다르다. 이미 교수인 두 번째 남편에게 뒤늦게 공부를 시작한 새 아내가 항상 부족해 보였고, 아이들은 성장을 거부하는 철부지로 보였을 터, 결국은 알코올을 동반한 폭력이 행사되고 엄마는 두 번째 이혼을 한다.

가끔 만나는 아이들의 생부는 항상 철이 없다. 아이들에게 성교육을 한답시고 과년한 딸이 부끄러워해도 개의치 않고 떠들어 댄다. 딸 사만다 역을 맡은 로렐라이 링클라이터는 리처드 링클레이터 감독의 딸이다. 극 중 아빠의 낯뜨거운 성교육에 사만다가 부끄러워하는 장면이 매우 자연스러운데 실제 아빠인 감독이 지켜보는 가운데 이런 이야기가 오가는 장면에서 사춘기 소녀의 당혹함이 드러난다.

이러면서 아이들은 조금씩 성장한다. 대학에 시간 강사 자리를 얻은 엄마는 이번에는 교수가 아니라 퇴역군인인 학생과 세 번째 결혼한다. 열등의식이 많던 이 남자도 결국 헤어진다. 세 번째 남편의 자긍심은 자신이 소유한 집으로부터 온 것이었는데 서브프라임 모기지 사태로 집값이 폭락하자 그는 자긍심을 잃는다.

반면 평생 철없을 것 같던 친아버지는 새 연인과 결혼을 해서 아이까지 낳았다. 새롭게 메이슨의 외할아버지 할머니가 된 사람들은 16살 생일을 맞이하여 성경과 사냥용 엽총을 선물 받는다. 텍사스다운 장면이다.

12년 동안 찍으면서 브라운관 TV와 시대를 대표하는 애니메이션과 게임들, 이라크전쟁과 대통령 선거 장면 등이 그때그때 나온다. 영화를 위해 당시를 재현한 것이 아니라 그러한 사건들이 일어날 때 직접 찍은 것이다. 부시 이후 차기 대통령이 누가 될지, 스마트폰이 나오게 될지 모르는 상황에서 배우들은 살아가던 당시의 사건들 속에서 시대의 산물들과 교류하는 장면에서 얼핏 포레스트 검프가 소환되는 게 옥에 티다.

영화는 고등학교를 졸업한 메이슨이 대학에 진학해서 친구들과 떠난 여행지에서 끝난다. 함께 여행 간 여자 친구에게 어른들은 왜 우리 삶에 개입하는지 알 수 없다고 토로하며 "지금 이 순간을 잡으라고 하는데 오히려 순간이 우리를 잡고 있다"라는 말은 그의 성장 과정이 곧 성숙 과정이었음을 보여준다.

소년의 성장 영화가 아니다

이 영화는 소년의 성장 영화가 아니다. 아이들의 눈에 비친 어른들의 성장기다. 그런데 어른들은 자신들이 다 성장했다고 믿고 아이들의 삶에 개입하려 한다. 자신들은 되는 대로 살아가면서 아이들에게는 모범이라고 착각한다.

싱글맘이라는 자책감으로 아이들에게 미안한 감정을 가지고 있던 엄마는 생활이 안정되어 가면서 아이들을 향한 잔소리가 많아진다. 뭔가 이루었다고 하는 성취감이 스스로 모델 역할을 하게 만드는 것이다. 아이들이 모두 대학에 진학하자 자신의 삶에서 이제 남은 건 장례식뿐이라고 한탄하는 장면처럼 엄마에게 인생의 목표는 안정과 성취였지만 다 이루었다고 생각했을 때 그녀는 앞으로 다가올 외로움이 두렵다.

안정에의 희구도, 성취 욕망도 없는 아빠에게는 오히려 안정이 찾아오는 장면은 인생이 본인의 의지와는 상관없이 흘러가는 신비라고 우리를 설득한다. 교수였던 두 번째 남편은 규범에서 삶의 의미를 찾으려고 했지만, 그것이 자신은 물론 다른 이들에게는 독이 되었다. 성실한 교도소 간수로 열심히 집을 장만한 세 번째 남편은 경제 위기로 모든 것을 잃는다.

아직 소년티를 벗지 못한 메이슨은 아버지에게 "지금까지의 그 모든 게 대체 무슨 의미를 지니는 거에요?"라고 묻지만, 아직도 성장 중인 아버지인들 답을 알 리 없다. 또한 영화 속 다른 대사처럼 인생이란 예정되어있는 데로 굴러가는 지루한 일일 뿐이다. 이처럼 인생이란 목적 없이 지루함과 지루함이 만난다. 그 순간순간이 목적이고, 순간과 사건은 서로 횡단하며 의미를 짓는다. 그것이 신학 용어의 옷을 입으면 예정이 된다.

인생이란 끝까지 부분이 모여 전체를 알아 가는 과정이다. 따라서 어린아이만 성장이 필요한 것이 아니라 어른들도 끝까지 성장하다가 죽어간다.

사도 바울은 고린도전서 13장에서 이렇게 이야기한다.

그러나 예언도 사라지고, 방언도 그치고, 지식도 사라집니다. 우리는 부분적으로 알고, 부분적으로 예언합니다. 그러나 온전한 것이 올 때에는, 부분적인 것은 사라집니다. 내가 어릴때에는, 말하는 것이 어린아이와 같고, 깨닫는 것이 어린아이와 같고, 생각하는 것이 어린아이와 같았습니다. 그러나 어른이 되어서는, 어린아이의 일을 버렸습니다. 지금은 우리가 거울로 영상을 보듯이 희미하게 보지마는, 그때에는 얼굴과 얼굴을 마주하여 볼 것입니다. 지금은 내가 부분밖에 알지 못하지마는, 그때에는 하나님께서 나를 아신 것과 같이, 내가 온전히 알게 될 것입니다. 그러므로 믿음, 소망, 사랑, 이 세 가지는 항상 있을 것인데, 그 가운데서 으뜸은 사랑입니다(고린도전서 13:8-13).

부분과 희미한 거울, 어린아이가 같은 짝이라면 마주봄과 온전함과 어른이 한 짝이다. 어른이 되어야 온전한 전체를 알 수 있는데 그날은 언제일지 알지 못한다. 성장 과정을 통하여 조금씩 터득해 갈 뿐이다. 그 과정에서 경험되는 부분도 결국은 전체의 일부이므로 순간의 삶이 아무리 하찮아 보여도 버릴 수 없는 것들이다.
　알랭 바디우는 그의 책『사도 바울』에서 "모든 차이는 그들에게 은총처럼 도래한 보편성을 담지"한 것이라고 설명한다. 차이는 다른 것이 아니라 그 안에는 모두 은총이 담겨 있다는 뜻이다. 살아가면서 경험하는 다양한 차이들은 이처럼 전체를 이룬다. 알랭 바디우는 사도 바울에게서 이러한 철학을 찾아내며 다음 구절을 인용한다.

피리나 거문고와 같이 생명이 없는 악기도 각각 음색이 다른 소리를 내지 않으면, 피리를 부는 것인지, 수금을 타는 것인지, 어떻게 알 수 있겠습니까?(고린도전서 14:7)

어른인 채, 모두 터득한 것처럼 살아가는 것이 아직 어리다는 것의 반증이다. 범퍼 없이 이리저리 일탈하며 사는 삶 가운데도 항상 신비는 있었고, 정해진 궤도에서 벗어나지 않으려고 아등바등 사는 삶에도 상실은 찾아온다. 화려한 일상이든 추레한 순간이든 진솔한 사랑이 순간을 영원과 연결해 주는 고리다.

기억의 습작
〈국제시장〉

그는 이제 자신의 과거 행동 때문에 이 선전을 믿어야 한다. 그는 선전에서 자신의 정당화와 권위를 받아야 한다.

_자끄 엘륄, 『선전』

〈국제시장〉(윤제균 감독, 2014년)을 관람하고 극장을 나서는 사람들의 표정은 사뭇 비장했다. 대부분 중장년인 관객들은 이제야 비로소 자신의 삶을 대변해 주는 영화를 찾았다는 표정을 숨기지 못했다.

하지만 영화를 보는 관객의 연령 구성은 기껏해야 월남전 참전의 경험을 가진 세대가 최고령층으로 보였다. 바꾸어 말하면 한국전쟁도, 파독 광부와 간호사도, 월남전도 '역사'로만 들어온 세대들이 관객의 대부분이었다는 말이다. 이전 세대의 삶이 영화보다 더 드라마틱했다는 점은 부정할 수 없겠지만 다음 세대들에게 그 경험을 잘 배우라고 영화는 채근한다.

영화는 어린 나이에 흥남 부두에서 월남한 윤덕수(황정민 분)의 개인사를 다룬다. 아버지가 미처 따라오지 못한 상태에서 어린 덕수는 가장이라는 짐을 짊어진 채 어머니와 두 동생을 돌본다. 가슴에는 흥남 부두에서 이별한 아버지와 여동생에 대한 미안함이 가득하고, 몸은 부산 국제시장에 정착한 가족들을 돌보는 데 던진다. 자신은 잊은 채 남동생의 대학 등록금을 위해 파독 광부로 나서고, 여동생의 결혼자금을 위해 전쟁 중인 베트남에 노동자로 자원한다. 이산가족 상봉 때는 흥남에서 잃어버린 후 미국으로 입양된 동생 막순이도 만난다. 비극적인 한국사의 현장을 거칠 때마다 덕수는 정주영(현대그룹 창립자), 앙드레 김(디자이너), 이만기(씨름선수), 남진(가수)과도 우연히 만난다.

윤덕수의 삶은 한국 현대사 자체였다는 설정이다. 할리우드와 마찬가지로 한국의 충무로도 진보적 색채가 강해서 그동안 보수적인 영화는 흥행에 성공하지 못했었다. 예를 들어 강제규 감독의 2011년 작 〈마이 웨이〉는 장동건, 오다기리 조 두 연기자를 내세우고도 흥행에 참패했다. 그러나 〈변호인〉(양우석 감독, 2013년)을 마지막으로 변화의 조짐이 보였는데, 〈명량〉(김한민 감독, 2014년)에 이어 이번 〈국제시장〉이 흥행에 성공하자 사회 전반의 보수화와 더불어 영화계도 보수화되는 것이 아니냐는 우려가 있었고, 보수언론은 잡은 기회를 놓치지 않으려는 듯 이념 논쟁을 부채질했던 것이 이명박-박근혜 시대의 풍경이었다.

이에 대해 윤제균 감독은 아버지 세대에 대한 감사를 담았을 뿐이라며 이념적 논쟁으로 비화되는 것을 우려했다. 윤 감독은 약하기는 했지만, 영화가 산업화 세대와 국가주의에 대한 찬사로만 보이는 것을 막기 위해 두 장면을 집어넣었다.

하나는 희생만 하는 덕수에 대한 아내 영자(김윤진 분)의 불만이 쏟아지고 있을 때 국기 하강식이 거행되자 두 사람이 어정쩡하게 국기를 향해 일어서는 장면이다. 이는 누가 봐도 개인사에까지 국가가 영향을 미치던 때를 조롱하는 장면인데 영화를 봤던 박근혜 전 대통령은 '부부싸움을 하다가도 국기에 대한 예를 갖추는 애국심'으로 영화를 해석했다.

다른 하나는 애국심 논쟁에 가려 놓친 장면인데 동남아 출신 젊은 연인의 데이트 현장을 한국의 10대들이 조롱하자 덕수는 나서서 고등학생들을 야단친다. 덕수 자신 또한 부산에 정착한 이방인이라는 회한이 깊게 담겨 있는 장면이다. 최인훈의 소설 〈광장〉에서 남북한 어디도 정착하지 못하고 제3세계를 택했다가 비극적으로 생을 마감한 주인공 이명준이 슬쩍 스쳐 지나간다.

시장도 '국제'시장이고, 지역 신문도 '국제'신문이고, UN군 묘지가 있는 '국제' 도시인 부산에서 덕수는 먹고살기 위해 정을 붙이고 살았을 뿐 그곳은 이방 지대였던 것이다.

아버지에 대한 공치사는 헌사가 아니다

영화의 이념논쟁은 쓸데없고 정치인들의 관람평은 영화의 인기에 묻어가려는 수법으로 보면 된다. 영화 속 덕수의 세대는 분명 고생했고, 산업화의 주역이 되었다. 개처럼 벌어 정승처럼 쓰지도 못한 그들에게 자본주의 윤리를 찾는 것은 무리다. 다음 세대는 민주화를 이루었고 민주화운동이 가능했던 것은 먹고 사는 문제가 어느 정도 해결된, 즉 산업화 세대의 혜택이라는 점도 옳다. 무늬는 민주화 세대이면서 사는 모습은 산업화 세대가 추구했던 물질 지상주의에 벗어나지 못하는 세대에 대한 비판도, 오직 먹고 사는 문제만 집중하면서 성찰의 기회를 놓쳤던 산업화 세대에 대한 비판도 굳이 영화에 담을 필요는 없다.

〈국제시장〉이 비판받아야 할 이유는 다른 데 있다. 영화의 영어 제목이 '아버지에 대한 헌사'(Ode to My Father)이듯이 아버지 세대에 대한 감사를 담고 있다면서도 감독의 기억 속 아버지는 희생의 이미지로만 남아 있다. 아버지를 희생에만 묶어 둔다면 그것은 헌사로 포장된 후세대의 폭력이다. 오직 장남이라는 이유로 감당한 희생을 헌사로 칭송하는 것은 위선적이라는 말이다. 덕수는 행복에 익숙하지 못하다. 그래서 행복한 순간을 사진에 담을 때마다 무의식적으로 눈을 감아 버린다. 행복조차 익숙하지 못한 덕수는 동정의 대상이어야 한다.

극장을 찾은 40, 50대의 부모들은 그들 스스로는 덕수만큼의 희생도 해보지 않고 자식들에게 폭력의 기억을 전승한다. 〈국제시장〉의 잘못은 영화나 관객 모두 폭력의 기억을 정당화하고 계승하려고 하는 것이다. 아버지 세대의 고생을 희생양 삼아 사회 모든 모순을 미봉하려 한다. 르네 지라르의 희생양 이론에 담긴 폭력의 문제와 어찌 그리 잘 맞아떨어지는 영화인지! 르네 지라르는 공동체의 모방 욕망이 짝패를 경쟁자 삼아 마침내 폭발에 이르렀을 때 그 사회는 희생양 하나를 선택해 그를 폭력적으로 제거하고 잠시 평온을 찾는다는 희생양 이론을 주장한다. 덕수는 헌사를 빙자해 다음 세대가 욕망을 감추기 위해 선택한 희생양이다.

물론 덕수의 삶에 시비 걸고 싶은 마음은 없다. 그 세대는 누구라도 그랬을 것이다. 덕수는 "이 고생을 우리 자식 세대에게 물려 주지 않고 우리가 겪었으니 얼마나 다행이냐"고 독백한다. 하지만 오직 가족만을 위해 희생했던 자기의 삶에 정당성을 부여하기 위해 사회 역사적 의미를 찾아보지만 정작 현세대가 안고 있는 사회적 모순에 대해서는 무지한 독백일 뿐이다. 비정규직으로, 멀기만 한 주택 구입 자금 마련으로 지금 세대는 또 다른 형태의 전쟁을 겪고 있는 것을 외면해 버린다. 1965년에서 1973년에 이르는 월남전 참전 한국군 사망자가 5,000여 명인데, 지금 한 해 자살자 수가 15,000명이다. 이 어려운 시대를 자식들에게 넘겨주지 않았다는 말은 자신의 고생을 인정해 달라는 투정과 다름없다. 또한 어려운 시대를 헤쳐나가는 과정에서 아내 영자의 희생도 지대했는데 영자의 희생은 덕수 어머니의 희생보다도 인정받지 못한다. 전형적인 가부장제 모순이 영화에 고스란히 담겨 있다.

사람들은 〈국제시장〉을 〈포레스트 검프〉(로버트 저메키스 감독, 1994년)에 비교하곤 한다. 포레스트 검프(톰 행크스 분)는 미국 현대사의 모든 장면과 함께 한다. 그러나 발달장애아인 그에게 기억은 중요하지 않다. 그런 시대를 살았을 뿐 그는 희생하지 않고 앞을 향해서 달린다. 〈포레스트 검프〉가 앞을 향해 달린 영화라면 〈국제시장〉은 옛 기억을 자꾸 지금에 각인시키려고 시도한다.

소설로는 인기를 얻었지만, 영화로는 실패한 스웨덴 작가 요나스 요나손의 소설 〈창문 넘어 도망친 100세 노인〉의 주인공 알란 카손 역시 근대사의 모든 장면에 함께 한다. 그러나 그는 100세가 되어서도 자신의 화려했던(때론 괴로웠던) 과거에 연연하지 않고 뒷골목 건달들이나 할 법한 새로운 경험을 하면서 자유를 경험한다. 역사와 같은 거대 담론이 그를 규정하는 것이 아니라 100세나 된 지금의 낯선 경험들이 그를 더욱 기쁘게 한다.

그러나 〈국제시장〉에서는 끝까지 덕수를 과거에 묶어 둔다. 덕수가 인생의 마지막에 가서야 삶의 유일한 결과물인 수입 잡화점 '꽃분이네'를 처분하기로 결정하지만 그는 자유롭지 못한 채 세상을 떠나게 될 것이다. 그리고 후대는 그것을 아버지라는 이름으로 칭송한다. 세상에 이런 허위가 어디 있는가? 우리가 〈국제시장〉을 보면서 정작 눈물을 흘려야 할 지점은 희생에서 끝까지 헤어나오지 못한 채 희생양이 되어버린 덕수와 그것을 바라보고 헌사만을 보내며 온갖 모순을 감추려는 우리 안의 위선이다.

철학자 이진우에게 기억은 다음과 같은 것이다.

우리는 지금, 우리가 기억하기 위해 만든 기억의 수단이 우리보다 더 많이 기억하는 '기억과잉'의 시대에 살고 있다. 우리는 삶에서 일어나는 모든 일을 기억하려 한다. 마치 '내 기억하리라'가 아니라 '내 잊지 않으리라'라는 더욱 결연한 의지를 따르는 것처럼. 기억이 흘러넘치는 기억 비대증 시대에는 기억은 좋은 덕^{virtue}, 망각은 피하고 극복해야 할 나쁜 병^{disease}으로 인식된다.

_ 이진우 김민정 외 ,『호모 메모리스』

이진우는 기억이 병이 될 수 있고 망각이 오히려 덕이 될 수 있음을 말한다. 그가 인용한 최수철의 소설에서 기억은 "꼭 필요할 때는 우리의 기대를 저버리고, 전혀 원하지 않을 때 불쑥 쳐들어와서 우리를 짓밟아"대는 것이다.

이진우의 글을 다시 보자.

우리 기억은 결코 우리 과거를 비춰주는 거울이 아니다. 그것은 오히려
기억의 주체가 어떤 욕구와 문제를 갖고 있는지 알려주는 단서일 개연성
이 크다. 이런 점에서 기억과잉은 과거의 현재에 대한 과다한 지배이다.
우리는 현재를 지배하기 위해 과거를 위해 현재를 희생해서는 안 된다.
기억과잉은 현재 지각을 방해할 뿐 아니라 삶을 만들어나갈 힘을 파괴한
다(위의 책).

덕수의 기억, 아니 정확하게 말해서 감독과 보수언론이 하고 싶
은 기억은 과거로 하여금 현재에 대한 지배를 정당화시켜 주는 기억
들이다. 사회의 부조리에 대해서는 눈감고 오직 가족이라는 '숭고한
가치'를 위한 희생만이 중요하다. 그들에게 새로운 삶을 만들어나갈
힘이 파괴되는 것은 중요하지 않다. 윗글처럼 기억의 주체가 가지고
있는 욕구와 문제를 너무 적나라하게 드러내는 영화다. 그래서 〈국
제시장〉은 나쁜 영화다.

사도 바울은 고린도후서 3:10에서 "지금까지 영광으로 빛나던 것
이, 이제 훨씬 더 빛나는 영광이 나타났기 때문에, 그 빛을 잃게 되었다"
고 말한다. 로마서 15:15에서는 기억을 새롭게 하는 일이 매우 어렵고
용기를 필요로 하는 일임을 암시한다. 바울이 〈국제시장〉을 봤다면
기억의 왜곡을, 덕수의 희생의 편협성을 매우 질타했을 것이다.

기억은 진실과 사실에 다가서기 전 어떤 목적을 가지고 쓰인 습작
이다. 누군가 써 내려간 습작에 모두 동의를 요구한다는 것은 무리
다. 사도 바울도 기억할만한 희생이 많은 사람이었다. 때로는 그 기

억을 내세우기도 했지만, 과거에 매여 있지 않으려고 했다. 그가 한 희생은 오히려 자기중심의 과거를 잊고 예수를 기억해내는 일이었다. 그런데도 '오직 믿음'을 금과옥조로 여기는 교회는 바울이 버리려 했던 과거의 영화를 되살리려는 보수 이념의 충실한 실천자가 되고 있다. 바울 신학의 관점에 선 새 학파 주장을 따르자면 바울은 과거의 전통을 재해석한 사람, 야콥 타우베스의 말처럼 그것을 정치적으로 풀어낸 사람인데, 지금의 교회는 바울에게서 창조도, 재해석도, 정치도 발견하지 않는다. 참으로 희한하게도 바울 신학의 '오직 믿음'은 공동체를 위한 주체성의 회복(알랭 바디우)이 아니라, 오직 자기와 주변을 위한 성취의 도구로 전락하고 말았다. 덕수가 가족을 살리기 위해 아버지의 가르침만을 '오직 믿었던 것'처럼.

꼭 하늘에 닿고 말 거야
〈행복한 라짜로〉

현존재가 죽으면 그가 살던 세계도 죽는다.
_ 애덤 샌델, 『편견이란 무엇인가』

봉준호 감독의 기생충이 황금종려상을 받던 자리에서 심사위원 중 한 명이었던 이탈리아의 앨리스 로르워쳐 감독은 눈물을 흘렸다. 2017년 칸 영화제에서 〈행복한 라짜로〉로 각본상을 받은 그에게는 〈행복한 라짜로〉와 비슷한 이야기 구조를 가진 〈기생충〉의 수상이 남다르게 다가왔을 것이다. 최근 몇 년 동안 황금 종려상을 받은 〈나, 다니엘 블레이크〉(감독 켄 로치 감독, 2016년), 〈더 스퀘어〉(루벤 외스틀룬드 감독, 2017년), 〈어느 가족〉(고레에다 히로카즈 감독, 2018년)은 빈곤과 계급, 사회적 안전망으로서의 공동체 문제를 담은 영화들이다.

라짜로(개신교식으로는 나사로)는 성서 속 두 인물의 이름이다. 지극히 가난했지만 죽어서 천국에 갔다는 예수의 비유와 죽었다가 무덤에서 걸어 나온 비유 밖 사건에서 인용된 동명이인이다. 영화 속 라짜로는 성서의 두 인물을 조합했다. 성서의 나사로가 겪었던 가난과 다시 태어남이 영화 속 라짜로(아드리아노 타르디올로 분)안에 녹아든다.

영화는 이탈리아에서 실제로 일어났던 사건으로부터 줄거리를 따왔다. 1980년대 초반 이탈리아에서 소작제도가 일찌감치 폐지되었음에도 불구하고 외딴 농촌에서 노예처럼 일하던 사람들이 구조된 사건을 소재로 삼았는데 영화 속 시간도 그때쯤 머물러 있다.

담배 농사가 주업인 조그만 농촌 마을 인비올라타의 모든 농장은 도시에 사는 후작 부인의 소유다. 외부 세계와 단절된 농민들이 농사를 지으면 지을수록 가난과 빚에 허덕이는 점은 현대 산업사회 구조와 똑같다. 후작 부인이 소작료를 받으러 올 때마다 농촌 어린이들에게 도덕과 성경을 가르치는 것도 현대 사회와 똑같다. 기득권의 손을 들어 준 것은 항상 종교와 도덕이었다.

착취는 계급의 문제가 아니라 생존의 문제라는 점, 을과 을의 대립도 〈기생충〉과 닿아 있는 지점이다. 상위 계급의 착취가 그들이 누리는 지위를 유지하려는 생존본능에서 나온다면 중하위 계급의 착취는 노동의 무게에 짓눌려 죽지 않으려는 생존의 선택이다. 농민들이 착취 도구로 삼는 인물은 라짜로였다. 가족도 없이 혼자 사는 청년 라짜로는 동네 사람들에게 '봉'이다. 너도나도, 어린아이들까지도 뭔가를 시키기 위해 또는 놀리기 위해 라짜로를 부른다. 하지만 그가 병에 걸렸을 때 그에게 곁을 내어주는 사람은 아무도 없었다.

후작의 아들 탄크레디가 요양을 위해 이 마을에 오면서 본격적으로 이야기가 시작된다. 수탈하는 엄마와 라짜로를 소비하는 농민들이 똑같다고 본 탄크레디와 라짜로는 가까워진다. 영화는 탄크레디를 계급 문제에 뒤늦게 눈 뜬 정의로운 상류층 청년으로 묘사하지 않는다. 그 역시 바보 같은 라짜로의 순수함을 이용하는 다른 형태의 착취자일 뿐이다. 탄크레디는 엄마에게 돈을 뜯어내기 위해 납치 자작극을 벌이고 이를 눈치챈 후작 부인은 자신의 착취가 드러날까 봐 경찰에 신고를 꺼리지만 결국 출동한 경찰에 의해 이 마을의 전모가 밝혀지고 농민들은 해산된다. 이 과정에서 절벽에 추락했던 라짜로가 정신을 차려 보니 마을은 텅텅 비어 있었다. 라짜로가 차를 얻어 타고 도시로 나왔을 때 시간은 20년이나 부쩍 흘러 있었다.

이 영화는 요즘 유행하는 타임슬립$^{Time Slip}$ 영화의 형태를 띠지만 실패한 사랑, 미해결 범죄를 다루기 위해 다른 시간대를 오가는 것은 아니다. 결론부터 말하자면 홍상수의 영화 제목처럼 지금은 맞고 그때는 틀린 것이 아니라 '그때나 지금이나 똑같다'이다. 도시로 나온 라짜로는 20년 더 늙어버린 옛날 마을 사람들을 만나는데 그들은 좀도둑질로 연명하는 등 빈민의 상태를 유지하고 있다.

이 영화는 묵직한 세 개의 화두를 던진다.

어느 시간대가 본래 시간대인가?

영화는 20년 전 농촌에서 현대로 시간이 넘어 온(slip) 구조이고 감독이 말하고 싶은 것도 그 부분이었다. 감독은 '노골적인 착취의 시대에서 더 새롭고 유혹적인 착취의 시대'로의 시간 여행을 묘사했다. 하지만 본래 현대에 살던 라짜로가 옛날로 시간 여행을 잠시 다녀온 것으로 뒤집어 볼 수는 없을까? 영화의 모든 설정은 감독의 의도가 맞지만, 옛 시대의 착취는 노골적이었고 현대는 유혹적이라고 말할 수 있는 근거는 빈약하다. 세상 사람들의 기억 속에서 과거는 아름다운 것으로 미화되어 가난하던 시절이 전원적이고 목가적인 풍경으로 왜곡된다. "옛날에는 그래도 우리 좋았는데"라고 많은 사람이 유혹적으로 기억하는데 그런 기억의 허위에 속지 말라고 라짜로는 항변한다. 그 왜곡된 기억 속에서 이승만과 박정희는 미화되고 일본은 한국을 근대화시킨 나라로 둔갑한다. 발터 벤야민의 지적처럼 과거는 개혁을 추동하는 해석으로만 작동해야 한다. 과거는 추억이 아니라 해석으로만 소환되고 그 토대 위에서 미래는 열려 있어야 한다. 코로나 사태는 과거의 모든 모순이 축적되어서 폭발 직전까지 온 종말론적 징후가 아니라 미래를 향한 새로운 개방의 기회다.

조금씩 다른 전설들이 전해지지만, 산속을 헤매던 남자가 경험한 무릉도원의 이야기가 있다. 신선들의 세계와 같은 무릉도원에서 며칠 살다가 마을로 돌아와 보니 낙원도 사라지고 현실도 그때의 현실이 아니었다는 얼개는 어디가 실제고 어디가 시간 여행을 온 곳인지 모호하다. 워싱턴 어빙의 '립반 윙클'도 비슷한 내용이다. 미국 독립 직전 허드슨강 유역에 살던 립반 윙클이 사냥을 갔다. 산속에서 네덜란드 선조들을 만나 이들과 즐기다가 술이 깨니 20년의 세월이 흘러 미국이 독립했다는 이야기도 두 세계(네덜란드가 지배했으면 하지만 영국이 지배하던 미국) 속에서 어느 한 세계(독립한 미국)에도 속하지 못한 사람의 고민이 담겨 있다.

어느 시대든 오늘을 살아가면서 그 모순과 직면하는 삶이 미래에 대한 가능성을 열어 준다. 예수야말로 모순과 직면하다가 어두운 무덤에 갇혔지만, 부활로 미래를 열었다.

잡초와 늑대

영화에서는 늑대가 중요한 역할을 차지한다. 라짜로가 절벽에서 떨어졌을 때 이런 이야기가 흐른다.

늑대가 그를 발견한다. 그에게 다가간 늑대는 발톱과 이빨을 드러내며 잡아먹으려 하지만 처음 맡는 냄새에 멈춘다. 무슨 냄새였을까. 그것은 선한 사람의 냄새였다.

후작 부인이 거짓 예언자라면 선한 사람에게는 다가가지 못하는 늑대는 하나님을 상징한다. 영화에서 늑대를 신의 상징물로 사용한 예는 처음인 듯하다. 공포 영화에서 보름달과 같이 나오곤 하는 늑대는 여기서 공포의 존재가 아니라 라짜로를 보호하는 존재다. 늑대의 Wolf와 자궁의 Womb는 같은 어원 woe(으르렁대다)에서 나왔다. 보름달은 여성의 생리 주기와도 관계가 있다. 지금까지 늑대가 공포 영화에 등장했던 것은 여성을 마녀 또는 요물로 보던 과거의 답습이다. 이 여성 감독은 그런 편견을 과감하게 제거하고 늑대를 착한 라짜로를 보호하는 여성적 존재로 다룬다. 남성적 신이 시험이라는 이름으로 인간에게 싸움을 걸어오는 신이라면 여성적 신은 선함을 보호하는 신이다.

옛 주민들의 기억 속에 라짜로는 잡초로 요리를 할 줄 아는 인물이다. 20년 뒤 세계에도 변함없이 가난한 그들에게 잡초로 요리를 해주는 라짜로는 현대판 성자다. 윤구병의 『잡초는 없다』, 황대권의 『야생초 편지』처럼 버려진 것들이 우리를 살린다. 예수는 모퉁잇돌처럼 버려졌지만 산 돌이 되었다. 보잘것없이 버려진 것들에서 신성을 발견하는 게 믿음이다. 가장 큰 버려짐인 죽음을 두려워하지 않는 게 부활 신앙이다. 그게 구원을 향한 첫걸음이다.

농장관리인과 냇물

담배 농장을 관리하던 관리인은 후작부인과 농민들 사이에서 악역을 담당한 인물이다. 그런데 라짜로가 만난 현실 세계에서도 마을 사람들은 그에게 예속되어 있다. 나치 수용소에서 유대인들을 감시하던 관리자 유대인은 카포, 존더코만도, 무젤만 등 다양하게 불렸지만, 그 어원은 추측만 무성할 뿐 아는 사람이 없다. 자기 직책의 명칭도 불투명한 이들이 동족을 죽음으로 몰아넣었다가 나중에는 그들도 희생되었던 것처럼 농업사회, 산업사회 할 것 없이 상위 계급을 위해 복무하는 이들은 자신들도 이름 없는 존재로 똑같이 취급된다는 사실을 그들만 모른다.

대한민국의 언론이 이런 존더코만도의 역할을 충견같이 잘 감당하고 있다. 중간에서 기득권을 수호하기 위해 여론을 조작하는 일 따위를 하고 있다. 그래서 중간의 의미를 가진 미디어라고 부르는지도 모르겠다. 자기의 욕망이 있는 사람들은 쉽게 언론의 논조에 예속된다. 그 욕망을 털어 버린 텅 빈 진리인 라짜로는 누구도 두려워하지 않는다.

마을 사람들은 개울만 건너면 새로운 세상(그곳도 새로운 세상은 아니었지만)을 만날 수 있는데 무릎에도 못 미치는 얕은 개울을 건너지 못한 채 고립되어 있었다. 과거 큰 홍수 때 다리가 떠내려간 것과 그때의 성난 물줄기가 기억 속에 남아 있었기 때문이다.

현재를 사는 라짜로는 도심지에 있는 성당을 찾았고 그곳에서도 환영받지 못한다. 성당을 나서는 라짜로 뒤로 음악이 따라온다. 성당과의 거리가 멀어져도 음악은 길 위에 흐른다. 신비로운 기적의 장면이다. 현대 사회가 아무리 타락해도 신성을 바라는 이들에게는 거룩함이 함께 한다.

코로나바이러스 사태로 거룩함이 사라진 시대가 되었다. 빈자리에 의학 용어와 통계수치가 자리 잡았다. 거룩함을 포장한 남성적 저주와 혐오를 일삼던 가짜 교회들은 후작 부인이 농민들의 각성을 두려워했던 것처럼 새로운 가치를 '세속'이라 호명하며 차단했다. 이 과정에서 교인 수와 자본과 같은 숫자에 예속된 그들이 가장 먼저 '영업 이득을 얻는 업소'로 세속화되었다. 미국은 아직 숫자와 싸우고 있지만, 한국의 경우 코로나 통계 수치가 위로를 주는 현실에서 교회가 선호하는 수치는 아무런 할 일이 없어지고 말았다. 그 때문에 마땅히 전해져야 할 신성한 위로조차 설 곳을 잃어버렸다. 교회가 말할 수 있는 것이 고작 '거리 두기' 밖에 없는 현실에서 우리는 무엇을 할 것인가?

지금 우리가 겪는 것을 말세의 징표가 아니라 새로운 개방의 징표로 받아들이자. 갇혀 있던 예수가 무덤을 뚫고 나왔고 하늘과 땅이 닿았다. 그 순간 과거를 추억으로, 늑대를 공포로, 잡초를 하찮은 것으로, 냇물에 다리가 없으면 건너지 못할 것으로 여겼던 우리의 고정관념도 무한히 열려 있는 하늘에 닿으면서 해체될 것이다. "하늘과 땅을 잇는 존재 자체로 사랑의 시詩가 되신 아기"(이해인 「성탄 기도」)처럼 라짜로는 수동적으로 살려진 존재가 아니라 세상을 살려낸 예수였다.

신흥 예언자들의 좁은 세계
〈멜랑콜리아〉

사실 인간이 처한 조건과 욕망과 필멸성이 모두 해결되리라는 환상은 특별히 위험해 보인다.

_ 데이비드 그레이버, 『아나키스트 인류학의 조각들』

〈멜랑콜리아〉(라스 폰 트리에 감독, 2011년)는 지독하게 불편한 영화다. 지루할뿐더러 영화 속 은유와 상징을 따라가느라 몰입에 방해를 받는다. 감독은 왜 저런 장면을 이곳에 장치해 놓았는가를 생각하다 지금 눈앞에 벌어지는 장면을 놓치곤 한다. 라스 폰 트리에 감독은 늘 그랬듯이 우리를 불편하게 만든다. 〈도그빌〉(2003년)에서는 그레이스^{Grace}라는 은혜로운 이름을 가진 주인공이 세상에 폭력적으로 복수함으로써 은혜의 역설을 보여준다. '신적 폭력'이라는 발터 벤야민의 개념을 즐겨 차용하는 철학자 슬라보예 지젝이 〈도그빌〉을 좋아하는 것도 같은 이유다.

〈어둠 속의 댄서〉(2000년)에서 주인공 셀마^{Selma}는 이용만 당하는 가장 바보스러운 여자이지만 그녀의 이름은 지혜의 임금 솔로몬의 여성형인 셀마다. 그 뜻은 신들에게 보호받는다는 의미이기도 한데, 영화 속 셀마는 신들의 보호도, 인간의 보호도 못 받은 채 억울하게 죽어가면서 그녀의 독특한 인생관으로 신들과 인간들에게 보란 듯이 복수한다.

라스 폰 트리에 감독은 영화 속 인물의 이름을 통해 역설적 상황을 설명해 왔지만, 평론가들이 놓치기 일쑤다. 앞서 지적만이 〈도그빌〉에서 은혜grace의 역설을 발견해 내었었다. 〈멜랑콜리아〉의 두 주인공 자매 이름은 저스틴(Justine, 커스틴 던스트 분)과 클레어(Claire, 샤를로뜨 갱스부르 분)다. 저스틴은 올곧다는 의미인데(우리 이름으로 하면 '진실' 이쯤 되겠다) 영화 속 저스틴은 바르기는커녕 도무지 종잡을 수 없는 우울증 환자다. 클레어는 지혜롭고 맑다는 뜻인데 (우리 이름으로 하면 '명숙' 이쯤 되겠다) 피할 수 없는 운명 앞에서 벗어나려고 발버둥치는 어리석은 여인이다. 제목 〈멜랑콜리아〉는 우울증을 의미하는 동시에 영화 속에서 지구를 파멸시키는 행성의 이름이다.

영화는 2부로 구성되어 있다. 1부의 제목은 저스틴이다. 심각한 우울증 환자인 저스틴은 부자 언니 부부의 도움으로 호화로운 저택에서 결혼식을 올린다. 리무진이 올라오기도 힘든 산속 깊은 곳에 자리 잡은 저택이지만 하객이 많은 것을 보면 언니 부부의 사회적 영향력을 짐작할 수 있다. 저스틴 부부를 실은 리무진은 어렵게 산길을 올라간다. 긴 자동차는 꼬부랑 길에서 몇 번의 전진과 후진을 반복해야 그 구비를 통과할 수 있다. 무엇보다도 후진이 쉽지 않다. 영화는 처음부터 인생과 역사에서 후진은 없다는 것을 보여준다.

화려한 결혼식이지만 저스틴의 감정은 오락가락한다. 이혼한 저스틴의 부모는 헛소리로 결혼식을 망쳐 놓지만, 누구 하나 겉으로 불평을 드러내지 못한다. 다시 한번 언니 부부가 보통 사람이 아니라는 것을 증명하는 장면이다.

결혼식이 진행되는 동안 저스틴의 감정은 양극을 오간다. 이제 결혼식의 주인공은 없어지고 사람들은 저택에서의 파티만을 즐긴다. 감정의 변동을 제어하지 못하던 저스틴은 마침내 그날 하객 중 하나인 젊은이와 섹스를 나누고 남편 마이클은 그녀를 떠난다.

영웅도 과학도 필요 없는 종말

도시로 돌아간 클레어는 시간이 지나 다시 언니 집으로 돌아온다. 그즈음 뉴스에서 행성 멜랑콜리아가 지구를 향해 달려오고 있고 지구는 곧 멸망하게 된다는 소식이 전해진다. 그동안 수없이 보아왔던 지구 재난 영화와는 다른 장면이다. 위기에 처한 지구를 구할 백악관의 긴급회의 소집 장면도 나오지 않는다. 그런 회의장에 늘 보이던 수백 개의 모니터를 비치한 통제실도 없다. 집은 저택이지만 사람들은 티브이 하나로만 정보를 얻는다. 재난 영화에서 등장하는 영웅들도 없고, 지구 반대편에 있는 아시아 지역의 공포를 소개하는 장면도 없다. 거대한 지구가 이제 파멸을 맞지만, 장면은 세상과 격리된 산속 저택의 사람들에게만 집중된다.

결국, 멜랑콜리아 행성은 지구와 충돌하고, 아무런 대책도 세우지 못한 채 지구는 멸망한다. 인간의 어떠한 노력도 부질없다는 허무한 결말이다.

영화의 1부와 2부는 동생과 언니의 이야기지만 사실은 하나의 이야기다. 1부는 우울증으로 고생하는 저스틴의 종말을 의미하고

2부는 세상을 다 가질 만큼의 부를 갖춘 언니의 세계가 종말을 맞는다는 설정이다. 그런데 우울증에 걸린 동생은 종말의 공포에 증상이 심해지지 않고 차분히 기다리며, 세상을 다 가진 언니는 눈물로 종말을 맞는다. 1부는 화려한 결혼식이 주 내용이다. 전혀 다른 두 사람의 만남은 사랑에 기초한 새로운 출발로 보였지만 충돌로 끝이 난다. 2부는 멜랑콜리아와 지구 두 행성의 충돌로 끝이 난다.

나 혼자 죽을 수는 없잖아?

저스틴은 자신의 세계에 갇혀 있다. 그녀가 우울하면 세상도 우울해야 하고 그녀가 기쁘면 세상도 기뻐야 하는데 거꾸로 돌아가는 세상을 견딜 수 없다. 자신이 우울해진 상황에서 섹스하자고 덤벼드는 남편을 밀쳐내고 정원에 나가 그날 처음 만난 젊은 남성과 섹스를 나눈 것도 그 때문이다. 저스틴은 세상이 자신을 중심으로 돌아가기를 바라는 사람이다.

감독은 영화의 2부에서는 실제로 존재하지 않는 저스틴의 의식세계를 담았는지도 모른다. 산속 저택을 제외하고 종말의 어떤 장면도 나오지 않는 이유는 종말이 저스틴을 둘러싼 세계에만 갇혀 있다는 의미일 수 있다. 실제로 행성의 충돌이 있었다 해도 피해는 전 지구적인 규모가 아니고 저택에만 국한될 수도 있다.

TV 뉴스를 통해 보인 행성 충돌 뉴스가 이런 가정에 의문을 제기할 수 있으나 영화 〈싸이코〉(알프레드 히치콕 감독, 1960년)에서 시골 여인숙의 주인이 죽은 어머니의 시체를 미이라로 만들어 놓은 채 어머니의 음성을 복화술로 재생했던 장면을 떠올리면 TV 뉴스조차도 영화 속에서는 무의식의 반영을 위한 장치일 가능성은 충분히 있다. 실화를 다룬 영화이기는 하지만 〈뷰티풀 마인드〉(론 하워드 감독, 2001년)에도 이런 설정이 있었다. 골프장에는 존재하지 않지만, 영화에 나오는 19번째 홀이 영화의 2부가 환영이라는 추측을 뒷받침해준다.

행성의 충돌에 앞서 나무로 얼기설기 만든 그들을 구원할 동화적인 마법의 동굴에는 저스틴과 언니 클레어 그리고 조카만이 머문다. 자기의 세계가 이미 파괴되어 버린 저스틴의 입장에서는 차라리 세계가 망하는 것이 낫고 그래도 구원을 받아야 한다면 자신과 자신을 받아 주는 언니와 조카는 살아야 한다. 그리고 나머지는 망해도 된다. 설령 자신이 죽어도 세상도 함께 죽으니 애석해할 이유가 없다.

전쟁을 부르는 사람들의 심정도 이와 같다. 그들은 현실에 불만이 많다. 곳곳에 '종북세력'이 난무하는데 정부의 미온적인 태도가 마음에 들지 않는다. 이승만이 보도연맹으로 엮어 수만 명을 학살했듯이, 박정희가 법의 힘을 빌어 사법살인을 했듯이, 전두환이 광주시민을 탱크로 짓밟았듯이 반대 세력을 모두 처단해야 하는데 그렇게 하지 못하는 현 정부에 대한 경고가 그들의 주장에 담겨 있다.

따라서 그들은 우울증 환자처럼 죽을 듯이 불안하다. 혼자 죽을 수는 없다. 전쟁이 나든 행성이 충돌하든 함께 죽어야 한다. 이처럼 그들의 어설픈 우기기는 전쟁의 위험을 알려서 사전에 예방하자는 취지가 아니라 함께 죽자는 뜻이다. 나를 인정해 주지 않는 세상은 의미가 없기 때문이다.

이런 이들의 공통점은 함께 죽기를 바라면서도 영화 속 '마법의 동굴'이라는 유치한 설정처럼 전쟁과 종말이 자신은 구할지 모른다는 생각에 빠져든다. 마지막 순간에 마법의 동굴이라는 '그들만의 신앙'에 기대어 살아보려는 비겁한 선택을 하는 사람들이다.

죽음에 앞서 함께 살려던 바울

데살로니가 교인들이 종말을 기다리면서 노동을 거부할 때 바울은 그들을 향해 일하기 싫거든 먹지도 말라고 했다(데살로니가 후서 3:10). 종말은 허무감 속에서 기다리는 시간이 아니라 철저하게 깨어 있는 상태에서 맞는 시간이다. 바울은 로마로 압송되어 가는 과정에서 배의 난파를 맞는다. 거기서 그는 혼자 살려고 하지 않고 함께 살려고 한다.

여러 날 동안 해도 별도 보이지 않고, 거센 바람만이 심하게 불었으므로, 사람들은 살아남으리라는 희망을 점점 잃었다. 그들은 오랫동안 아무것도 먹지 못하고 있었다. 그때 바울이 이렇게 말하였다.

> 여러분, 여러분은 내 말을 듣고, 크레타에서 출항하지 않았어야 했습니다. 그랬으면, 이런 재난과 손실은 당하지 않았을 것입니다. 그러나 이제 나는 여러분에게 권합니다. 기운을 내십시오. 이 배만 잃을 뿐, 여러분 가운데 한 사람도 목숨을 잃지는 않을 것입니다. 바로 지난밤에, 나의 주님이시요 내가 섬기는 분이신 하나님의 천사가, 내 곁에 서서 "바울아, 두려워하지 말아라. 너는 반드시 황제 앞에 서야 한다. 보아라, 하나님께서는 너와 함께 타고 가는 모든 사람의 안전을 너에게 맡겨 주셨다" 하고 말씀하셨습니다. 그러므로 여러분, 힘을 내십시오. 나는 하나님께서 나에게 말씀하신 그대로 되리라고 믿습니다(사도행전 27:20-25).

종말은 성서의 약속이지만 우리는 종말의 징조를 구분하지 못한다. 저스틴의 남편 마이클의 이름은 천사장 미카엘로부터 왔다. 미카엘은 사탄 루시퍼를 몰아낸 천사장이라는 전설이 있지만, 영화 속 마이클은 자기 세계에 갇힌 저스틴을 구해내려고 무진 애를 쓰다가 결국은 실패하고 종말의 현장인 저택을 떠난다. 마이클은 저스틴에게 결혼 선물로 사과 과수원을 선물하지만, 그녀를 감동시키지 못한다. 게다가 그곳에서 열리는 사과의 이름은 제국empire이다. 희망(내일 종말이 와도 사과나무를 심겠다는 의미에서)과 제국(인간 모두가 가진 욕망)을 모두 제공해 봤지만 자기 세계에 갇힌 저스틴에게는 별 소용이 없었다.

저스틴의 형부 즉 클레어의 남편 존은 묵시록의 저자 요한이다. 요한은 묵시적 종말을 예언하면서 많은 상징을 남겼으나 종말론자들은 그것의 의미를 신비적으로만 해석하려 든다. 묵시록의 배경인 1세기 정치 경제적 상황을 외면한 채 666 같은 상징만 붙들고 씨름하는 게 종말론자들의 특징이다. 영화 속 존은 사도 요한과는 반대로 끝까지 종말을 부인하며 과학적 합리적 이론을 들이대며 행성이 비껴간다고 낙관하지만, 그의 합리성도 힘을 쓰지 못한다.

존은 상당한 부를 소유했다. 그가 부를 축적하기까지 그의 합리적 선택은 힘을 발휘하지 못했을 것이다.

저스틴은 광고회사에서 광고 문안을 만들던 카피 작가였다. 광고회사 사장은 그녀의 능력을 높이 사서 결혼식에 참석해 하객들 앞에서 그녀의 능력을 치켜세우며 계속 일해 달라고 부탁한다. 자본주의의 꽃이라고 할 수 있는 광고 카피 문구들, 더러는 성서의 구절보다 더 영향력 있는 문구를 만드는 최고의 카피라이터 정신 상태는 정상이 아니다. 현대 자본주의의 속성을 보여주는 기막힌 장면이다.

종말을 향해 치닫는 자본주의의 기차에 올라타지 말고 기독교인으로서 함께 사는 방법을 찾는 일이 깨어 있음의 현대적 의미이다. 종말이 온다면 전쟁 때문이 아니라 자본의 문제로 인해 올 것이나. 두 가지는 밀접하게 닿아 있어 분리하기가 쉽지 않지만, 자본으로 덕지덕지 무장한 세력이 지닌 전쟁의 광기를 외면하면서 세계 최빈국 중의 하나인 북한이 일으킬 전쟁을 염려하는 것은 스케일이 너무 작다. 전쟁을 부르는 '신흥 예언자들'이여! 부탁하건대 스케일을 좀 더 키우라.

나의 죄를 잊어 주기를
그러나 나도 다 잊을 만큼 깨끗이는 말고
〈페인티드 베일〉

이상적인 용서는 진정한 참회가 있고 나서야 이루어진다. 잘못을 한 사람이 먼저 자신의 잘못을 깨닫고 다시는 그런 행동을 반복하지 않을 것처럼 변화해야 한다.

_ 애덤 모턴, 『잔혹함에 대하여』

다마스쿠스에서 삶의 방향을 전환한 바울은 유대교 회당에서 그의 경험을 전하면서 자칭 사도로서의 삶을 시작한다. 바울은 그때까지 예수께서 행했던 이적이나 선포들에 대해서 잘 알지 못했지만 강렬했던 경험으로부터 예수가 누구인지는 확실하게 선포할 수 있었다. "예수는 하나님의 아들이며 메시아"(사도행전 9:20-22)라는 선포였는데 그것만으로도 유대인들의 분노를 사기에 충분했다. 결국, 바울은 아라비아로 도망치듯 떠났다가 약 3년 뒤에 다시 다마스쿠스로 돌아온다(갈라디아서 1:17).

그러나 다마스쿠스의 냉랭한 분위기는 바뀌지 않았다. 바울은 이번에는 예루살렘을 찾는다. 그곳에서 사도들과 사귀려 했지만, 사도들은 열정만 가득해 보이는 바울에게 좀처럼 마음을 열지 않았다. 바나바의 중재로 어렵사리 베드로와 야고보를 만나기는 했지만(갈라디아서 1:18-19) 베드로와 15일 정도 함께 지낸 것에 만족해야 했다. 결국, 바울은 고향인 다소로 다시 돌아간다(사도행전 9:30).

이후 바나바가 안디옥 교회로 부임하면서 바울을 데리고 간다. 바나바와 바울은 안디옥 교회에서 1년간 체류한 뒤 1차 전도 여행을 시작한다. 전도 여행 이후 바울은 예루살렘을 다시 방문하는데, 여기서 베드로는 유대인의 사도로 바울은 이방인의 사도로 역할이 분담된다. 예루살렘의 첫 번째 방문 당시의 어색함을 기억한다면 약 14년으로 추정되는 바울의 비밀의 세월은 1차 전도 여행 기간과 함께 바울과 베드로의 어깨를 나란히 만드는 시간이었다.

도대체 무슨 일이 있었던 거야?

14년의 기간에 대한 의견은 매우 다양하다. 바울이 갈라디아서 1:15-16에서 소명 경험을 이야기할 때 이사야 49:1, 9과 예레미야 1:5 같은 소명 사건으로 이해하고 있으며 갈라디아서 1:24, 2:2 에서도 각각 이사야 49:3-4를 염두에 두고 있다는 것이 샌드니스[Karl O. Sandness]의 주장이다.

아라비아는 로마 행정구역 나바티안 왕국[Nabatean]의 사막 지역이고 이사야 42:11의 예언 "광야와 거기에 있는 성읍들아, 게달 사람들이 사는 부락들아, 소리를 높여라. 셀라의 주민들아, 기쁜 노래를 불러라. 산꼭대기에서 크게 외쳐라"로 미루어 볼 때 바울은 회심 때부터 선지자적 자의식을 가지고 있었기에 나바티안 왕국 지역에서 선교 활동을 했다는 주장도 있다.

첫 번째 예루살렘 방문 뒤의 다소 생활에 대해서도 다양한 의견들이 존재한다. 14년이라는 세월을 두고 아라비아 생활 3년을 포함한 세월인지 아닌지도 명확하지 않다. 3년의 포함 여부는 제쳐 놓고라도 다마스쿠스 회심 이후 무려 14년에서 17년 사이의 바울 행적이 모호하다(1차 전도 여행 기간이 있기는 하지만). 샌드니스가 비밀의 세월을 찾아낸 것은 예언과 성취라는 성서의 맥을 놓치지 않으려는 학문적 수고의 결과다. 하지만 성서에서 명확한 증거를 찾기 어려운 점을 고려한다면 그렇게 설득력 있게 다가오지는 않는다.

말하자면 이러한 수고는 다마스쿠스에서 경험한 바울의 회심을 유일한, 즉 그 자체로 완성도를 지닌 사건으로 명토 박아 두기 위해서이다. 사도 바울은 그때부터 이미 사도로 부름을 받았고 14년은 비밀의 세월이 아니라 성서에만 나오지 않았을 뿐 나름 선교활동을 했다고 봄으로써 다마스쿠스 회심부터 바울의 사도적 역할이 시작되었음을 강조하려는 것이다. 그렇다면 왜 바울은 기록 없이 비밀의 시간으로 남겨 두었을까? 이방인의 사도라는 예루살렘 사도 회의의 공식 결정이 있고서야 그가 지역 교회에 편지를 쓰기 시작할 만큼 바울이 사도들의 권위를 존경한 흔적도 찾기 어렵다. 오히려 바울은 유명하다는 사람들로부터 아무런 제안도 받지 않았기 때문이다(갈라디아서 2:6).

바울은 구원파?

바울은 이 기간 회심 이후 다마스쿠스에서 쫓기듯 나온 경험을 반추하며 명상했을 것이다. 아라비아라는 척박한 땅에서 율법도 복음도 모르는 사람들과 더불어 사는 방법, 즉 낮은 이들과 자연스럽게 어울렸던 예수의 전도 방법을 터득하며 아직 그에게 남아 있는 배설물과 같은 옛것들과 씨름했을 것이다. 3년이란 세월이 흐른 뒤에 베드로와 야고보에게 인정받으려고 시도하지만 시큰둥한 대접을 받자 다시 자신을 돌아보게 된다. 바울은 이제 고향 다소로 가서 기초부터 차근차근 짚어 나간다. 그리고 또 긴 세월이 흐른 뒤에 바나바의 부름을 받고, 안디옥 사역과 이후 전도 여행을 마친 뒤 베드로 앞에 자신 있게, 아니 그를 키운 바나바의 문제점을 지적할 정도로 당당한 사도로서 자리매김하게 된다.

그가 비밀의 세월 동안 선교를 하지 않았다고 하더라도, 구약에서 예언된 것들을 성취하는 과정을 겪지 않았다고 하더라도 다마스쿠스에서 경험의 의미가 축소되는 것은 아니다. 명상과 수행, 수많은 번민과 기도의 시간으로 채워졌던 비밀의 세월이 다마스쿠스 구원체험을 깎아내리는 것이라면 한 번의 구원체험으로 모든 것이 완성된다는 구원파의 가르침과 크게 다르지 않다. 다마스쿠스 사건은 그것대로 의미가 있고 이후 바울에게도 성화의 과정이 필요했던 것이다.

페인티드 베일(존 커란 감독, 2007년)에서 키티(나오미 왓츠 분)에게 첫눈에 반한 월터(에드워드 노튼 분)의 청혼으로 두 사람은 결혼에 이르지만, 가족으로부터의 탈출구로 결혼을 택한 키티에게 결혼생활은 행복과 거리가 멀다. 세균학자인 월터는 연구차 런던에서 상해로 이주하고 낯선 땅에서 두 사람의 관계는 점점 소원해진다. 영국에서 자유로운 생활을 즐기던 키티는 연구에 빠진 월터가 못마땅하고 월터 역시 사랑도 연구처럼 격식을 차려 한다. 결혼생활을 따분해하던 키티는 사교모임에서 만난 영국 외교관과 사랑에 빠지고, 아내의 외도를 눈치챈 월터는 배신한 아내에게 고통을 주기 위해 산골 마을의 근무를 자청한다.

런던 출신의 그들에게는 상해도 낙후한 곳인데 중국에서도 오지인 메이탄푸에서 키티는 남편의 무관심 속에 유배와 같은 고통의 시간을 보낸다. 월터 역시 선의에도 불구하고 마음을 열지 않는 마을 사람들에게 속죄하듯이 다가간다. 키티의 속죄가 불륜에 대한 것이었다면 월터의 속죄는 '사랑할 줄 모름과 화해할 줄 모름'이었다. 처음에 낯선 백인의 헌신을 의심하던 마을 사람들이 조금씩 마음을 열자 아내에 대한 월터의 마음도 차츰 열리고, 자기밖에 모르던 키티도 수녀원에서 아이들을 진심으로 돌본다. 조금씩 서로를 향해 열어 가던 두 사람에게 아이가 생기는데 이 아이가 누구의 아이인지 모르는 데서 키티도 월터도 진정한 화해를 배워 나간다.

〈페인티드 베일The Painted Veil〉은 서머셋 모옴의 장편 소설을 영화로 한 것인데 2007년 작품은 같은 원작으로 만든 세 번째 영화다. 키티와 월터는 광야 같은 곳에서 자신을 찾아가는 동시에 서로에게 주었던 상처를 치유한다.

하지만 월터는 마을에 창궐한 콜레라로 목숨을 잃고 키티는 런던으로 돌아온다. 영화 도입부에서 화려하게 수 놓았던 꽃들은 영화 말미에서 꽃은 1주일이면 시들고 말 것이라는 키티의 말을 통해 이 땅에 영원한 것이 없음을 시사한다. 5년 만에 옛 내연남과 우연히 조우한 키티는 그 남자의 아이일 수도 있는 아들에게 저 사람은 중요한 사람이 아니라고 설명한다.

중국 오지에서의 경험이 키티와 월터를 성숙시켰다. 그들은 사랑과 참회, 용서를 배웠다. 부부에게 오지 마을은 복수의 장소로 택하거나 강요된 곳이었지만, 시간이 지나면서 그곳은 그들의 사랑이 확인되고 성숙한 훈련의 장소였다. 월터의 죽음으로 안타까운 결말을 맞기는 했지만.

하나님과 나의 관계는 늙은 부부와 같아

마을의 수녀는 키티에게 하나님과의 관계를 부부 관계에 빗대어 이야기한다. 늙은 부부가 소파에 나란히 앉아 별 이야기를 나누지 않아도 서로 간에 신뢰가 있어 상대방이 떠나지 않는다는 것을 아는 관계라고 말이다. 화려한 수식어도, 짜릿한 표현도, 사랑을 매 순간 확인하려는 과정이 없어도 사랑은 얼마든지 진실할 수 있다는 뜻이다.

영화에 흐르는 피아노 선율은 조율이 덜 된 것처럼 투박하다. 하나의 건반을 누르면 세 개의 줄이 건드려지는데 세 줄(저음에서는 두 줄)의 소리를 같게 만드는 것이 조율이다. 그러나 영화음악은 세 개의 줄이 맞지 않아도 아름다움은 존재한다는 듯이 투박하면서도 아름다운 소리를 전한다. 불가리아의 전통음악인 폴리 포니는 전통적인 화음(하모니)과는 다르게 투박하면서도 아름답다. 똑같아질 필요가 없이도 아름다울 수 있다. 마찬가지로 우리가 하나님의 뜻을 조금 서툴게 이해해도 아름답고, 우리의 서툰 모습에도 하나님은 미소

지을 것이다. 오히려 다 안다고 나서는 순간 우리는 새로운 율법에 빠져들게 된다.

예수 따르던 사람들을 핍박하던 때의 열정이 다마스쿠스 사건 이후에도 바울에게 남아 있었을 것이다. 그의 인생관을 변화시킬 만큼 경험은 강렬했지만, 한순간에 정말 모든 것이 변했다면 회심의 진정성은 더 없지 않을까? 그는 14년(17년) 동안 섣불리 선교하지 않고 마음과 신념, 사람과의 관계가 모두 아픈 것을 참아 냈다. 다마스쿠스 체험이 진실한 것이었는가를 매 순간 물으면서 동시에 자꾸 솟아오르는 의심에 대해 번민했음이 틀림없다. 그리고 늙은 부부처럼 그를 둘러싸고 있던 모든 수식과 덧칠해진 가면(페인티트 베일)을 내려놓았을 때 그에게 자신감이 생겨났다. 미개하고 무지하다고 봤던 중국 오지의 사람들에게 감동되어 가던 월터와 키티처럼 예수를 따르던 이들이 무지하다고 봤던 바울 역시 사람들 속으로 들어가 그들에게서 많은 것을 배우고 척박한 광야에서는 3층천 경험까지 하게 된다.

바울뿐 아니라 우리 모두 예수를 구원자로 고백함으로써 '신학적'으로 죄 용서를 받았으니 죄 없다고 떳떳하게 살아갈 수 있을까? 속죄와 구원이라는 신학적 개념에 묻혀 사는 기독교인은 사회의 해악처럼 취급받는다. 이란의 영화감독이자 시인인 압바스 키아로스타미는 아주 짧은 시를 통해 죄에 대한 우리의 생각에 일침을 가한다.

나의 죄를 용서하여 주기를, 잊어 주기를 그러나 나도 다 잊을 만큼 깨끗이는 말고.

죄는 용서받았지만 내가 죄인이었다는 사실조차 잊거나 여전히 죄에 노출되어 있다는 사실까지 잊으면 그것은 속죄가 아니다.

사도 바울에게 비밀의 세월이 있었기에 일정에 쫓기는 전도 여행 중에도 신학적인 편지를 써 내려갈 수 있었다. 하나님은 비밀의 세월 동안 바울을 훈련하고 공부시키고 색다른 체험의 기회를 주었다. 비밀의 세월을 통해 바울은 율법으로부터 철저하게 자유롭게 된다.

바울이 다마스쿠스 사건 이후 곧장 사도로 나섰다면 바울의 열정은 많은 적대자를 만들어내었을 것이고 그날의 경험은 개인의 회심으로 그쳤을 가능성이 크다. 그렇다면 초대교회가 없었을 것이라는 가정은 필요 없다. 하나님은 다른 사람을 대신 세웠을 터이니까. 결국, 바울에게 있어서 비밀의 세월은 그의 열정을 다스리는 훈련의 기간이었고 훈련을 통해 바울은 그날의 경험이 개인의 신비적 체험이 아닌 로마 제국과 맞서는 논리를 다져나가는 보편의 체험이었음을 깨닫게 된다.

영화에서 부부는 오지 유배의 생활을 통해서 진정한 사랑을 배워나간다. 부부 사이에도 이처럼 서로를 알기 위해 모진 세월이 필요한데 그동안 하나님의 뜻을 잘 안다고 설치고 다녔는가를 자문해 본다면 누구도 부끄러움을 느끼지 않을 수 없을 것이다. 우리에게는 광야의 경험, 비밀의 세월 또는 공간이 필요하다. 말해야 할 때 침묵하는 것은 죄이지만 침묵해야 할 때 말하는 것은 더 큰 죄일 거다. 하나님이 인간의 성숙을 위해 준비한 비밀스러운 과정을 무시하고 우리는 빨리 뛰쳐나가고 싶어 안달이다. 바울 같은 대가도 14년이나 잡아두었는데 그릇도 안 되면서 편의점처럼 지점을 내기 위해 안달인 목사들, 선교라는 미명 아래 광기에 사로잡힌 전투적 선교단체들,

욕망과 성공에 목맨 것을 신앙의 축복으로 착각하는 사람들, 모두
부탁하건대 제발 비밀의 시간을 가지라!

목적이 이끄는 삶은 비극
〈프라미스드 랜드〉

"내 젊은 시절? 틀림없이 저는 이제 겨우 서른두 살밖에 안 되었지요. 하지만 저는 내 젊음을 어디에선가 잃어버렸답니다. 어딘지는 알 수 없지만" 하고 그는 익살스럽게 대답하였다.
_ 님 웨일즈/김산, 『아리랑』

사도 바울의 일생을 전기처럼 기술한 존 폴락의 『사도 바울』의 1부 제목은 '충절에서 변절로'이다. 이 한마디는 바울의 회심을 설명하는 여러 이야기 중에 단연 돋보인다. 회심 전의 사도 바울을 죄인으로 보는데 익숙한 기독교인들에게는 낯설지만, 그는 죄인이라기보다 방향을 상실한 사람일 뿐이었다. 그는 유대 공동체에 충실한 사람이었고 유대교 가르침을 확신한 종교인이었다. 폴락의 말처럼 바울은 성실함으로 세상을 살아가다가 다마스쿠스로 가던 길목에서 변절의 길을 택했다. 변절자가 충신이 되는 회심이 아니라 그 반대의 경우로 바울을 바라보지 않으면 바울의 회심이 가진 깊이를 놓치게 된다.

폭력배에서 전도자로 회심한 사람도, 세상에서 온갖 못된 일을 저지르다 어느 날 부흥강사가 되어 하나님의 은혜를 외치는 사람들의 이야기도 바울의 회심을 설명하는 예가 되지 못한다. 그들은 나쁜 사람들이었고 바울은 선한 사람이었기 때문이다.

바울의 회심을 영화에서 발견할 수 있다면 어떤 영화가 있을까? 〈미션〉(롤랑 조페 감독, 1986)에 나오는 로드리고 멘도자(로버트 드니로 분)도 바울의 회심을 설명해 주기에는 뭔가 부족하다. 그는 노예 상인에서 원주민 선교사로 변신하지만, 그는 냉정한 노예 상인에다가 동생을 죽인 사람이었다. 〈사도〉(로버트 듀발 감독, 1997)의 소니(로버트 듀발 분)는 목사에서 다른 형태의 목사로 회심했지만, 아내를 자살로 위장해 죽인 살인이 계기였다. 역시 충절에서 변절의 경우가 아니다.

〈프라미스드 랜드〉(Promised Land, 구스 반 산트 감독, 2013년)는 바울의 이러한 회심을 만날 수 있는 영화다. 세계 굴지의 에너지 기업 글로벌의 최연소 부사장인 스티브(맷 데이먼 분)는 천연가스 매장지역인 맥킨리에 파견된다. 뛰어난 협상 능력으로 고속 승진을 거듭해 온 스티브의 협상 노하우는 주민과의 솔직한 교감이다. 그는 가난한 시골 출신이라는 점을 내세워 주민에게 다가가는데 이 방법은 항상 유리한 결과를 회사에 제공해 주었다. 이번 협상은 본사 발령이라는 또 하나의 승진이 기다리고 있는 그에게 현장에서 뛰는 마지막 협상이다. 스티브에게는 수 토마슨(프란시스 맥도맨드 분)이라는 여성 인력이 충원되었다.

인생은 수동 기어 같은 것

이들은 도시인 티, 또는 대기업 소속이라는 티를 내지 않고 지역 주민들에게 다가가기 위해 변신을 시도한다. 수는 수동 기어 차를 몰고 오는데 수동 기어 차량을 운전할 줄 모르는 스티브의 당황한 모습은 뭔가 쉽지 않은 협상 과정이 예고되어 있음을 암시한다. 자기 마을에서 대학에 간 사람이 자신을 포함해 2명 밖에 없을 정도로 가난한 시골 출신이지만 그는 대학에 갔고 취직을 했고, 협상에서 항상 이겼고, 그로 인해 승진을 했다. 피나는 노력 때문이겠지만 노력해도 안 되는 인생들은 얼마든지 있다. 그는 그냥 발만 얹어 놓으면 되는 자동 변속 장치 같은 인생, 즉 모든 사람이 이렇게 가야 성공한 것이라고 제시한 그런 인생을 살아왔다. 이제 순간순간마다 기어를 선택해야 하는 수동 같은 현실에서 그가 부딪혀야 할 현실은 그리 녹록지 않다.

두 사람은 마을 상점에 들러 시골스러운 옷과 잡화를 구입한다. 대기업 소속의 젊은 부사장은 이제 마을 사람들과 똑같은 옷을 입고 첫 번째 협상 가정을 방문한다. 그러나 스티브가 지금 바로 산 옷에는 아직 가격표가 붙어 있다. 마음의 교감 없이 단지 시골 출신이라는 것만으로 그들과 하나 될 수 없다는 것을 스티브는 조금씩 깨쳐 나간다.

마을 사람들을 설득하는 것은 스티브에게 손쉬운 일이었다. 땅에 묻힌 천연가스를 개발할 수 있도록 그들의 토지를 사들이고, 마을 주민의 동의를 얻어내는 것은 강압이 아니라 가난한 시골 사람들에게 큰 경제적 혜택을 주는 것이기 때문에 마을 사람들이 반대할 이유가 없다고 생각한다. 하지만 처음에는 3일 정도면 설득될 것이라고 여겼던 일이 꼬이기 시작한다. 마을 사람들의 여론을 움직여 줄 테니 돈을 달라는 사람부터 마을 개발에 찬성인지 반대인지 아리송한 상점 주인까지 그들의 여론을 좀처럼 파악할 수가 없다.

그중에서도 프랭크라는 지역 학교 과학 선생은 스티브가 만난 가장 큰 장벽이었다. 본사에서 제공한 정보에 따르면 MIT 박사, 보잉사 연구원 출신의 과학 교사 프랭크(할 홀브릭 분)는 천연가스에 대한 학술논문까지 섭렵한 강적이다. 스티브는 자기의 인생과 다른 인생을 살아온 사람 앞에서 첫 번째 갈등을 느낀다. 아무리 나이가 많아 은퇴한 사람이라 할지라도 프랭크의 경력으로는 자신이 젊었을 때 누렸던 것들을 거의 그대로 누리며 도시에서 살 수도 있었을 것이다. 스티브의 인생 설계에는 은퇴연금의 축적과 은퇴 후 안락한 삶이 자동으로 입력되어 있었을 테니 말이다. 하지만 다른 길을 택한 프랭크가 스티브에게는 의아하다. 초등학교 선생 앨리스도 마찬가지다. 도시에 살다가 아버지의 죽음 이후 고향으로 돌아온 그녀는 스티브에게 무언가를 지킨다는 것이 어떤 의미인지를 가르쳐 준다.

선인과 의인은 동의어가 아니다

시골 사람들의 선한 모습은 스티브에게 좋은 인상을 주면서 동시에 손쉬운 협상 대상이라는 양면적 의미를 갖는다. 따라서 선한 사람들에게 정직하게 대하면 그들의 마음도 움직일 수 있다고 믿는다. 계속해서 나는 나쁜 사람이 아니라며 마을 사람들의 마음속으로 조금씩 들어가던 때에 환경운동가 더스틴(존 크래신스키 분)이 글로벌의 천연가스 사업을 막기 위해 마을에 온다. 그는 수압펌프를 이용한

가스 채굴 방법의 피해를 강조하며 반쯤 돌아선 마을 사람들의 여론을 뒤집어 놓는다. 당황한 스티브는 마을 축제를 후원하지만, 그마저도 폭우로 엉망이 된다. 대기업 글로벌의 협상 전문가 스티브가 듣도보두 못하던 조그만 환경 단체 소속 운동가에게 밀리고 있다. 앨리스에게 다소 모호한 태도를 보이던 스티브와 달리 더스틴은 자신 있게 앨리스와 데이트를 즐긴다. 사업에서도 연애에서도 밀리던 스티브에게 갑자기 배달된 소포는 다시 역전의 기회를 제공한다. 네브라스카 출신의 더스틴이 자기 마을의 피해 사례라며 마을 사람들에게보여주었던 사진이 가짜라는 분석이 본사로부터 우송된 것이다. 네브라스카 주에는 바다가 없는데 개발의 여파로 소가 쓰러져 있고마을이 황폐화되어 있는 사진에는 등대가 있다. 네브라스카 주에있는 마을이 아닌 것이다. 마을 사람 선동을 위한 환경운동가 더스틴의 조작이었다.

이제 스티브는 다음 날 있을 마을 사람들의 투표에서 승리를 확신한다. 그동안 더스틴 쪽으로 기울었던 사람들이 조작 사실을 알면모두 스티브 편을 들 것이기 때문이다. 그러나 스티브는 더스틴으로부터 충격적인 사실을 듣는다. 더스틴 역시 글로벌 소속의 가짜 환경운동가였다. 처음에는 조작 사진으로 선동을 하다가 나중에 조작임을 고의로 흘리고 그로 인해 마을 사람들이 환경 운동에 염증을 느끼고 글로벌사의 개발 계획에 표를 줄 것이라는 인간 심리를 꿰뚫은고도의 전략이었다.

사람의 선한 의도를 믿었던 스티브, 그것을 정직하게 표현하면이길 수 있다고 믿었던 스티브 그러나 그는 인간을 잘 몰랐다. 인간은이성적 판단보다는 선동과 감정에 이끌린다는 점을 알고 있던 글로벌은 가짜 환경운동가를 통해 이를 이용했던 것이다.

바울 신학의 새 관점

바울이 과거의 것을 배설물로 여긴 것이 아니라 그것으로부터 많은 부분 배워 왔다고 주장하는 바울 신학을 가리켜 바울 신학의 새 관점 학파라고 부른다. 바울 시대의 유대교는 우리가 전통적으로 알고 있듯이 율법주의 종교가 아니라 하나님의 선택과 언약을 통해 하나님의 백성이 돼 있었으므로 구원은 하나님의 은혜를 통한 것이라는 사상이 이미 유대교에 있었다는 주장이다.

사도 바울의 편지를 정치적으로 독해했던 야곱 타우베스도 『바울의 정치 신학』에서 같은 입장을 보여주고 있다. 새 관점 학파와 옛 관점 학파의 차이는 신학적 논쟁이므로 영화 이야기와는 맞지 않을 듯하다.

다만 중요한 것은 바울은 철저하게 율법을 지키려고 했던 사람이라는 것이다. 당시 세계에서 율법을 지킨다는 것은 사람에게나 하나님에게 충실했다는 의미다.

율법을 향한 열정을 가진 바울이 초기 그리스도인들을 못마땅하게 보는 것이 당연하다. 율법에 해박하지도, 충실하지도 않은 사람들이 감히 하나님을 이야기하지 못하도록 막는 일은 유대 공동체를 위해서 당연히 해야 하는 일이었다.

그러나 바울은 그리스도인을 박해하면서 뭔가 잘못되어간다는 사실을 깨달았을 것이다. 스티브가 프랭크를 만나면서 당황했던 것처럼 말이다. 바울은 하나님의 뜻을 행한다고 박해에 앞장섰는데 스데반의 죽음이 바울의 충실함에 충격을 주었다. 뭔가 잘못되었다고 느끼던 중 다마스쿠스 사건을 통해 그동안 자신이 기울였던 노력이 왜 잘못되었는지를 깨닫는다.

충실한 비올은 부활하신 예수의 음성에 당황한다. 그의 모든 노력이 잘못된 것이라는 하늘의 음성은 눈이 멀 만큼 충격적인 것이었다. 결국, 바울은 기본적으로 인간이 율법을 행할 수 있는 능력을 갖지 못했다고 고백한다. 더스틴을 통한 글로벌의 접근방법은 스티브로 하여금 인간 본성에 대한 회의를 던져 주었다.

스티브는 마지막 투표 날에 모든 사실을 털어놓고 우리에게는 낡고 빛바랜 헛간이라도 뭔가를 지켜야 하는 의무가 있다고 연설한 후 회사로부터 해고 통보를 받는다.

멋진 부츠, 낡은 부츠

스티브가 본래 신고 있던 부츠(마을에서 구입한 것이 아닌)는 마을 사람들에게 다가가기 위한 설정일 수도 있지만 하찮은 것이라도 소중히 여기는 스티브의 속마음을 대변한다. 마을에서 처음 만난 사람은 스티브의 낡은 부츠를 보고 멋있다고 칭찬해 준다. 반면 협상이 실패로 돌아간 뒤 마을을 먼저 떠나던 수는 이제 제발 그 부츠를 버리라고 이야기한다. 낡은 부츠에 대한 주민의 칭찬과 그 낡은 것 때문에 해고당한 스티브가 안타까운 수의 말이 대비된다.

자기 신념을 평생 지킨다는 것은 변절과 배신이 당연히 여겨지는 시대에는 더욱 고귀하게 다가온다. 사회주의권이 몰락한 후에도 전향 각서를 쓰지 않고 수십 년을 감옥에서 보내는 미전향 장기수들을 보면 존경과 안타까움이 교차한다. 사람의 신념으로 형량을 거래하는 천박한 행위는 비판할 가치조차 없는 일이지만 '그깟 종이 한 장 써주고 감옥에서 나오지!'라는 생각이 들 때도 많다. 그깟 종이 한 장에 서명 하나 해주는 것을 통해 신체의 자유가 아니라 영혼의 자유를 얻을 수 있지 않을까? 신념으로부터 자유로워지면서 동시에 그 신념을 유지할 수 있다는 해탈은 선 불교적 상상에서만 가능한 일인가?

신념의 전향을 강요하는 폭력적 사회의 한 일원이라는 것이 미안하기도 하고 모든 것으로부터 자유 하지 못하는 그분들이 안타깝기도 해서이다. 우리가 지키고자 하는 신념은 과연 그 신념이 가지고 있던 고유의 가치와 일치하는가? 혹시 포기가 두려워 신념보다 나 자신을 붙잡고 씨름하고 있는 것은 아닌가?

게다가 지금 세상은 지켜야 할 고귀한 신념조차 없어진 시대가 되었다. 사람들은 물욕과 무관심, 이기적 가족주의와 세상이 성공이라고 정해 놓은 목표를 향해 기어도 변속하지 않고 액셀만 밟아 댄다. 신념이라는 고상한 말은 기억에서조차 아득하다.

스티브는 낡은 것을 지키기로 했다. 낡은 것이란 오래된 것이 아니라 하찮은 것이다. 할아버지가 신던 별로 유명하지도 않은 상표의 부츠를 고집하는 일, 바닷바람에 헛간의 페인트가 벗겨질 때마다 새롭게 페인트칠을 하는 할아버지의 무의미해 보이던 행동은 뭔가를 지키는 일이었다.

바울에게 율법은 오래돼 낡은 것이고, 그리스도인들은 하찮아서 낡은 것들이다. 그가 지켜야 할 것은 자신의 충실함이 아니라 하찮은 이들의 신념을 보호해주는 일이었다. 바울은 마침내 변절하고 전향한다.

전향이라는 것은 삶의 방향을 바꾼다는 의미다. 구원의 은총을 체험했다면 우리는 불의와 개인의 안일로부터 방향을 바꾸어야 하는데 그냥 불투명한 약속의 땅을 향해 가고 있다.

바울의 전향은 깊이 따져 들면 그를 본래의 위치로 돌려놓은 하나님의 선택이다. 본래의 위치로 방향을 바꾼 그는 전향을 개인의 감정적 사건으로 기억하지 않고 알랭 바디우가 말한 것처럼 진리 사건으로 만들어 버렸다. 이제 그는 복과 흥에 겨워 '예수님 찬양' 복음 성가를 불러 대는 것이 아니라 하나님의 적대 세력인 로마와의 전면전을 선포한다. 로마가 가진 화려한 제도와 철학에 대항하여 하찮은 것들을 데리고 싸움을 시작한다. 개별적 경험을 보편적 진리로 승화시킨 바울의 전향이야말로 비겁한 변절이 아니라 진리를 향한 첫걸음이었다.

스티브의 미래는 알 길이 없다. 하지만 인생에서 지켜야 할 것이 무엇인가를 발견한 스티브는 주저주저하며 표현하지 못했던 사랑을 고백하기 위하여 앨리스의 집을 찾는다. 도시로 방향을 바꾼 것이 아니라 그를 만들었던 고향과 같은 마을에 머무는 회귀적 선택을 한다.

그런 점에서 바울의 전향은 배신도 회심도 아닌 본래로의 돌아감이다. 성경은 그것이 본래 계획되어 있었던 일이라고 말한다. 우리 삶은 지금 어디를 향하고 있는가? 약속의 땅을 향해야 할 터인데 약속의 땅은 천연가스로 얻게 될 황금의 땅이 아니라, 잊고 잃고 지내던 것들의 가치가 살아있는 땅이다. 우리를 향한 하나님의 은총은 우리로 하여금 약속의 땅을 향하여 방향을 바꾸라는 음성을 듣는 일인 것임은 말할 나위가 없다.

하나님은 세상 창조 전에 그리스도 안에서 우리를 택하시고 사랑해 주셔서 하나님 앞에서 거룩하고 흠이 없는 사람이 되게 하셨습니다(에베소서 1:4).

프레스터 존은 거기 없었다
〈마르코 폴로〉

저 조선인들에게는 손가락 하나 못 댄다.

_ 가토 나오키,『구월 도쿄의 거리에서』

이야나가 노부미가 지은 『환상의 동양』에 보면 서구인들의 머릿속에 지금 같은 세계가 그려지지 않던 시절 동양은 비서구적인 것, 비주류적인 것, 몽환적이고 이교적인 것과 같은 의미로 쓰였다. 그래서 세상을 동서로 나눌 때 지금의 이집트도 동양으로 구분될 정도였다. 이집트를 넘어 인도나 중국의 이야기가 들려오면서 동양에 대한 서구사회의 인식은 몽환에서 환상으로, 신비에서 두려움의 대상으로 점차 변하기 시작했다.

전염병이 돌았을 때 제국의 무능함을 본 대중들이 교회에 의탁하면서 가톨릭의 교권이 막강해졌다. 중세가 끝나갈 무렵 또 한 번 전염병이 유럽을 강타하자 이번에는 교회의 권위에 의심을 품었다. 종교개혁의 분위기가 무르익어 갔던 것도 그 이유에서였다.

몽골의 침략 앞에서 서구 제국의 위신도 추락했고, 가톨릭교회도 휘청거렸다. 동양에 대한 이미지도 다시 바뀌었다. 신비와 두려움이 뒤섞인 상태에서 프레스터 존Prester John 즉 사제왕 요한에 대한 이야기가 마치 사실처럼 받아들여졌다.

동방에 있는 미지의 국가를 다스리는 프레스터 존이 위기에 빠진 서구 세계, 다시 말해 기독교 세계를 구원해 주리라고 믿었다. 이 전설의 배경은 1세기로 거슬러 올라간다.

1세기경 인도의 최전성기를 이끈 구다파라 왕은 중국의 요순시대처럼 인도인들에게는 아직도 성군으로 회자되는 왕이다. 이 이야기는 기독교 세계에 의해 각색된다. 구다파라 왕이 궁전을 짓기 위해 유능한 목수를 찾던 중에 그의 사신이 예루살렘까지 와서 예수의 12제자 중 도마를 선택했다. 도마는 먼 인도까지 가기 싫어했는데 부활 승천한 예수가 노예 상인으로 나타나 도마를 인도에 팔아 버렸다.

인도로 간 도마는 왕의 명을 어기고 궁전 지을 돈을 모두 가난한 사람들을 구제하는 데 썼다. 분노한 왕은 도마를 처벌하려 했으나 당신의 궁전은 하늘나라에 지어졌다는 도마의 이야기를 듣는다. 또 죽었던 왕의 동생이 다시 살아나 하늘에서 그 궁전을 실제로 보았다고 증언한다. 그래서 도마는 인도에서 선교할 자격을 얻게 되었고 인도교회의 창시자로 알려져 있다.

이 전승은 6세기경 다시 한번 각색된다. 성서에 나오는 동방박사의 이름과 숫자가 이때 정해졌다. 성경에는 3개의 선물이 아기 예수께 바쳐졌다고 나오지 세 사람이라는 숫자는 특정되지 않았다. 그러나 6세기 교회는 여러 전설을 모아서 세 사람의 이름을 가스파르, 발타자르, 멜키오르라고 정하는데 이중 가스파르가 바로 1세기 인도의 왕 구다파라였다는 것이다.

이렇게 동양에 대한 신비가 쌓여 가던 중에 중세의 위기에 닥치자

동양 어딘가에 프레스터 존이 다스리는 풍요로운 기독교 왕국이 있다는 전설을 만들어내었다. 넷플릭스 드라마 〈마르코 폴로〉(존 푸스코 극본, 2014년)에는 칭기즈 칸의 후손으로 자신의 왕국을 갖고 있었던 네스토리우스파 기독교인 나얀이 나온다. 그는 원나라를 세운 쿠빌라이 칸에게 맞서 반란을 일으켰다가 처형당했다. 교황청은 쿠빌라이가 서구 세계로 진격할까 두려워 나얀을 이용하는데 드라마에서 교황과 만난 나얀이 자기가 직접 프레스터 존을 만나서 기독교인이 되었다고 고백한다. 이때 교황은 정말 만났냐고 놀란 표정을 짓는다. 김호동의 『동방 기독교와 동서 문명』에 따르면 중앙아시아 지역에 네스토리우스 계열의 부족 국가들이 있었다.

개신교와 이슬람 세력이 커지는 과정에도 프레스터 존은 나타나지 않았다. 프레스터 존의 전설에 조바심 나게 기다리던 서구인들은 놀랍게도 일본에서 가능성을 보았다.

1576년 16살의 나이에 일본에 건너가 1594년 신부가 된 로드리게스의 편지에는 이런 내용이 나온다.

이리하여 우리의 주께서 당시에 이미 알려져 있고 발견되었던 많은 뛰어난 나라들을 뒤로 미루시고 일부러 이 나라(일본)를 찾으신 것은 주의 고매한 판단이 계셨기 때문이다. 즉 이 나라가 이렇게 먼 곳에 있음에도 영원한 옛날부터 주에게 선택되었는데 그것은 이 나라의 선택된 백성들을 구원하고 동방의 끝에서 거룩한 신앙으로 개종한 엄청난 수의 신자들을 가진 교회의 동산으로 만들고자 하셨기 때문이며 이 동산에는 머리가 뛰어난 순교자들의 피가 뿌려졌다.

_ 『환상의 동양』에서 재인용

서구인들이 일본에 대해 가지고 있는 신화는 이때 형성되었다. 에도 막부 이후 가톨릭이 박해를 받으면서 일본의 강경한 폐쇄정책이 있었지만, 문이 완전히 닫힌 것은 아니었다. 에도 막부는 나가사키에 데지마出島란 인공섬을 건설, 메이지 유신 직전까지 이곳에서만 네덜란드와 무역을 하면서 서양과 교류했다.

일본은 메이지 유신 이후 여러 조약을 통해 동아시아에서 유일하게 서구와 견주는 지위를 차지하는데 거기에는 메이지 집권자들의 전략도 있었지만, 로드리게스의 300여 년 전 보고서도 크게 한몫했다.

서구 기독교 역사는 이처럼 동양, 즉 처음에는 낯선 것을 공포로 받아들이다가 결국 공포의 극복을 위해 그들이 기독교에 의해 감화되었다는 또는 감화될 수 있다는 허상으로 동양을 이해해 왔다. 프레스터 존이 그랬고 일본이 그랬다. 교회가 떠받치고 있던 서구사회가 위기에 직면했을 때 약자들에게 눈을 돌리고 그들의 지지와 연대에 의지했어야 할 사회는 항상 교회를 기반으로 둔 공포 마케팅에 의존하려고 했다.

교회가 지배하던 서구사회는 예수를 못 박은 민족이라고 유대인을 희생양 삼았다. 2000년 가까이 지속된 그 호명에는 공소시효도 없었다. 그들은 마르크스와 레닌과 볼셰비키를 두려워했고, 남미, 아프리카, 아시아의 식민지들이 각성하는 것을 못 견뎌 했다. 약자를 보듬고 그들의 만행을 반성해야 할 서구사회는 애먼 데에만 눈을 돌리고 있었고 교회는 신 구교를 막론하고 든든한 침략의 후원자가 되어 주었다.

코로나로 전 세계가 신음하고 있다. 서구 국가들은 처음에는 중국처럼 경제만 발전했지 '미개한' 국가에서나 유행할 병으로 이해했다. 초기에 확진자가 급속도로 늘어난 중국과 밀접한 한국도 같은 이유로 봤을 것이다. 한국, 중국과 달리 일본의 낮은 발병률은 '영원한 옛날부터 주에게 선택'된 민족이기 때문에 당연하다고 믿었을지도 모른다. 그래서 다이아몬드 프린세스 유람선도 통계에서 빼줬다. 활 맞은 사람을 보면 먼저 활을 빼주라는 인도 속담도 있는데 오히려 서구인들은 아시아에서 날아오는 화살은 우리에게 닿지 못할 꺼야라는 고정관념에 머물다가 화를 키웠다. 그 코로나 화살이 일본에까지도 미치지 못하는 것으로 보였기 때문이다. 중국이나 몽골은 프레스터 존의 전설을 뭉개버린 나라이고 일본은 에덴동산과 같은 국가라는 이미지가 서구인들에게 깊게 각인되어 있다.

한국의 우파 세력들은 우리가 이런 고정관념의 피해자인 줄 모르고 우한 폐렴, 중국 폐렴으로 부르기를 즐겨한다. 서구인들이 이렇게 부르는 데는 은연중 한국도 포함되어 있다는 사실을 한국의 우파들만 모르고 있다. 대한민국의 대응 방식이 전 세계적으로 주목받고 있지만 서구 시민들에게 한국이 부각되기에는 아직 역부족이다. 그들의 수백 년 된 고정관념을 깨기가 쉽지 않다. 그나마 중국이나 일본의 고정관념은 오래되었지만, 대한민국이 이 정도라도 서구언론에서 회자되는 것은 역사상 처음일 것이다.

예수가 여리고를 지날 때 환호하던 대중들은 며칠 뒤 빌라도를 향해 예수가 아니라 바라바를 달라고 한다. 강한 바라바로부터 해결책을 찾았던 그들은 이천 년 동안 예수를 못 박은 민족이라는 굴레를 벗지 못했다.

여리고 군중들은 예수를 강한 메시아로 여겨 환영했지만, 자기들의 생각이 빗나가자 예수를 희생양 삼았다. 바라바도 빌라도도 프레스터 존도 역사에서 사라졌다. 모든 나라의 선망의 대상이었던 일본의 화려함은 이미 30여 년 전에 끝났고 현재 휘청이고 있다. 더 강한 일본을 만든다고 위기가 극복되는 것이 아니다. 코로나 시국에서 미국의 총기 판매는 급증하고 있다.

억압과 혐오를 위해 강한 예수만 찾는다면 그 예수도 사라질 것이다. 이탈리아의 철학자 지안느 바티모는 현대 사회의 가능성을 약한 사고(Weak Thinking)에서 찾고 예수에게서 그것을 발견한다. 가짜 진실을 벗긴 약한 사고가 변혁을 추동하는 강한 실천의 토대가 된다.

꼬맹이가 된 선비
〈나의 아름다운 비밀〉

사람은 자신의 이미지로 자신을 만든다.

_ 에릭 호퍼, 『길 위의 철학자』

극적인 변화를 경험한 사람을 일컬어 '사울이 바울 되었다'라고 말하는 것은 기독교인들에게는 친숙한 표현이다. 예수를 따르는 무리를 박해하던 순혈 유대인 사울은 다마스쿠스로 가는 길목에서 예수의 음성을 듣고 사울이라는 이름을 버리고 헬라식의 바울이라는 이름을 쓰기 시작했기 때문이다.

그러나 성서를 찬찬히 읽어보게 되면 '사울이 바울 되다'라는 표현을 사용하는 데는 조금 문제가 있다는 것을 알게 된다. 사도행전 13:9에 "바울이라고 하는 사울이 성령이 충만하여 그를 주목하고"에서 볼 수 있듯이 회심 이후에도 사울이라고 불린 적이 있으므로 사울이 회심한 후 본래의 이름을 버리고 바울로만 불렸다는 건 설득력이 없다는 이야기다. 그래서 이런 관용구는 성서적으로 옳지 않다고 주장하는 사람들조차 있다.

그러나 어떤 이름이 어느 시점에 쓰였는가에만 주목하다 보면 당시의 사회적 철학적 맥락을 놓칠 수 있다. 그로 인해 '사울이 바울 되다'라는 관용구를 마치 폐기되어야 하는 표현이라고 생각하는 실수를 저지르게 된다.

'사울이 변하여 바울이 되었다'라는 말은 여전히 유효하다

바울이라는 이름에 대한 철학적 작업(신학이 아닌)은 조르조 아감 벤의 『남겨진 시간』에 상세하게 소개되고 있다. 조르조 아감벤은 로마서 1:1만을 연구한 이 책에서 '바울'은 프레노멘(praenomen, 이름)이나 코그노멘(cognomen, 성)이 아니라 시그눔signum 즉 별명이었다고 주장한다. 그러므로 회심 이후 그의 이름이 시그마(S)에서 P로 바뀐 것은 단순히 한 글자의 변화가 아니라 아브라함이나 사라의 이름이 바뀐 것과 같은 큰 의미를 지닌다는 것이다.

> 한 문자의 단순한 부가로 보이는 것이 실제로는 새로운 조화를 산출하고 있다. 그것은 작은 것으로부터 큰 것을, 개별적인 것으로부터 보편적인 것, 그리고 죽어야 하는 것으로부터 불사의 것을 산출하고 있다.
> _ 필론, '이름의 변경에 관하여', 아감벤의 위의 책에서 재인용

필론은 아브라함과 사라의 개명에 대해 언급하고 있지만 아감벤은 바울의 개명에서도 한 글자의 차이가 세계관의 전환을 의미한다는 점에서 이 글을 인용하고 있다. 사울은 명문가의 이름으로 그것을 지니고 있는 자는 아름다움에 있어서 뿐만 아니라 크기에 있어서도

다른 모든 이스라엘인을 능가한다(사무엘상 9:2). 아감벤의 말을 빌리자면 바울이라는 이름의 사용은 왕가에서 천민으로의 이행, 큰 것으로부터 작은 것으로의 이행을 의미한다. 라틴어로 파우로스paulus는 '작고 보잘것없는 자'라는 의미다. 우리 말로 하면 막둥이쯤 되는 말이다.

별명을 이름으로 택한 사람

결국 '바울'은 사도가 메시아적 소명을 받는 순간 부여된 시그눔(별명)이다. 그러므로 사도행전 13:8의 "바울이라고 하는 사울"은 회심 이후에도 사울이라는 이름이 사용되었다는 것을 보여주는 예가 아니라 바울이라는 별명을 공식 이름으로 사용하기 시작했음을 보여주는 예이다. '바울이라고 하는'에서 '이라고'(ho kai)는 당시 공식 이름에만 붙이는 단어였기 때문이다. 즉 명문가 선비 사울은 이제 스스로를 비천한 별명을 이름으로 대신하게 된다. 율곡 이이나 퇴계 이황 같은 명문가 청년이 본명으로도, 호로도 불리지 않고 천민의 이름인 돌쇠 마당쇠로 불리기를 자처한 것이다.

이제 옛사람 사울은 스스로를 사울이 아니라 막둥이 또는 꼬맹이로 불러 달라고, 그것이 본래 내 이름이라고(ho kai) 만천하에 공표한다.

아감벤의 지적처럼 바울 이후 우리의 이름은 모두 시그눔에 지나지 않는다. 아무리 명문가의 본과 멋있는 이름의 뜻을 가지고 있다 한들 그것은 하나님 앞에서 하찮은 막둥이 같은 별명일 뿐이다. 막둥이 바울은 이제 소명을 통하여 자유인에서 메시아의 종으로 규정되며 그 순간 노예와 마찬가지로 그의 이름을 상실하게 되었다.

신념만 바뀐 것이 아니다

그러므로 사울에서 바울로의 개명은 회심 이후 유대교적 세계관에서 그리스도적 세계관으로 바뀐 것만을 의미하지 않는다. 막둥이 바울은 스스로 이름조차 없는 천민이 되기를 원했으며, 낮아지고자 했으며, 이름이라고 하는 생물학적 소속에서 오는 우월감을 제거하려고 했다. 천민이 된들 무엇이 불편하다는 말인가? 바울은 유대교 선비로서 누리던 모든 혜택이 끊어져도 모든 것으로부터 자유로울 수 있다고 말한다.

> 누가 우리를 그리스도의 사랑에서 끊을 수 있겠습니까? 환난입니까, 곤고입니까, 박해입니까, 굶주림입니까, 헐벗음입니까, 위협입니까, 또는 칼입니까?(로마서 8:31)

주변에서 아버지와 어머니의 성을 함께 쓰는 사람들을 가끔 만난다. 가부장적 문화를 극복해 보려는 좋은 취지이겠으나 가부장보다 더 무서운 것은 족벌문화라는 점을 알아야 한다. 우리 역사에서 백성 모두가 성을 갖게 된 것은 일제강점기에 들어와서다. 더 거슬러 올라가 신분제가 와해 되던 조선 후기 이전으로 가면 성을 갖지 못한 백성이 많았다. 그렇다면 우리 중 누군가는 (조부모가 되었건 증조부모가 되었건 비밀로 깊이 묻어 두었겠지만) 성이 없는 천민 조상을 두었을 터인데 동성애자의 커밍아웃은 있어도 노비의 후예라고 말하는 사람은 없다. 동성애자로 차별은 받고 살지언정 노비의 후예로 살기 싫은 신분의 엄혹함이 우리 사회에 아직 흐르고 있는데 아버지 성이면 어떻고 어머니 성이면 어떤가? 거짓 하나만 달고 사는 것도 부담스러운데 뭐 둘씩 달고 사는가? 유니온 신학교에서 가르치던 (정)현경 교수가 성을 떼고 이름으로만 사는 편이 훨씬 평등하다.

21세기도 이러한데 2,000여 년 전 이름도 버리고 성도 떼고 막둥이로 살기로 다짐한 바울의 결기는 당시로서는 상상하기 어려운 일이었다. 이제 바울은 함께 낮아지자고, 함께 바보가 되자고 우리를 부른다. 그런데 바울이 가르친 "믿음으로 구원받는다"는 것을 절대의 진리라고 가르치는 목회자들은 바울에서 다시 사울로 가려고 한다. 어떤 이는 왕가의 사람이 되어 군림하고 싶어하고, 어떤 사람은 선비가 되어 관념적인 설교만을 늘어놓는다.

군주든 선비든 울지 말라고 다독거려줄 사람이 필요한 것이 아니라 함께 울어줄 사람이 필요한 시대다. 피해자 시늉을 하는 사람이 아니라 나도 기꺼이 피해자가 되겠다며 자기의 것을 버릴 수 있는 사람이 필요하다. 사울에서 바울으로의 개명은 진정한 그리스도인이라면 그러한 사람이 되라는 메시지를 담은 사건이다.

비밀스럽지만 아름다운 이야기

〈나의 아름다운 비밀〉(얀 흐레베이크 감독, 2000년)은 1937년 체코의 어느 마을, 유대인이 사장인 회사의 직원 조셉(볼레슬라브 플리보카 분)과 홀스트 그리고 사장 아들 다비드(크손고르 카사이 분) 사이에 일어난 이야기다. 운전기사인 홀스트, 조셉은 차를 타고 가다 잠시 들판에서 함께 용변을 보며 장난을 칠 정도로 세 사람의 관계도 마을도 평화롭다.

전쟁은 모든 것을 바꿔놓는다. 사장 집안은 수용소로 끌려가고 홀스트는 나치의 앞잡이가 되어 조셉의 집을 제집처럼 드나든다. 겉으로는 우정이 지속되고 있는 것 같지만 회사 다닐 때와 권력의 위치가 뒤바뀐 두 친구 중 홀스트는 조셉의 아내 마리(안나 시스코바 분)에게 흑심을 품는다. 전쟁이 한창 기승을 부리던 1943년 수용소를 탈출해 고향으로 돌아온 다비드를 조셉은 위험을 무릅쓰고 자신의 집에 숨겨준다.

규칙주의자에서 바보로

다니던 회사도 그만두고 아이도 없는 조셉은 정확한 규칙주의자다. 특별히 자비심이 있어서 다비드를 숨겨주는 것이 아니라 그것이 인간의 도리이기도 하고 전쟁 초기에 희망을 가지라고 다비드에게 말했던 약속 때문에라도 그렇게 하는 것일 뿐이다. 수용소로 끌려가기 전 다비드는 자기 집에 숨겨둔 보석의 위치를 조셉에게 가르쳐주는데 독일인 새 사장이 다비드가 살던 집으로 이사 온다는 말을 듣고 밤에 몰래 그 집에 갔다가 숨어 있던 다비드를 만나게 된다.

주인이 돌아올 가능성이라고는 전혀 없이 오랫동안 비어 있던 유대인의 집에 상당량의 보석이 있다는 것을 알면서도 내 것이 아니기에 탐을 내지 않을 만큼 조셉은 원칙을 중시한다. 그날 밤도 새 집주인이 숨겨둔 보석을 발견할까 걱정이 되어 자신이 보관하려는 생각으로 그 집을 찾아갔던 것이다.

조셉은 다비드가 보호의 대가로 보석을 주어도 받지 않는다. 그냥 건조하게 숨겨줄 뿐이다. 반면 아내 마리는 보석도 탐나고 두렵기도 하지만 이왕 숨겨주기로 한 이상 남편보다 더 자상하게 다비드를 돌본다. 하지만 조셉은 자신의 체취가 담긴 담요가 다비드에게 제공되는 것을 못 견딘다. 반면 아내 마리는 누구의 담요인가 보다 가장 좋은 담요이기에 손님에게 최선을 다해 제공한나.

마리를 향한 홀스트의 집착은 점점 깊어져 수시로 집을 드나든다. 다비드를 숨겨둔 부부는 못내 불안하다. 게다가 다비드 아버지의 회사를 맡은 독일인 사장이 자식도 잃고 아내도 입원한 상태에서 이 집의 신세를 지려 하는 피할 수 없는 상황과 마주한다.

유대인과 독일인을 한집에 두어야만 하는 상황에서 마리는 임신해서 방을 빌려줄 수 없다고 거짓말을 한다. 동네 사람들 모두 조셉에게 불임의 원인이 있다는 것을 아는데 거짓말이 탄로 나면 큰 파문이 일어날 것이다. 방법은 하나밖에 없다. 숨겨준 유대인 다비드와 아내를 동침시키는 것.

전쟁도 끝나고 아이도 태어나고 서로 용서하고 화해하며 영화는 끝난다. 영화에서 조셉과 마리는 요셉과 마리아다. 그 집 거실에는 성모 마리아의 그림이 크게 걸려 있다. 다비드(다윗)는 아이의 혈통이지만 친권은 건조하게 아내의 임신 과정을 참아 낸 조셉에게 있다. 공교롭게도 태어난 아기는 아들이다. 묘한 성서적 은유를 담고 있지만, 그것보다 영화의 주제는 점점 바보가 되어가는 조셉이다.

그는 한때 유대인 사장 밑에서 잘나가던 간부 사원이었고, 친구 홀스트를 사장 운전기사로 취직까지 시켜주었지만, 전쟁은 그에게서 모든 것을 빼앗아 간다. 나치의 앞잡이가 되어 권력을 획득한 홀스트가 아내를 넘보아도 참아야 한다. 다비드 때문에 마을 사람들이 몰살당할 수 있는 상황도 감수한다. 마침내 유대인을 보호하다가 자신들이 곤경에 빠지자 아내와 다비드의 동침을 참아 낸다. 아내의 임신 소식에 사람들은 모두 아이의 아버지가 홀스트라고 생각하며 조셉을 조롱하고 측은해한다. 예수의 아버지가 그랬던 것처럼 조셉이 모든 조롱을 참아 낼 즈음 전쟁도 끝나고 아이도 태어난다.

아이의 탄생은 아내를 유혹하던 홀스트와 다비드를 보호해주지 않았던 이웃집 아저씨에 대한 용서의 시작이기도 했다. 바보 조셉은 모든 이름을 잃었다. 생물학적 아버지, 좋은 남편, 좋은 친구도 더 이상 그의 이름이 아니다. 비록 소극적이라도 나치에 저항하던 그는 다비드를 보호하기 위해 부역을 한다. 이로써 '반나치'라는 이름도 잃어버린다. 원칙을 중시하던 그였지만 아내를 다른 남자와 자도록 했으니 원칙주의자라는 명분도 잃었다.

모든 것을 잃어버린 자리에서 새 생명이 탄생했고, 한 청년을 구했고, 이웃을 용서했고, 태어난 아이를 유모차에 데리고 다니면서 화해의 환상을 본다. 잃은 것보다 얻은 것이 더 소중했다. 마찬가지로 사울이라는 허명을 버리는 순간 바울은 모든 것을 얻었다.

허명을 버리는 삶

기독교인이라는 호칭은 우리를 어리석은 자로 만들고 있는가? 비정상이 정상을 지배하는 시대라는 영화 속 대사처럼 우리는 비정상을 정상으로 착각하고 그 허명을 좇아 산다. 출세라는 허명을 위하여 아이들을 닦달하고 돈이라는 허명을 위하여 불법을 저지른다. 교회는 허명을 축복이라고 가르친다. 어떤 이들은 진보라는 허명 뒤에 숨어 속으로는 보수가 만들어 놓은 가치로부터 소외될까 전전

궁궁한다. 보수가 허명을 넘어 거짓이 되어 버린 지는 이미 오래다. 밤에 마을에 숨어든 다비드를 쫓아내려 했던 동네 영감은 종전 후 갑자기 애국자 행세를 한다. 한국에서 애국이라는 허명을 가지고 사는 사람들일수록 일제강점기를 정당화하거나, 더 나가서 신앙화해서 '그 시기가 하나님의 뜻'이라는 '애국심'을 보여준다.

영화의 원제목은 '흩어지면 망한다'(Divided We Fall)이다. 이 말은 미국의 초대 대통령 조지 워싱턴의 어록인데, 영어깨나 하던 한국의 초대 대통령 이승만의 어록으로 유명해진 말이다. 우리는 무엇으로 뭉칠 수 있을까? 애국심, 진영논리, 대형교회 소속감, 출신 학교, 출신 고향, 집안 배경 모두 허명이다.

우리가 새롭게 취득해야 할 이름은 별명이 되어야 한다. 안디옥 교회 사람들을 향해 그리스도인이라고 불렀듯이 게걸스럽게 제 몫 챙기기보다는 손해 보고 허허 웃을 수 있는 사람, 이웃을 위해 희생을 즐겨 하는 사람, 높아지기보다는 막둥이가 되려는 사람, 정의와 평화를 위해 핍박을 받는 멍충이, 막둥이 같은 별명이 그리스도인을 위한 진정한 이름이다.

그러므로 극적인 회심을 한 사람들을 가리켜 '사울이 바울 된 것과 같은 변화'라는 표현은 여전히 유효하다. 아니 계급적 역사적 특징을 담은 더 강렬한 의미로 사용되어야 한다.

굴복 안 해도 되는 권세
〈미하엘 콜하스의 선택〉

복음주의 신자들의 독특한 도덕적 세계관은 그들의 선배인 근본주의자
들에게서 물려받은 것으로서 어둡고, 어떤 면에서는 청교도적이다.
_ 로버트 D. 퍼트넘, 데이비드 E. 캠벨, 『아메리칸 그레이스』

　한국에서 해방 이후 권력은 모두 불의했다. 이승만에서 노태우까
지 이어지는 불의의 시대 말고도 김영삼은 정치군인들에게 모든 것
을 팔아 대통령이 되었고, 김대중, 노무현은 보수 우익 진영이 보기
에 도무지 대통령으로 인정할 수 없는 '불의'한 정권이었고, 이명박
은 죄를 짓는 한이 있더라도 부자가 되고야 말겠다는, 다시 말해 이명
박의 화려한 전과 경력을 알고도 못 본 척한 불의한 대중들과의 합작
품이었다. 박근혜는 당선부터가 의혹투성이였기에 정당한 대통령
이라는 것을 인정받고 싶어 더 권위적으로 되었고, 경직된 권위는
세월호 참사와 국정 농단과 탄핵을 낳았다.
　1980년대 이후 노골적인 정권 하수인 역할을 자청한 보수 목사
들은 로마서 13:1-7을 이용해 반대 세력을 잡는 친위대 역할을 충실

하게 해내었다. 1974년 11월 9일 한국기독교실업인회에서 주최한 '국무총리를 위한 기도회'에서 당시 총리 김종필은 로마서 13장 1-7절을 인용하면서 "교회는 정부에 순종해야 하며 정부는 하나님이 인정한 것"이라는 발언을 함으로써 교계에 논쟁을 불리일으키기도 했는데 뒤집어 보면 1970년대만 하더라도 유신정권은 교회에 대해 어느 정도 두려움을 가지고 있었다는 이야기도 된다. 이후에는 정치인이 나서서 굳이 그런 말을 할 필요가 없을 정도로 목사들은 '맡은 역할'에 충실했다.

복음주의, 좀 세련된 언어를 구사하는 근본주의

옥한흠, 하용조, 이동원 같이 비교적 평가가 좋았던 목사들도 여기서 벗어나지 않았다. 그들은 설교를 통해 권위에 대한 복종을 강조했고, 때로는 위로부터의 권위에 슬쩍 자신들의 목회직도 포함시켰다.

한국기독교교회협의회에서 활동하던 진보적인 목사들이 김대중 정부에서 요직을 차지하면서 이 구절에 대한 목사들의 인용은 잠시 주춤했다. 당시 권력을 잡은 기독교인들은 김대중 정부를 반대하는 보수 기독교를 향해 권세에 대한 복종 운운할 정도로 뻔뻔하지 못했다. 보수 기독교 세력들은 이후 노무현 정부까지 이어지는 10년 동안 행여라도 정부에 도움이 될까 해서 로마서 13:1-7을 꼭꼭 묶어 두었다.

이런 상황에서 위상이 줄어든 복음주의 리더들의 위기감은 한층 더 깊어졌지만 대놓고 대립각을 세울 정도의 배포는 없었다. 그들이 속앓이하고 있을 때 격이 떨어지는 김홍도, 전광훈 같은 이들이 '용기' 있게 막말을 내뱉음으로 그들과 어깨를 나란히 하는 반열에 올라

선다. 그러므로 복음주의 리더들이 한국교회에서 받고 있는 자그마한 인정이나 존경의 이유는 김홍도, 전광훈 등보다는 충성의 언어가 좀 세련되었기 때문이다.

영화 〈흐르는 강물처럼〉(로버트 레드포드 감독, 1992년)에서 장로교 목사인 두 아들의 아버지는 감리교가 뭐냐는 아들의 질문에 글을 읽을 줄 아는 침례교인이라고 설명해 준다. 이 말을 따라 하자면 말을 조금 세련되게 하는 근본주의자가 복음주의자다.

이명박이 대통령 후보이던 시절, '위로부터의 권세'를 다시 자기 편으로 세우고 싶어 했던 옥한흠, 하용조의 낯뜨거운 이명박 지지 설교는 한국 교회사에 두고두고 '명설교'로 남을 것이다.

신약학자 오스카 쿨만의 말처럼 로마서 13:1-7의 텍스트만큼 많이 남용된 예가 없을 것이다. 하나님의 설정(13:1-2), 하나님의 대행자로서의 권력(13:3-4), 양심에 의한 복종(13:5), 납세의 의무(13:6-7)로 구성된 문제의 구절들은 해석자의 의도에 따라 제멋대로 읽혀 왔다.

바울의 정치 신학

바울 서신을 정치적으로 독해하는 것이 요즘 경향인데 이 분야는 유대인 철학자 야콥 타우베스가 처음 개척했다고 해도 과언이 아니다. 야콥 타우베스는 『바울의 정치 신학』에서 로마서 13장의 권세에 대한 복종을 이렇게 설명한다.

여기서는 어쨌든 악한 로마 제국에서 살아가야 할 사람들에게 어떻게 살아야 되는지를 말해 줍니다. 어차피 망해 갈 나라인데 반란이나 봉기를 일으켜서 뭐하겠느냐는 말이지요. [이 제국을 위해서] 열심히 일해 봐야 소용없다. 어차피 그 모든 게 다 사라질 거다. 이런 내용입니다. 그런 긴 이야기할 가치도 없는 것이라는 거죠. 정적주의인 겁니다.

'뭐가 무서워서 피하냐 더러워서 피하지'라는 속담 같은 논지인데, 그깟 망할 권력에 잠시 복종한다고 신앙적으로 배교하는 일은 아니라는 말이다. 야콥 타우베스는 칼 바르트의 로마서 주해를 인용하면서 바르트가 12장 21절을 13장에 갖다 붙이는 천재성을 발휘했다고 추켜세운다.

바르트 또는 타우베스 식으로 보면 로마서 13장은 이렇게 시작한다.

악에게 지지 말고, 선으로 악을 이기십시오(12:21).
사람은 누구나 위에 있는 권세에 복종해야 합니다. 모든 권세는 하나님께로부터 온 것이며, 이미 있는 권세들도 하나님께서 세워주신 것입니다(13:1).

타우베스의 말에 따르자면 "네가 [이 세상에서] 무슨 일을 하든 그 모든 건 결국 악이다." 결국, 악한 권세에 복종도 악일 수밖에 없다. 복종은 선이고 권세는 악이라고 성서(또는 타우베스)를 오독해서는 안 된다. 악한 권세에 복종하는 것이 어떻게 선일 수 있는가? 그것은 침묵이라는 공범 행위이다. 그렇다고 초대교회 신도들에게 악을 자행하라고 부추기는 말이 아니라 (어차피 영원성을 결여하고 있다는 점에서 악일 수밖에 없는) 정치적 복종을 잠시 보여주라는 것이다.

오히려 새로운 세상은 (로마 같은) 제국 공동체나 (히브리인 같은) 민족공동체를 넘어선 성령에 의한 공동체라는 것을 말하고 싶어 바울이 이 구절을 집어넣었다고 타우베스는 주장한다. 새로운 세상은 기존의 프레임에 갇힌 복종과 권세의 대립항으로 운영되는 곳이 아니라 선한 성령에 의해 지배되는 세상이다. 결국, 타우베스의 주장은 권세에 대한 복종은 한시적이지 절대적 권위를 갖는 말씀은 아니라는 뜻이다.

여기서 "모든 하나님의 말씀은 절대적인 권위를 갖는 것이 아닌가?"라는 어리석은 질문은 던지지 말자. 기독교인이 운영하는 가게에서 볼 수 있는 "시작은 미약하지만, 나중은 창대하리라"는 욥기 8:7은 하나님의 말씀인 성서에 있는 내용이지만 진리의 표준은 아니다. 그것은 욥에게 잘못된 충고를 하는 빌닷의 말이다. 좋은 금언은 될 수 있을지언정 하나님이 말하고자 하는 내용은 아니다.

타우베스가 이 구절과 로마서를 비교하지는 않았지만 말하자면 권세에 복종하는 것은 한시적인 세상을 살아가는 이들에게 필요한 처세일 뿐 궁극적인 진리일 수 없다는 의미다. 따라서 이것을 정치 권력에 대한 복종을 가르치는 하나님의 말씀으로 받아들이는 것은 명백한 오독이다.

유럽 정신사에서 로마서 13장

일본의 정치학자 미야타 미쓰오는 '유럽정신사에서의 로마서 13장'이라는 부제가 붙은 『국가와 종교』에서 로마서 12:21과 13:8(서로 사랑하는 것 외에는, 아무에게도 빚을 지지 마십시오. 남을 사랑하는 사람은 율법을 다 이룬 것입니다) 사이에 13:1-7이 갑자기 끼어든 '비바울적 삽입'이라는 일부의 주장을 소개하면서도 반대의 입장을 분명히 밝힌다. 누가 뭐래도 이것은 제 자리에 있는 구절이며 이 구절이 이후 유럽 정신사의 법, 철학, 신학 모든 분야에 영향을 미쳤다고 본다.

이어 미야타 미쓰오는 오리엔트-헬레니즘 세계에서 지상의 지배는 신적 기원을 갖지만, 그 권위를 하나님에 예속시킨 바울은 이미 세속 권세를 부정하고 있으므로 무조건적 복종의 텍스트로 읽기에는 어려움이 있다고 설명한다. 바울은 이 구절을 통해 로마 정부에 대한 잠재적인 비판을 표현했고, 이러한 표현은 무력한 현실에 던져져 있던 유대인들을 지탱시키는 신앙적 힘이 되었다.

"권세를 거역하는 사람은 하나님의 명을 거역하는 것이요, 거역하는 사람은 심판을 받게 될 것입니다"라는 13장 2절에 이르면 복종을 더욱 강조하는 듯하지만 1절에서 사용된 '세운다'는 단어는 당시 로마의 행정 질서에서 사용되는 비슷한 뜻의 다른 단어가 있었음에도 불구하고 바울은 의도적으로 행정 용어와 다른 단어를 사용함으로써 로마 권세를 하나님의 권세와 비교할 수 없는 것으로 명토 박아 두었다는 것이다.

미야타 미쓰오 역시 야콥 타우베스처럼 이 텍스트가 국가 질서에 대한 교의적 근거로 간주 되고 여기에 제시된 복종이 보편타당한 규범으로까지 과대평가되었다고 본다. 다시 말해 로마서 13:1-7은 "법과 정의에 봉사하지만, 인간의 구원을 과제로 하지 않고, 하나님의 것을 하나님에게 돌리는 자유를 그리스도인에게 부여하는 국가"라는 것을 가르치는 구절로써 '복종'이 주제인 구절은 결코 아니라는 점에서 야콥 타우베스와 미야타 미쓰오는 같은 생각을 갖고 있다.

〈미하엘 콜하스의 선택〉(아르노 데 팔리에르 감독, 2013년)에서 말 중개 상인인 미하엘 콜하스(매즈 미켈슨 분)는 늘 다니던 길에서 갑자기

통행료를 징수하는 남작에게 그가 잘 키워온 말을 통행료 명목으로 빼앗긴다. 처음 당한 일이라 얼떨결에 말을 빼앗겼지만 참을 수 없었던 미하엘 콜하스는 말을 되찾기 위해 남작에게 하인을 보낸다. 그러나 돌아온 것은 비쩍 야윈 말과 남작에게 폭행당한 하인뿐이었다. 남작과 중재를 위해 대신 나섰던 아내마저 죽음으로 돌아오자 미하엘은 복수를 다짐한다. 독일에는 루터의 종교개혁이 일어났고 민중들의 손에는 루터가 번역한 성서가 쥐어져 있었다. 성서를 늘 손에 들고 있던 미하엘은 농민군을 조직한다.

항상 무표정한 미하엘은 죽은 엄마나 말 때문에 싸움을 하는 것이냐는 딸 리스베뜨의 질문에 아니라고 대답한다. 이 대답에는 미하엘의 복잡한 심경이 담겨 있다. 왜 싸우는지 모르는 마음과 정의를 위한 싸움이라는 확신이 그의 마음속에 다 들어 있다. 왜냐하면, 이미 남작의 가족을 죽였고, 규칙을 어기고 마을을 약탈한 자신의 부하를 공개 처형시키는데 아내의 죽음을 경험한 그로서는 집행하고도 그것이 정의인지 확신이 서지 않았을 수도 있기 때문이다.

이때 종교개혁자 마틴 루터(드니 라방 분)가 그를 찾아온다. 영화 배경의 시기는 명확하지 않으나 토마스 뮌처의 농민전쟁 이전으로 추정된다. 토마스 뮌처의 농민 반란에 대한 잔혹한 진압을 목격한 농민들이 소규모 반란군을 조직하기란 쉽지 않았을 것이다.

하나님에 대한 복종을 강요하는 마틴 루터 앞에 미하엘 콜하스는 전쟁을 포기하기로 결심한다. 당대의 가장 떠오르는 인물이었던 마틴 루터의 달변 앞에 미하엘 콜하스는 자신이 가장 소중히 여기는 것을 내놓아야 했다.

마틴 루터와 로마서 13장

영화 미하엘 콜하스의 선택은 여러모로 토마스 뮌처가 일으킨 농민전쟁의 축소판을 보는 듯하다. 루터는 초기에는 뮌처의 농민전쟁을 지지했으나 나중에는 입장을 완전히 바꾼다. 루터가 쓴 "농민과 살인, 강도단에 항의해"(1525년)에는 농민군의 잘못을 다음과 같이 열거한다.

> 첫째, 세속 권력에 대해 복종할 의무를 파기한 점
> 둘째, 강도와 살인 같은 폭동을 일으킨 점
> 셋째, 이러한 행동을 복음의 이름으로 행한 점 그리고 이 점이야말로 최대의 죄다.

이 지적은 영화에서 루터가 미하엘에게 말한 것과 거의 일치한다. 실존 인물을 독일 작가 하인리히 폰 클라이스트가 소설로 쓴 것을 영화화한 것인데 그렇다면 토마스 뮌처의 농민전쟁의 선도 역할을 미하엘 콜하스가 했다고 볼 수도 있다. 영화에는 미하엘 콜하스를 보좌하는 젊은 전도사가 나오는데 아마도 훗날 그는 토마스 뮌처와 함께했을지도 모른다.

루터는 심지어 농민 반란을 확실하게 제압하지 않는 세속 권력을 향해 권력의 책임을 방기했다고 힐난할 정도로 세속 권력에 힘을 실어 준다. 교회 권력에 대한 저항으로 시작한 루터의 이 같은 입장 선회는 교회사의 슬픈 장면이다.

이것이 개혁 이후 세대를 살아가는 우리 개신교인들이 맞닥뜨리

는 모순이다. 위로부터의 권세인 교황에 맞섰던 루터지만 그는 교황
의 자리에 국가와 근대법을 가져다 놓았다. 가톨릭이 여러 모순에도
불구하고 특히 현재 프란치스코 교황처럼 때로는 세속 권력과 맞서
는 듯한 행보를 보임으로써 소외된 대중들에게 존경을 받는 반면
국가라는 세속 권력에 속한 개신교는 늘 허둥댄다. 진보적인 목사들
은 로마서 13:1-4의 의미를 애써 축소하려고 하지만 납세 문제에
대해서는 국가의 편을 들어 준다. 반면 보수적인 목사들은 로마서
13:1-4의 의미를 확대하면서 납세 문제는 그런 구절이 없는 것처럼
행동한다. 오늘 한국교회에서 목회자와 교회의 납세 문제가 국가와
종교, 저항과 복종이라는 보다 깊은 차원에서 논의되기보다는 기업
형 교회와 CEO 목사를 향한 응징 수단 정도로 논의되고 있는 것은
아쉽다.

미하엘 콜하스의 선택

루터에게 굴복당한 미하엘은 스스로 모든 것을 포기한다. 혁명의
의지도 상실한 그는 남작 살인죄로 2년 징역형을 받는다. 세속 권력
남작에게 도전했던 미하엘은 신흥 종교 권력 루터에게 압도당함으
로써 혁명가에서 살인자로 추락했다. 남작이라는 세속 권력에 대해
서는 도전했으나 루터라는 신흥 종교 권력에게는 압도당했다. 그의
저항은 훗날 반면교사로서 영향을 주었을지라도 적어도 그에게는
실패한 저항이었다. 루터의 성서를 열심히 읽던 미하엘은 정의를
개인의 윤리 문제로 축소시키는 루터 앞에서 회개(?)하고 만다.
미하엘 콜하스는 세상에는 여전히 굴복해야 할 권세—그것이 자

신의 내면에 우러나오는 신앙의 번민이라 할지라도—가 있고 한 개인이 그것을 극복하기란 쉽지 않음을 보여주는 영화다.

그렇다면 제국 이후의 시대를 살고 있는 우리는 어떤가? 로마서 13:1-7이 권력에의 무조건 복종이 아니라는 점에 대해서는 모두 동의한다 해도 어디까지 복종하고 어디에서 저항해야 하는가? 에른스트 케제만은 "그리스도인의 복종은 더 이상 봉사가 될 수 없는 곳에서는 늘 그리고 거기서만 끝나는 것"이라고 해석한다. 우리의 복종이 봉사라는 열매로 나타난다면 얼마든지 복종할 수 있겠으나 그것을 넘어선 히틀러와 스탈린을 만난다면 복종이 필요 없다는 뜻이다.

지금 한국의 현실을 한 마디로 설명하기란 쉬운 일이 아니다. 아직 복종이 유효한 시점인지, 그것을 넘어 다음을 도모해야 하는 상황인지 의견이 다양한 것을 보면 케제만의 해석도 명쾌하지는 않다.

교회는 비판적인 대화의 상대인 정부의 관리가 소홀한 인권, 특히 사회의 소수자나 주변의 소외된 약자의 인권을 지키기 위해 정부와 협력하는 형태로 '복종'할 수 있다. 그때 바울이 말하는 복종은 사회에서 이루어지는 커뮤니케이션의 규칙을 올바르게 지키고 합의에 근거한 민주적 결정에 따르는 것을 의미한다. 그러나 합의가 대의제를 통해서만 결정되는 것은 아니다. 대의제는 시민의 욕망을 걸러내기에는 많은 흠결이 있다. 유럽 시민사회에서 채택한 숙의제도 대안이 될 수 있으며 사회적 과제가 미래적 가치에 역행할 때 양심을 비판적인 행동의 근거로 세운다면 부패한 국가 권력에 대한 정치적 저항은 로마서 13장과 어긋나지 않을 것이다.

뻔뻔한 아버지, 떳떳한 아버지, 고개 숙인 아버지
〈그렇게 아버지가 된다〉

누가 애비 노릇한담?

_ 윌리엄 셰익스피어, 『오셀로』

한국 사회에서 아버지는 영원한 화두다. 한때 고개 숙인 아버지에 대한 동정이 대세를 이루었다면 이제 그 아버지는 떳떳한 아버지이거나 극복되어야 할 아버지다. 〈국제시장〉의 아버지는 떳떳해서 불쌍한 아버지고, 〈사도〉의 아버지 영조 임금은 자식을 자신처럼 만들려다 죽음으로 몰고 간 뻔뻔한 아버지다. 〈베테랑〉(류승완 감독, 2015년)에서의 아버지도 뻔뻔한 아버지에 속한다. 〈암살〉과 〈손님〉(김광태 감독, 2014년)에서 아버지는 극복해야 할 대상으로서의 아버지다.

아버지에 대한 기억은 다양하다. 아버지에 대한 자신의 기억이 무엇이든 간에 다른 이들이 개입할 수는 없다. 누구에게는 뻔뻔했던 이가 자식에게는 더없이 자상했을 수도 있고, 실제로는 속 깊은 아버지였지만 자식에게 오해받는 아버지도 있을 것이다. 이처럼 한 가정의 기억을 밖으로 공론화시킬 때 비극은 발생한다.

아버지란 정말 '신성불가침'의 영역인가? 이제는 중국 배우 탕웨이의 남편으로 더 유명한 김태용 감독의 〈가족의 탄생〉(2006년)과 디카프리오의 10대 때 풋풋한 모습을 확인할 수 있는 라세 할스트롬 감독의 영화 〈길버트 그레이프〉(1994년)에서 가족은 꼭 핏줄로 연결되지 않는다. 핏줄을 과감하게 극복할 때 가족은 새롭게 탄생한다. 예수도 말하지 않았는가?

누구든지 하나님의 뜻을 행하는 사람이 곧 내 형제요 자매요 어머니다.
(마가복음 3: 35)

'뻔뻔'이 '떳떳'이 되는 것도 따지고 보면 모든 게 핏줄 때문이다. 가족을 구성하는 요소는 무엇이고 가족에서 아버지는 어떤 존재인가? 일본 영화 〈그렇게 아버지가 된다〉(고레에다 히로카즈 감독, 2013년)는 얼핏 보면 기른 정이냐 낳은 정이냐를 묻는 단순한 가족 영화처럼 보이지만 감독은 영화를 그렇게 단순하게만 끌고 가지 않는다.

인물 좋고 능력 있는 료타(후쿠야마 마사하루 분)는 아들 케이타가 친자가 아니라는 사실을 병원으로부터 듣게 된다. 실수를 인정한 병원은 같은 날 태어나 다른 집에서 길러지고 있는 친자와 바꾸라고 제안한다.

료타의 친아들 류세이는 그다지 넉넉하지 않은 전파상 주인 유다이(릴리 프랭키분)와 유카리 부부의 아이로 성장해 왔다. 케이타가 외아들인 반면 류세이에게는 벌써 2명의 동생이 있다.

료타는 유다이의 환경을 보고, 케이타와 류세이를 같이 키우고 싶어 하지만 가정의 행복이라는 게 물질에서만 오지 않는다는 사실을 서서히 배워 나간다. 두 아버지, 두 어머니 모두 선한 사람들이다. 경제력이 더 있다고 생각한 료타가 유다이에게 두 아이를 모두 자신이 키우겠다고 이야기하자 유다이는 료타를 때린다. 그런데 이 폭력의 장면이 슬프다. 한국 드라마나 영화처럼 배우의 한을 풀기라도 하듯 있는 힘껏 내리치는 따귀나 주먹질이 아니라 료타의 머리를 툭 치고 만다. 맞은 료타도 "당신 키울 능력도 없잖아!"라고 절규하는 뻔한 장면을 연기하지 않는다. 그 역시 자신의 실수를 깨우친다. 이런 료타를 향해 유다이는 "져 본 적 없는 녀석은 남의 마음을 모른다"고 정곡을 찌른다. 항상 모범생이었을 료타는 성공을 위해 달려왔다. 그에게 가족은 성취를 보상하는 수단에 지나지 않는다.

그렇다면 어떻게 하다가 아이가 바뀌는 일이 벌어졌을까? 그것은 병원의 실수가 아니라 간호사의 의도적 바꿔치기였다. 당시 간호사는 아이가 있는 사람과의 재혼을 앞두고 있었는데 새롭게 만난 남편의 아이를 키울 일을 생각하니 두려웠다. 그때 출산을 위해 온 료타 부부의 행복한 모습에 질투가 나서 경험해 보지도 않은 '다가올 자신의 불행'을 예단해 두 집 아이를 바꾸어 버린 것이다. 자신만 불행할 수 없다는 마음이었다. 하지만 새롭게 만난 아들과 간호사 어머니는 아무런 문제 없이 서로에게 적응해 가자 죄책감에 6년여 뒤에 사실을 밝힌 것이다.

료타는 누군가의 행복이 다른 이에게는 미움이 될 수 있다는 사실을 터득한다. 따지고 보면 그 자신도 그렇게 행복한 인생은 아니었다. 어릴 적 들어온 계모에게 한 번도 정을 주지 않았던 그였다. 그의 형이 계모에게 살갑게 잘하는 것을 보면 계모가 우리에게 강제되어진 계모의 '원형'(프로토타입)은 아니었지만, 료타는 친엄마가 아니라는 사실 때문에 자신의 삶을 불행하다고 여겼다.

료타와 유다이는 서로 교류하면서 아이를 바꿀 마음의 준비를 한다. 료타가 결정적으로 케이타를 유다이의 집으로 보내기로 한 데는 음악학원 공연이 계기가 되었다. 동생 누 명과 동네 골목에서 노는 데 익숙한 유세이와 달리 케이타는 피아노, 영어 등 조기 교육을 받는 아이였다. 이런 아버지의 노력과 달리 피아노 실력은 늘 쉬운 동요 연주에 머물러 있다. 료타는 케이타가 자신의 친자가 아니기에 자신의 우월성을 닮지 않았고, 그런 것을 엄마로서 왜 어릴 때 발견하지 못했냐고 아내를 원망한다.

결국 아이는 교환(?)되고

결국 아이 둘은 각각 생부의 집으로 돌아간다. 비극이다. 핏줄이 뭔지, 질투가 뭔지 모르는 아이들이 엄마, 아빠라고 부르던 사람들과 이별해 아저씨와 아줌마의 집으로 가야 한다. 료타는 친자 류세이에게 영어를 가르치려고 하지만 류세이는 연을 날리며 놀던 지난 생활을 그리워한다.

영화에는 료타의 카메라가 자주 등장한다. 료타는 카메라를 통해 세상을 즐겨 본다. 유다이가 가지고 있는 소형 디지털 카메라와는 다른 전문가용 카메라다. 카메라 렌즈를 통해 세상을 보고, 대상을 가까이 당겼다가 멀리 보냈다가를 할 수 있다. 카메라 렌즈 속 세상은 쉽게 조정된다. 료타는 자식도 성공도 사랑도 교육도 자신이 마음먹으면 할 수 있다고 생각했다. 케이타가 그것을 따라오지 못해 내심 걱정이었는데 알고 보니 그는 내 아이가 아니었다. 이제 류세이를 통해 마지막 남은 성공, 즉 자신과 똑같은 아이로 키우겠다는 마음을 먹지만 오히려 아이는 옛날 아버지를 찾아 가출한다. 반면 본래 아이였던 케이타는 료타를 찾아오지 않는다.

객관적인 기준으로 보면 유다이에 비해 료타가 좋은 아버지로서의 조건을 갖추고 있지만, 아이들에게는 유다이가 더 좋은 아버지다. 공부를 강요하지 않고, 고장난 장난감을 고쳐 주고, 함께 목욕하는 아버지가 매력적이다. 료타가 현대적 자상한 아버지의 모습을 한 권력형 아버지라면 유다이는 친밀형 아버지다.

권력형 아버지상 료타는 마침내 류세이에게 꼭 아빠라고 호칭하지 않아도 좋다면서 자신의 기준을 파기한다. 류세이는 마음을 열고 료타의 카메라에 과감하게 손을 댄다. 새롭게 만난, 그래서 아직은 거리감이 있는 아버지가 애지중지하는 물건에 손을 댐으로써 아버지가 스스로 변하게 만든다. 그리고 류세이는 료타가 그랬던 것처럼 렌즈를 통해 아버지의 세계를 본다. 료타는 류세이를 통해 비로소 아버지가 된다.

이 영화는 감독의 의도와 상관없이 아버지와 아들의 관계에 대한 포스트 모던 철학자들의 진술을 떠올리게 만든다. 알랭 바디우는 유한이 무한을 담을 수 있다는 수학자 게오르크 칸토어의 이론을 가지고 사도 바울의 보편주의를 설명한다. 이는 야콥 타우베스가 말한 것과도 맥을 같이 한다. 타우베스는『바울의 정치 신학』에서 바울의 보편주의를 가리켜 바늘귀를 통과함으로써 얻어진 보편주의라고 설명한다. 이들은 바울이 경험한 그리스도라는 '개별 체험'을 통해 1세기 로마적 보편주의를 극복한다. 슬라보예 지젝의 독특한 역설이지만 하나님은 십자가에서 외치는 예수와 조우함으로써 그의 본질을 드러낸다. 알랭 바디우는 이것을 아버지의 담론에서 아들의 담론으로 변화된 사건으로 설명한다.

낙원(병원)에서 쫓겨난 류세이는 자신의 죄를 고백한 간호사에 의해 새로운 낙원(료타의 집)으로 복귀한다. 그러나 그곳에는 낙원을 규율의 공간으로 만드는 절대자 료타가 있다. 그런 점에서 낙원은 모든 조건이 갖추어진 곳이 아니라 내가 있기에 마음 편한 곳이다. 처음에 적응 못 하던 류세이는 아들의 담론으로 새로운 낙원으로 만들고 마침내 아버지까지 변화시켜 놓는다. 유한이 무한을 담아낸 것이다.

정통신학의 입장으로는 큰일 날 소리지만 영화에서 아버지는 아들 때문에 마침내 아버지가 되었다. 결국 아버지를 아버지답게 만드는 것은 자식의 몫이다. 그런데 한국의 정치인들은 아버지를 아버지의 입장에서 이해하려고 한다. 그 당시 누구나 친일을 했고, 근대화에 그 정도 공헌했으면 나머지는 덮어 주어도 되지 않느냐는 논리다. 그들의 아버지는 결코 떳떳하지 않았다. 그 아버지들을 역사 속에 '고개 숙인 아버지'로 남겨 두어 최소한의 동정이나 인정이라도 받을 수 있다. 그들이 아버지들을 동정의 대상으로라도 변화시키려면 아버지들의 죄과를 밝혀내야 한다. 죄과를 드러내면 낼수록 대중의 동정심은 묘하게 작동해 '아버지'를 이해하려고 들 것이다. 떳떳하지도 않았던 아버지들의 숙인 고개를 부목을 대서라도 바로 세우려고 하는 뻔뻔한 행위는 그만두어야 할 것이다.

아버지가 아닌 이웃집 아저씨, 또는 동네 형으로 갑자기 나타났다가 불현듯 사라진 노무현을 빨리 인정하는 것이 아버지에 얹혀 가려는 정치 세력에게도 유리한데 그들은 아버지를 찾으면서 계속 패착을 둔다.

우리가 만들지 않은 규칙은 지키지 않아도 된다
〈사이더 하우스〉

일터와 수용소의 규율에 따라서만 배급을 먹으면 된다. 하지만 이런 식
으로 3개월 이상 버티는 건 이례적인 일임을 경험이 입증했다.
_ 프리모 레비, 『이것이 인간인가』

기독교에서 '의'는 매우 중요한 개념이다. 중요하기 때문에 어렵
다. 믿음으로 의로워진다는 말이 오해가 많은 것도 그 이유다. 실천
없이 '오직 믿음'으로 구원을 받는다고 믿는 사람들도 문제지만 그게
아니라고 비판하는 사람들도 같은 논리에 빠져 있기는 마찬가지다.
실천과 믿음은 대립 항으로 볼 문제가 아닌데 모두 믿음으로 구원받
는다는 정언명령을 곡해하고 있다.

'칭의'는 재판정에서 무죄를 선고받는다는 의미다. 그런데 무죄
선언은 어떤 법률 조항에 따라 이루어지는 것이 아니라 하나님의
선택에 따른 것이다. 여기서 도덕의 문제가 아니라 관계의 문제로
전환된다.

반면 율법주의자들은 법에 따라 '의로운' 결정을 한다. 법은 기득

권의 이익을 도모하기 위해 만들어진 것이어서 '공정'할 수가 없다. 무하마드는 기도하던 중 가브리엘 천사가 나타나 받아 적으라고 한 것을 그대로 받아 적으니 쿠란이 되었다. 무하마드는 문맹이었다. 기득권이나 편견 없이 하얀 도화지에 그림을 그린 것과 같다.

선 불교에서도 진리는 마음과 마음이 통하는 데서 발견되지(이심전심) 결코 문자에 근거하지 않는다(불립문자).

믿음으로 의로워진다는 말은 예수의 삶과 언어가 옳았다는 것을 믿는 것이다. 제자들도 일부를 제외하고는 문맹일 가능성이 크다. 법에 근거하지 않고 그냥 예수가 옳다는 것을 받아들인 것이다. 도덕과 법률에만 몰두하다 보면 법과 사람의 관계만 남는다. 2020년의 대한민국처럼 법은 전가의 보도가 되어 강고한 기득권 저항의 수단으로 쓰인다.

누가복음 16장은 의롭지 못한 관리인의 이야기다. 어떤 부자가 자신의 재산을 관리하던 청지기의 횡령을 보고받고 그를 해고한다. 앞길이 막막해진 관리인은 해고 직전 주인에게 채무가 있는 사람들을 모두 불러 빚을 탕감해준다. 기름 백 말을 빚진 사람에게는 50말로 문서를 위조해 주면서 빚을 깎아 주고, 밀 백석을 빚진 사람에게는 무려 20석을 탕감해준다. 그런데 이 소문을 들은 주인은 옳지 않은 일을 한 관리인의 슬기로움이 빛의 아들, 즉 종교적 존재보다 더 뛰어나다고 극찬한다. 비유이기 때문에 성서에 더 자세한 기록은 나오지 않지만, 그 관리인은 복직되었을 것이다. 사문서위조와 횡령을 저지른 관리인이 빛의 아들보다 훌륭한데 해고할 사유가 없지 않은가?

성서 본문에 나오는 낭비는 목적 없이 씨를 뿌리는 것 혹은 겨나 껍질을 벗겨내 곡물창고에 보관하는 원어적 의미를 가진 단어다.

의미 없이 사용해도 낭비고, 창고에 넣어 두기만 해도 낭비다. 욕망에 따른 잉여 부동산 소유, 은행 잔고 늘리는 기분으로 사는 것이 낭비라는 말이다.

한국은 쌀이 남아 돌아가서 보관비가 부담되어도 북한에는 주지 않으려고 한다. 오늘 본문을 대입하면 북한에 쌀을 '퍼주는 것'이 낭비가 아니라 안 주는 게 낭비다.

본래 모세의 율법에 따르면 누구에게 무엇인가를 꾸어주었을 때 이자를 받지 못하게 되어 있다. 이스라엘이 여러 나라의 지배를 받으면서 이자 개념이 생겨났고 이자로 부를 축적하는 사람이 생겼다. 예수 당시의 이자율에 따르면 기름의 이자는 100%다. 100말의 기름을 갚아야 한다면 원금은 50말이다. 이 관리인은 이자를 감해준 것이다. 곡식의 이율은 25%다. 이 경우도 거의 이자는 빼준 것이 된다. 어쩌면 그 이자도 관리인 자신이 스스로 붙인 것인지도 모른다.

병역 기피, 학력 위조, 불법 낙태, 근친상간의 이야기를 담은 〈사이더 하우스〉(The Cyder House Rules, 라세 할스트롬 감독, 1999년)는 소재와 달리 매우 아름다운 영화다. 1940년대 초 메인주에서 고아원을 운영하는 의사 윌버(마이클 케인 분)는 고아들을 정성껏 돌보지만 낙태를 위해 찾아온 여성들에게는 불법으로 낙태를 시술한다. 여성의 선택권과 태아의 생명권 사이의 갈등은 그에게 한가한 고민이다. 고아원에 버려진 아이들을 돌보는 것과 아이를 낙태할 수밖에 없는 여성의 고뇌에 모두 성실하게 응대할 뿐이다.

고아로 자라나서 이제는 윌버의 조수가 된 호머(토비 맥과이어 분)는 산모가 출산할 때는 산부인과 의사 못지않게 의술을 수행하지만, 불법 낙태에는 윌버와 선을 긋는다. 고아원의 생활에 싫증이 난 호머는 낙태하러 온 캔디(샤를리즈 테론 분)와 그의 남자친구를 따라 고아원을 떠난다. 캔디의 남자친구는 2차대전에 참전하고 호머는 사과 농장에서 일한다. 이곳 숙소에 붙어 있는 사이더 하우스 규칙은 노동자들의 삶과는 상관없는 내용들로 차 있다. 노동자 중 한 명은 그 규칙은 우리가 만든 것이 아니기 때문에 지킬 필요가 없다면서도 낡은 종이에 쓰인 일종의 안전 수칙을 떼어내지는 않는다.

호머는 연인이 전장으로 떠난 캔디와 밀회를 즐기면서 고아원 밖의 새로운 문화에 적응해 갔다. 사과 농장 작업반장인 아버지로부터 성폭행을 당한 로즈의 임신 앞에서 호머의 고민이 시작되었다. 고아원 시절 낙태 시술에는 얼씬도 안 하던 호머는 자신의 규칙을 깨고 낙태 시술을 한다. 아무런 의미 없이 언제부터인지 모를 규칙을 적은 낡은 종이가 숙소에서 떼어진 것도 이 무렵이다.

호머의 빈자리가 큰 고아원에서는 원장을 바꾸려는 이사회의 압박이 심해지자 월버는 자신의 졸업장과 의사 자격증, 모든 경력을 교묘하게 위조해 호머의 이름으로 바꾸어 놓는다. 지병으로 인한 월버의 사망 소식을 듣고 고아원으로 돌아간 호머는 의사 자격증 위조 말고도 또 하나의 '불의한' 이야기를 듣는다. 폐에 문제가 있는 호머의 엑스레이 사진도 그를 군대에 안 보내려고 월버가 바꿔치기 해 놓았다는 것이다.

이 영화는 평론가들의 주장처럼 성장 영화가 아니라 낡고 기원을 모르는 규칙을 떼어내는 파격적이고 정치적인 영화다. 이 정치적인 이야기를 피해 가려는 비겁한 평론가들은 영화의 외피만 본다. 메인 주의 아름다운 풍경은 그 안에서 일어나는 추한 일들을 덮는 장치다. 그런데 추한 일들에서 오히려 아름다움이 드러난다.

하늘 아래 사람들은 모두 아름다움의 아름다움 됨을 알고 있다. 그런데 그것은 못생김이다. 하늘 아래 사람들이 모두 좋음의 좋음 됨을 알고 있다. 그런데 그것은 좋지 못함이다(도덕경 2장).

청지기의 불법은 월버의 불법에 훨씬 못 미치지만 두 불법이 만나는 지점은 사랑과 살림이다. 채무자들은 빚의 부담을 줄일 수 있었고 고아들은 넘치는 사랑을 받고, 태어난 아이를 고아원에 두고 도망치는 사람이나 낙태하는 사람 모두를 따뜻한 시선으로 바라본다. 이모든 것은 사람을 죽이는 규칙을 파기하는 데서부터 시작되었다. 전쟁, 낡은 고아원에 지원할 의사도 없을 터인데 월버를 바꾸려는 이사회의 결정, 사회복지 시스템이 제대로 작동도 안 되던 1940년대 초반에 무조건 낙태를 허용하지 않던 당시의 법 조항들은 사과 농장 노동자 숙소의 규칙만큼이나 하찮은 것들이었다.

감독 라세 할스트롬은 가족을 핏줄로만 규정하지 않았던 〈길버트 그레이프〉에서처럼 여기서도 사회가 꼭 법과 규칙으로만 정의로워지는 것이 아니라는 진리를 명토 박았다.

주님께서 땅을 심판하실 때, 세상에 사는 사람들이 비로소 의가 무엇인지 배우게 될 것입니다(이사야 26:9).

이스라엘이 참감람나무이기는 한 건가
〈그을린 사랑〉

한 명이라도 놓치면 안 되니까 그들을 모두 죽여야 한다. 그러면 나중에
하느님께서 당신 백성을 알아보실 테니까.
  _ 움베르토 에코, 『프라하의 묘지』

1947년 UN의 결정에 따라 오랫동안 그 땅을 지키며 살아오던
팔레스타인 사람 90만 명은 아무런 죄없이 난민이 되어야 했다. 아우
슈비츠의 비극을 막지 못했다는 서구인들의 죄책감이 유대인들을
조상 땅으로 돌려보냈지만, 그 과정에서 애꿎은 팔레스타인 사람들
만 희생되어야 했고 이는 아우슈비츠 못지않은 비극의 시작이었다.

  서구인들의 죄책감만이 유대인들 귀환 결정의 이유였을까? 죄책
감은 드러난 이유일 뿐 성가신 유대인들을 그냥 한데 모아놓고 싶었
던, 달리 말하면 히틀러와 비슷한 '유대인 모아놓기'에 다름 아니었
다. 볼셰비키 혁명에 성공했던 레닌에게도, 2차 대전 중에 러시아의
실권자였던 스탈린에게도 유대인들은 동토의 땅에서라도 격리해야
할 운명을 가진 민족이었다. 어디 '질 나쁜 공산당'들만 이런 짓을

했는가? 1215년 4차 라테란 공의회는 '예수를 죽인 민족'인 유대인들에게 다른 종류의 옷을 입도록 강제했고, 15세기부터 시작된 스페인의 유대인 추방으로 수십만 명이 추방되었다.

시온 장로 의정서

19세기 파리를 중심으로 돌았던 "시온 장로 의정서"는 유대인이 세계 지배를 획책한다는 내용의 위서임에도 불구하고 당시의 식자층들에게 폭넓게 읽혔다. 히틀러는 물론이고 자동차왕 헨리 포드도 이 가짜 책을 굳게 믿은 반유대주의자였다. 19세기 후반 합스부르크 제국이 시들어가던 시절 비엔나 시장 칼 뤼거의 반유대주의는 제국의 멸망을 재촉하는 계기가 되었다. 철학과 예술을 후원했던 오스트리아가 19세기 말을 끝으로 유럽의 중심국가에서 밀려난 것도 반유대주의 때문이라는 주장이 강하다.

그런데 참올리브 나뭇가지들 가운데서 얼마를 잘라 내시고서, 그 자리에다 돌올리브 나무인 그대를 접붙여 주셨기 때문에, 그대가 참올리브 나무의 뿌리에서 올라오는 양분을 함께 받게 된 것이면, 그대는 본래의 가지들을 향하여 우쭐대지 말아야 합니다. 비록 그대가 우쭐댈지라도, 그대가 뿌리를 지탱하는 것이 아니라, 뿌리가 그대를 지탱한다는 것을 명심해야 합니다. 그러므로 "본래의 가지가 잘려 나간 것은, 그 자리에 내가 접붙임을 받게 하시려는 것이었다" 하고 그대는 말해야 할 것입니다. 옳습니다. 그 가지들이 잘린 것은 믿지 않은 탓이고, 그대가 그 자리에 붙어 있는 것은 믿었기 때문입니다. 그러니 교만한 마음을 품지 말고, 도리어 두려워하십시오(로마서 11:16-19).

이스라엘을 참감람나무에 이방인을 돌감람나무에 비유한 사도 바울의 텍스트다. 본래 접붙이기는 참감람나무 가지를 돌김람나무 가지에 붙이는 것이기에 이 비유는 도시인 바울의 착각이라는 주장에 서부터 본래 돌감람나무 가지를 참감람나무에 접붙여 참감람나무에 생기를 주는 농법도 있다는 즉 사도 바울의 비유가 틀리지 않았다는 주장까지 다양하다. 두 주장에 따라 바울이 이스라엘을 어떻게 생각했느냐의 차이가 나므로 물론 중요한 비유다. 바울이 이스라엘과 율법을 어떻게 보았냐에 따라 바울 신학의 새관점 학파와 전통 학파의 대립이 있는 것을 보면 쉽게 결론 내릴 수 있는 부분은 아니다.

지난 교회사 2000년 동안 참감람나무들은 접붙이기는커녕 그들의 뿌리조차 뽑히려 했었다. 2000년 동안 누적된 유대인들의 피해의식은 동정이 충분히 살 수 있는 대목이다.

솔로몬 하트가 그린 유대인 추방령 그림에 등장하는 재판관 트르케마다의 모습은 비장하다. 그들이 가진 재산 때문에 머뭇머뭇하던 왕실 귀족들을 향해 가톨릭 사제가 혼을 내는 내용인데 그림을 보면서 울컥했다. 수십만이 다시 유랑을 떠나야 하는 그들의 가슴에는 어떤 못이 박혔을까?

참감람나무의 한에 맺힌 귀환

2차 대전 이후 참감람나무는 팔레스타인 지역으로 귀환했다. 1948년 이스라엘 건국 선언을 하던 초대 총리 벤구리온의 뒤에는 시오니즘의 창시자 테오도르 헤르츨의 초상화가 있었다. 19세기 말부터 "유대인이 하나의 민족공동체이며 국가를 가져야 한다"고 주장했던 그는 1897년 스위스 바젤에서 '시오니스트 회의' 개최를 주도했다. 이 회의에서 시온주의자들은 "팔레스타인에 유대인을 위해 국제법으로 보호받는 고향을 만든다"라는 결의를 했다.

이제 그들에게는 나라가 생겼다. 영리한 그들은 2차대전 당시 그들이 당했던 비극을 막지 못했던 서구인들의 죄책감을 적당히 이용했다. 동시에 그들은 어리석게 모여 살지 않았다. 오히려 재력을 갖춘 유대인들은 자신들이 본래 살아오던 터전에서 계속 살았다. 죄책감만 이용했지 모아 두려고 했던 서구인들의 의도에는 말려들지 않았던 것이다. 팔레스타인 비극의 출발점이었다.

유대인들을 사지로 몰아넣었던 역사의 야만을 자책하면서 모두가 동정하는 동안 유대인들 스스로가 야만이 되어갔다. 기독교적 가치에서 이자 놀이는 안 되었기에 중세 때부터 그들에게 버리듯이 맡겨 주었던 금융산업은 세계를 지배하고, 시온 의정서 사건, 드레퓌스 사건에서 언론의 파워를 경험했던 그들은 언론사를 사들이고, 나치의 계몽 선전부 장관 괴벨스의 역할에 당했던 그들은 영화 산업에 진출한다.

야만성을 그들의 탓으로만 돌릴 수 없기에 모두가 함께 머리를 맞대고 풀어야 하는 정치적 사건이지만 교회 일부에서는 유대 회복이 곧 하나님 나라의 도래를 앞당기기라도 하는 듯 착각에 빠져 이스라엘을 지지한다.

오늘 이스라엘은 누구인가

성서에 등장하는 수많은 나라들을 글자 그대로 받아들일 수 없다. 근본주의자들은 바빌론을 악마화하고 네오콘은 이라크 침공을 정당화했지만, 오늘 성서의 바빌론을 지리상의 이라크로 해석하는 목회자나 신학자는 거의 없을 것이다(간혹 있다고는 들었다). 그런데 성서의 이스라엘은 은유로도 알레고리로도 상징으로도 해석으로도 대치가 안 된다. 그냥 이스라엘이고 유대인이고 율법이다. 그리고 우리는 여전히 이방인이다.

여기서 바울이 이스라엘을 어떻게 보았냐는 신학적 논쟁은 잠시 제쳐두고 오늘 '이스라엘'이라는 단어에서 이미 기득권자가 되어 버린 기독교인의 모습은 발견할 수 없을까? 졸부가 되어서 거드름을 피우는 사람들처럼 예수와 바울이 아끼고 사랑했던 낮은 자, 소외된 자로서의 이미지를 가진 이방인(돌감람나무)들이 어느샌가 거드름을 피우기 시작했다. 그리고 어렵게 얻은 거드름의 위세를 잃을까 두려워 힘을 가진 보수 권력에 기생한다. 우리는 지금 세상을 다 가져야 하는 참감람나무로 착각하면서 돌감람나무 따위의 인간들에 대한 경멸에 동참하고 있다.

〈그을린 사랑〉(드니 빌뇌브 감독, 2010년)에서 나왈(루브나 아자발 분)은 세상을 떠나며 쌍둥이 아들 시몬(막심 고데트 분)과 딸 잔느(멜리사 데소르모-풀랭 분)에게 "관에 넣지 말고 세상과 등지게 시신을 엎어 놔 달라"는 유언장을 남긴다. 유언장에는 존재조차 몰랐던 자신들의 생부와 형을 찾으라는 내용도 포함되었는데 딸인 잔느가 먼저 어머니의 고향으로 떠나 어머니의 과거를 추적한다. 처음엔 시큰둥하던 시몬도 결국은 나중에 합류한다.

　나왈은 기독교도와 이슬람교도의 갈등이 깊은 레바논으로 추정되는 나라 출신이다. 기독교인 나왈은 무슬림 남자친구와 사랑에 빠졌다가 남자친구가 이교도란 이유로 동네 청년들에게 살해당한다. 그녀 역시 '명예살인'을 당할 뻔했으나 어머니의 도움으로 간신히 목숨을 건진다. 가족을 수치스럽게 했다고 해서 가족들이 죽이는 명예살인은 기독교를 제외한 다른 '과격한 종교'에 있는 의식이 아니라 그냥 야만스러운 사람들의 종교를 빙자한 의례일 뿐이라고 영화는 말한다.

나왈의 인생 유전

　남자친구와의 사이에서 태어난 아기를 강제로 빼앗긴 후 대학에 진학한 나왈은 새 삶을 시작한다. 종교의 경계를 넘어선 평화 운동가로 변신한 그녀는 여행 중 타고 가던 버스가 기독교 민병대에게 공격을 당하는 위기에 빠진다. 이슬람 지역에서 온 버스에 무차별 총격을 가하던 순간, 나왈은 목에 걸린 십자가를 보여주며 자신은 기독교인이라고 밝히고 살아난다. 생존을 위한 본능적인 선택은 그녀에게 수치스러운 기억으로 남는다. 종교의 경계를 허물고 평화 운동을 하던 그녀가 기독교 민병대의 총격 앞에 자신은 기독교임을 밝히고 살아난 것은 삶을 위한 구걸이었다. 무슬림이란 이유로 버스 안에서 총을 맞고 죽어가는 사람들을 목격한 그녀는 복수를 다짐하고 종교와 이별한다.

　기독교 민병대 지도자의 집에 가정교사로 들어간 그녀는 지도자를 살해한 뒤 감옥에 갇혀 15년을 보낸다. 순박한 시골 처녀에서 평화 운동가로, 평화 운동가에서 테러리스트로 그리고 감옥에 갇혀서는 힘들 때마다 다른 죄수들이 다 들을 만큼 한 맺힌 노래를 하는 노래하는 여인으로 변신한다(독일에서는 '노래하는 여인'으로 상영되었다. 본래 영화 제목은 불붙기 쉬운 이라는 뜻을 가진 프랑스어다). 어느 날 그녀의 노래를 제재하기 위해 감방 안으로 들어온 간수는 그녀를 겁탈하고 나왈은 감옥에서 쌍둥이를 출산한다. 어머니의 유언에 따라 중동으로 날아온 시몬과 잔느가 그 쌍둥이이며 그들이 찾아야 하는 형은 남자친구와의 사이에서 태어나 버려진 아들이다.

이후 나왈은 캐나다에 이민하여서 그곳에 정착한다. 이후 역시 이름을 바꿔 캐나다로 이주한 감옥에서 강간했던 니하드와 우연히 마주친다. 그녀는 강간범을 알아봤지만 니하드는 그녀를 알아보지 못한다.

잔느와 시몬이 추적하던 아버지와 형은 동일인이었다. 입에 담기조차 불쾌한 근친상간, 제 어미를 강간했던 버려진 아들은 그리스 신화의 오이디푸스를 떠올린다. 영화는 섣불리 화해를 권하지 않는다. 마치 수학 문제나 퍼즐을 풀 듯 객지에서 어머니의 과거를 추적해 가던 쌍둥이 남매는 마지막 수학 문제에서 눈물을 흘린다. 그냥 진실을 묻어 버리고 갈 수도 있던 그들의 어머니가 수치스러움을 감수하고라도 고백한 진실은 무엇인가?

나왈은 자신이 타고 가던 버스가 기독교 민병대에 공격당하던 때 무슬림 여인의 품에 있던 여자아이를 자신의 아이라 하고 그 품에서 데려온다. 곧 죽게 될 무슬림 여인은 아이라도 살리려는 나왈의 의도를 알고 아이를 넘겨준다. 그러나 아이는 나왈의 품에서 빠져나와 죽은 엄마에게 달려가다 총에 맞아 죽는다. 나왈에게 있어서 인생의 두 번째 전환점이었던 이 순간 나왈은 자신을 애타게 찾고 있을 첫 아이를 생각했을 것이다. 무슬림의 살인 병기가 되어 제 어미를 강간한 자가 아들이었음을 알게 된 것은 훗날 멀리 떨어진 캐나다에서였다.

인생은 수학 공식처럼 정확하게 선과 악을 나눌 수 없고, 적과 나를 나눌 수 없다. 나왈이 잔느와 시몬에게 같은 캐나다에 있는 니하드를 찾아 멀리 중동에서부터 캐나다까지 돌고 돌아 찾게 만든 이유는 삶의 설명할 수 없는 고리를 가르쳐 주기 위해서였다.

사람들의 관계로만 보면 막장 드라마 같은 불편한 영화다. 나왈은 원치 않았지만, 아들과의 사이에서 아이를 낳고, 잔느와 시몬에게 있어서 니하드는 오빠며 형이며 아버지다. 마치 두 감람나무가 접붙듯이 모든 것이 섞여 버렸다. 이 불편한 관계에서 우리는 싸움이 얼마나 덧없는 것임을, 아버지인지 형인지 설명이 안 되는 관계에서 정말 중요한 것은 무엇인지를 잡아낼 수 있다. 누가 참이고 돌인지 구분도 의미 없어진다.

하나님의 택한 선민이라는 시온주의자들은 폭력과 자본력으로 세상을 주무르려 한다. 돌감람나무 열등의식에 사로잡힌 이들은 그들처럼 권력과 돈을 가지는 것이 참의 속성인 줄 알고 세상의 참이 되기 위해 죄인이자 돌이었던 자신의 신분을 망각한다.

가장 기본적인 도덕조차 무시한 관계에서도 용서와 진실이 드러나는데 그깟 이념의 차이가 무엇이길래 제 동족과의 갈등을 증폭시켜 권력을 유지하려 하고, 교리의 차이가 무엇이길래 서로 삿대질해 댄다. 민족의 차이가 무엇이길래 미사일을 쏘아대며 어린 목숨들까지 빼앗아 간다. 일단 두 감람나무의 접붙임처럼 차이를 인정하되 서로 나누고 교류하고, 섞여 보자. 누가 참인지는 밀과 가라지를 나눌 때처럼 하나님께서 먼 훗날 알아서 나눠주시지 않겠는가!

진실과 정의가 맞서다
〈더 헌트〉

사랑과 진실이 만나고, 정의는 평화와 서로 입을 맞춘다.

_「시편 85」

도시에 나가 살던 루카스(메즈 미켈슨 분)는 이혼 후 고향으로 돌아와 유치원 교사로 새 삶을 시작한다. 아무리 전직 교사였다 할지라도 중년의 이혼 남성을 유치원 교사로 채용할 수 있는 사회적 합의가 한국과는 다른 덴마크여서 가능한 일인지, 아니면 조그만 마을에서 쓸쓸히 고향으로 돌아온 친구를 위한 연고주의 때문에 가능한 일인지는 영화 〈더 헌트〉(Jagten, 토마스 빈터베르그 감독, 2013년)만으로는 파악할 길이 없다.

유치원에 다니는 아이 중에는 절친 테오의 딸 클라라(아니타 베데르코프 분)도 있다. 매일 자기와 놀아주는 아빠 친구에게서 거친 아빠와는 다른 모습을 발견한 클라라는 루카스에게 선물을 주고 입맞춤한다. 놀란 루카스가 선물은 또래 남자친구에게 주고 입맞춤은 엄마와 아빠에게만 하라고 가르쳐 준다.

무안을 당한 클라라는 유치원 원장에게 달려가 루카스가 막대기처럼 꼿꼿한 고추도 보여주고 (클라라가 오히려 루카스에게 선물하려고 했던) 하트 펜던트도 줬다고 거짓말한다. 남성의 성기를 본 적이 없는 어린아이였지만 얼마 전 오빠들이 '이상한' 사진을 보여줄 때 얼핏 보았던 모습을 마치 루카스의 것인 양 원장에게 털어놓는다.

어린아이들이라도 무안할 수 있으며, 동시에 끔찍한 거짓말도 가능하고 거리에 그어진 어떤 선도 밟지 않으려는 강박도 가진 '자아'가 이미 형성되어 있지만, 사람들은 어린아이에게서 '진실'과 '천진난만'이라는 보편의 정서만 읽어내려 한다. 사건은 이 오류에서부터 진실과는 다른 방향으로 전개된다.

테오와 루카스, 또 여러 친구들은 어릴 때부터 마을에서 함께 자랐다. 테오가 루카스에게 "네가 거짓말을 할 때마다 네 눈이 씰룩거리거든"이라고 할 정도로 몸짓 눈짓 하나가 친구에게 다 읽히는 관계다. 북구의 추운 11월에 친구들이 함께 알몸으로 강물에 뛰어드는 장면에서는 이 마을의 가족 같은 친밀성이 한층 부각된다. 그런 사회에서 가장 친한 친구가 자신의 어린 딸을 성추행했다는 소문이 퍼지기 시작하자 모든 가족적 유대감은 사라지고 평론가 신형철이 말했듯이 마을은 '지옥의 문'이 되고 만다.

경건주의도 루터주의도 풀지 못한 숙제

영화는 처음부터 루카스가 무죄라는 것을 관객들에게 알리고 시작한다. 가톨릭 학교에서 신부가 학생에게 성추행한 의혹이 진실인지 거짓인지 끝까지 알려주지 않았던 〈다우트〉(존 패트릭 샌리 감독, 2008

년)와도 다르고 〈프라이멀 피어〉(그레고리 호블릿 감독, 1996년)와도 다르다. 〈프라이멀 피어〉는 시카고 지역에서 존경받던 주교가 끔찍한 살해를 당했는데 범인은 어릴 때 그 신부로부터 성추행을 당했다는 청년이라는 줄거리를 가진 영화인데 끝에 가서 반전이 뛰어나다. 이 영화에서 관객들은 살해범 청년을 위해 무료 변론에 나선 마틴 베일 변호사(리처즈 기어 분)와 범인의 관계에 주목하면서 살해당한 신부의 양면성에 초점을 맞추다가 마지막에 가서 진실이 드러난다.

반면 〈더 헌트〉에서 루카스의 무죄는 확실하다. 우리가 루카스의 입장에 처할 수도 있다는 생각에 이르게 되면 두려운 마음이 엄습한다. 다른 곳에서 임신한 마을 처녀가 그 책임을 애꿎은 스님(수도사여도 좋다)에게 전가하자 그는 마을에서 쫓겨나면서도 일체 변명을 하지 않는데 결국 그에 감동한 마을 처녀가 그와는 아무런 관계가 없다고 털어놓았다는 일화처럼 보통의 사람들은 의혹 앞에서 견뎌내기 힘들다.

상담사가 와서 아이들의 피해 상황을 조사하는 과정에서 아이들은 감염된 것처럼 비슷한 일을 당했다고 털어놓자 루카스는 더욱 궁지에 몰리게 된다. 기억이 조작될 수 있지만, 상담사는 아이들의 말을 믿어 버린다.

덴마크는 경건주의 역사에서 빼놓을 수 없는 곳이다. 독일 할레로부터 퍼져나간 프랑케의 영향은 경건주의를 유럽지역에서 확산시키면서 루터주의와 반대편에 섰다. 그의 열정은 할레-덴마크 선교회를 형성하고, 1620년 덴마크는 인도 동해안에 있는 트랑케바르Tranque-bar에 무역 식민지를 설립하면서 그곳을 선교 대상지로 삼았다.

세월이 많이 흘렀지만, 덴마크 영화에는 이런 흐름들이 남아 있다. 〈바베트의 만찬〉(가브리엘 악셀 감독, 1996년)도 그렇다. 중세의 농경사회 정서가 그대로 남아 있는 작은 마을에서 사람들의 삶은 경건과 거리가 멀어져 있지만 한 사람의 범죄에서 경건치 못한 그들의 삶에 대한 희생양으로 삼으려는 의도가 명확해 보인다. 상담사가 클라라와 상담하는 동안 상담사의 질문에 나이 든 원장이 구역질을 할 만큼 '순수'한 것도 경건주의의 영향인지 모르겠다. 엄격한 루터주의가 지배하던 마을에서 일어난 폭력을 다룬 영화 〈하얀 리본〉(미카엘 하네케 감독, 2010년)과 비교해보면 결국 어떤 '주의'가 중요한 것이 아니라 누군가를 희생양 삼아 자신의 죄를 덮으려는 인간의 폭력성이 모든 사건의 한 가운데 자리 잡고 있다는 사실을 알게 된다.

아빠 테오와 좋아하는 아저씨 루카스의 다툼 장면을 목격한 클라라가 엄마에게 "내가 바보 같은 말을 했는데 아이들이 따라 한다"고 말하자 엄마는 잠시 당황한다. 진실이 밝혀질 수 있는 순간 엄마는 정신분석학자가 되어 클라라에게 "그날의 끔찍했던 기억을 네 무의식이 차단한 거지"라고 '해석'한다.

무죄가 입증되었건만

루카스는 전처와 지내던 아들 마쿠스가 함께 살게 되어 기쁨에 차 있던 상태에서 이런 모욕을 당하자 더욱 당혹해한다. 믿어주던 루카스의 새 여자 친구도 의심이 깊어져 그의 곁을 떠나고 동네 슈퍼마켓도 출입할 수 없게 된다. 연좌제처럼 마쿠스를 바라보는 아빠 친구들의 시선도 곱지 못하다. 마쿠스는 루카스 친구들에게 외친다. "당신들은 친구도 아니다!"

경찰에 연행되었던 루카스는 아이들의 증언이 일치하지 않는 사실로 인해 석방된다. 루카스의 무죄는 증명되었지만, 루카스를 '마녀사냥'(그래서 제목이 Hunt다) 했던 이들의 자기 정당화는 오히려 심각해진다. 석방을 기뻐하며 아들과 요리를 하고 있던 부엌에 돌이 날아들어 부상을 당하고 가족이나 다름없는 애완견 패니가 주검으로 돌아온다. 무죄 판명으로 책임을 전가할 희생양을 상실한 마을 공동체는 루카스가 경찰서에 가기 전보다 더 심한 폭력을 행사한다.

이제 진리(루카스의 무죄) 증명은 새로운 양상으로 전개된다. 마을 사람들은 중세시대의 마녀사냥처럼 종교적 광기로 루카스를 유죄로 몰고 갔던 것이 아니라 정신분석 용어까지 동원한 이성적 접근으로 루카스를 '사냥'했다. 그런데 그 이성은 마을 공동체가 오랫동안 쌓아온 전통으로부터 형성된 것이었다. 그만큼 취약한 이성이라는 뜻이다. 그것을 아는 '피해자'(라고 믿는)들은 법의 심판을 믿었으나 법은 루카스에게 무죄를 선고함으로 그들의 진리를 배신했다. 그러자 마을 사람들은 '이성'을 잃고 폭력성을 드러낸다. 이제 진리는 정의 반대편에 서 있다.

크리스마스이브, 폭력으로 피투성이가 된 루카스는 마을 사람들이 모두 모인 예배당을 찾아간다. 십자가에서 피 흘리던 예수의 모습으로 예배당에 들어간 루카스는 테오의 멱살을 잡고 자신의 눈을 똑바로 보라고 외친다. 테오는 알고 있다. 루카스가 거짓말을 할 때마다 눈을 찡그린다는 사실을. 이 순간 루카스의 눈은 찡그려지지 않았다. 이성이라는 것이, 마을의 전통이라는 것이, 가족을 지켜야 한다는 책임감이 모두 덧없는 것임을 루카스의 피 흘림과 흔들리지 않는 눈이 증명한다. 진리를 지켜낸 것은 루카스의 눈이었다.

사냥은 끝나지 않았다

예배당에서 루카스에게 폭행당한 테오는 아내의 만류에도 불구하고 루카스를 찾아가 화해한다. 시간은 1년이 흐르고 떠났던 루카스의 여자 친구도 돌아왔다. 그 마을의 성인식과 같은 사냥을 할 수 있는 자격을 얻은 마쿠스를 위해 성인식을 열어 주고 사냥총을 선물한다.

1년 전 사건의 갈등을 모두 잊은 듯 파티는 성대하다. 파티 후에는 모두 마을의 전통인 사슴 사냥을 떠난다. 루카스는 바로 눈앞에 사슴을 보고도 쏘지 못한다. 1년 전 마을 사람들에게 '사냥' 당했던 자신이 생각나서였을 게다. 그 순간 어디선가 총알이 날아와 루카스를 비켜간다. 1년 전 마을의 희생양으로 사람들에게 도덕적 부채감을 덜어 주었던 그가 다시 마을 사람으로 복귀해 전통에 참여하는 게 싫었던 누군가가 그를 향해 총을 쏘았던 것이다. 총을 쏜 사람은 햇빛에 반사되어 실루엣만 보일 뿐이다. 희생양을 향한 사냥이 그치지 않을 것이라는 암시며, 실루엣은 그 폭력의 가해자들은 모두 익명이라는 것을 암시한다.

한국전쟁이 끝난 지 60여 년이 지났어도 아직도 '종북', '빨갱이'라는 희생양 사냥은 그치지 않는다. 그나마 덴마크 영화여서 진리가 밝혀진 뒤에도 폭력을 행사하는 자들이 실루엣으로 처리된 것일까? 우리 사회는 기득권자들이 권력을 유지하기 위해 피해자 역할 놀이를 하면서 실루엣은커녕 매체를 통해 선명하게 폭력을 행사한다. 예수의 피 흘림으로 그것을 막아야 할 교회는 거대한 권력이 되었음에도 늘 피해자인 양 행세한다. 그래서 사찰에서 따 온 지하철역 이름도 싫고, 한국에 들어와 사는 무슬림들을 모두 IS처럼 보려고 한다. 성소수자들은 압도적 다수인 이성애자들의 성생활까지도 바꿔놓을 막강한 힘을 가진 악의 세력으로 둔갑한다.

루카스는 성추행범은 아니지만 어떤 형태로든지 전통에 기대어 폭력을 행사하거나 누군가를 '사냥'해 왔을 것이다. 피 흘림을 경험한 루카스는 이제 더 이상 사슴을 향해 쏠 수 없다. 반면 피 흘리게 한 자들은 끝까지 그를 괴롭힐 것이다. 사냥은 그치지 않을 것이다. 사냥터와 같은 현실 속에서 우리는 어떻게 살아남아야 하나?

한겨레 21에 이 영화평을 쓴 문학평론가 신형철은 이렇게 말한다. "우리는 타인은 단순하게 나쁜 사람이고 나는 복잡하게 좋은 사람이라고 믿는다. … 그리고 깨닫게 될 것이다. 타인은 단순하게 나쁜 사람이고 나는 복잡하게 좋은 사람인 것이 아니라, 우리 모두 대체로 복잡하게 나쁜 사람이라는 것을."

모두가 이런 고백 위에 살아간다면 사냥터의 살기가 조금은 줄어들지 않을까?

같이 가야 하는 정의와 진리

근대 계몽주의 사회는 정의의 근거를 법에서 찾았지만 이런 관계가 깨어진 지는 이미 오래다. 영화 속 마을 사람들은 법에서 정의를 찾다가 법이 진실을 증명해주자 스스로 정의가 되어 폭력을 행사한다. 진실과 정의가 맞은 편에 선 사회는 불행한 사회다. 결국 진실도 정의도 모두 선물일 수밖에 없다.

테드 제닝스는 『데리다를 읽는다, 바울을 생각한다』에서 정의(칭의)를 선물로 규정하면서 로마서 5:15-17을 인용한다.

그러나 값없는 선물은 죄와 같지 않습니다. 한 사람의 죄를 통해 많은 사람이 죽었다면 분명히 훨씬 더 많은 사람들이 한 사람 예수 그리스도의 은혜가 많은 사람들을 위해 넘쳐남을 통해 하나님의 은혜와 값없는 선물을 얻게 되기 때문입니다. 그리고 이 값없는 선물은 한 사람의 죄의 결과와 같지 않습니다. 하나의 죄를 따르는 판결이 정죄를 초래했으나 이 값없는 선물은 많은 죄들을 따라 칭의를 가져옵니다. 만일 한 사람의 죄로 인해 그 한 사람을 통해 죽음이 지배권을 행사했다면 은혜의 넘쳐남과 정의의 값없는 선물을 받는 그들은 더욱더 확실히 생명 안에서 지배권을 행사하게 될 것입니다(책 속의 성서 번역을 그대로 따옴, 186-187).

(율)법도 정의의 기초가 되지 못했고, 마을의 전통도, 친구들의 유대감도 진리와 정의의 거리를 오히려 멀어지게 했다. 아들 마쿠스의 성인식이 있던 날, 루카스는 클라라와 마주친다. 이 천진한 아이 때문에 당한 고통의 세월이 스쳐 지나갔겠지만, 루카스는 클라라를 안아준다. 클라라는 선을 밟지 못하는 강박증이 있는데 마주친 공간은 촘촘한 선이 그어져 있는 바닥이다. 루카스는 클라라를 안아 건너편으로 옮겨 준다. 어린아이, 그러나 모든 거짓의 발단이 되었던 클라라가 선이 얽히고설킨 공간을 넘을 수 있도록 루카스는 상처 입은 치유자가 되어 준다.

처음 유치원 교사로 루카스가 왔을 때 클라라에게 아저씨는 아빠와는 다른 선물이었다. 그 선물에 답하는 마음으로 뽀뽀를 했는데 거절당하자 루카스를 거짓 증언의 대상으로 삼아 마치 십자가에 달듯이 공개 모욕을 준다. 예수에게서 군중이 원하는 것을 얻지 못했을 때 배신하는 과정과 흡사하다. 제사장과 서기관들인 친구들과 마을 사람들이 이 철부지 아이의 증언을 믿어주면서 정의도 진리도 실종되어버렸다.

그러나 예수는 선물처럼 다가와 다시금 진리와 정의가 함께 갈 수 있도록 자신을 버린다. 그런 점에서 〈더 헌트〉는 한편의 성서 드라마를 보는 것과 같은 감동을 준다. 희생양을 향한 사냥이 끝나지 않은 마지막 장면까지도 진리와 다른 길을 가려는 우리 시대와 너무나 닮았다.

기다리는 것은 오지 않는다
〈5일의 마중〉

이제 그 빨갱이를 치워버렸으니, 우리보다 더 화목하고 사이좋은 가족이
어디 있겠냐는 거였지.
_ 필립 로스, 『나는 공산주의자와 결혼 했다』

중국의 문화혁명, 아내와 딸을 두고 잡혀간 루옌스(천따오밍 분)는
하방 당해 멀리 유배되었지만 잡혀가던 일이 일상인 시절 남겨진
식구들의 일상도 평범하다. 아내 평완위(공리 분)는 학생들을 가르치
고 딸 단단(장후이원 분)은 무용학교에서 중국의 대표적인 발레 〈붉은
낭자군〉의 주연을 맡기 위해 전념한다.

1964년 처음 공연된 〈붉은 낭자군〉은 우총화라는 주인공 소녀가
악독한 지주 황바텐에게 착취당하다가 숲속으로 도망치고 그곳에
서 공산군 홍창청을 만나 혁명적 인생을 살게 된다는 이야기다. 반동
아버지 때문에 주인공으로 캐스팅되는 데 걸림돌이 없는 것은 아니
지만 뛰어난 발레 실력을 가진 단단에게 우총화 역할을 맡기려는
발레학교 교사들의 생각에는 변함이 없다. 오히려 엄마는 주인공

역보다 전사 역이 좋다고 하는데 이는 주인공 역에 발탁되지 않았을 경우 딸의 실망감을 미리 예방하는 이유이지만 혁명이 주는 불신 때문이기도 하다. 문화혁명은 가족을 갈라놓았다. 혁명에 반대하든 찬성하든 남편처럼 중심에 있다가 하방하느니 우총화보다는 그냥 이름 없는 전사처럼 세상을 사는 쪽을 택하고 싶은 엄마의 마음인 것이다.

〈5일의 마중〉(歸來, coming home, 장예모 감독, 2014년)은 이런 이야기로 시작한다. 아버지가 유배지에서 탈출했다는 소식은 가족의 일상을 바꾸어 놓았다. 아내는 두려움 속에서 남편을 기다리고, 딸은 발레의 주인공을 포기해야 할지도 모르는 상황에 처한다. 집 주변에는 감시자들이 숨어 있고, 지역 당 간부들은 어린 딸에게 주인공 역을 보장할 테니 아버지가 나타나면 신고하라고 마음을 흔들어 놓는다.

비가 몹시 오던 날 남편은 아내 혼자 있는 아파트의 문을 두드린다. 아내는 그것이 남편이 보내는 신호임을 알지만, 쉽게 문을 열지 못한다. 딸과 남편 모두를 지키기 위한 선택이었으리라. 다음날 역에서 만나자는 남편의 쪽지를 받은 펑은 약속된 장소로 루를 만나러 간다. 그곳에는 이미 단단의 신고를 받은 공안들이 나와 있었다. 남편을 향해 도망치라며 멀리서 소리치는 펑, 그러면서도 발걸음은 남편을 향해 달려가고 있다. 공안원들에 의해 펑은 내동댕이쳐지고, 루는 다시 잡혀갔다.

몇 해 뒤 남편은 사면받아 집으로 돌아온다. 단단은 무용을 접고 (당연히 우총화 역을 못 맡았을 것이고) 공장에서 일한다. 말을 아끼는 단단을 뒤로 하고 집에 돌아왔지만, 펑은 루를 알아보지 못한다.

비 오던 날 밤, 문을 열어 주지 못했던 자책과 역에서 당한 부상으로 펑은 기억장애에 걸려 있다. 펑은 남편의 모습에서 남편을 음해했던 자의 모습을 본다. 단단이 아버지를 고발한 사실만은 또렷이 기억하는 펑의 기억장애 현상은 스스로가 만들어낸 것일 수도 있다. 딸과 음해한 자에게 책임을 미루기 위해 그녀의 무의식은 남편에 대한 기억을 잃게 만든다. 그깟 이념이 무엇이길래 가족을 찢어놓은 남편의 모습에서 음해한 사람의 모습을 발견하는 것도 같은 경우다. 마음으로는 기다리지만, 다시 볼 자신이 없고, 막상 그가 앞에 나타났을 때 사랑하는 남편과 그 남편을 곤경에 빠뜨린 자의 모습이 중첩된다.

뒤늦게 아내에게 전달된 이번 달 5일에 석방되어 돌아온다는 남편의 편지, 그녀는 달력에 5일을 표시해 놓고, 옆에 이미 돌아와 있는 남편도 몰라본 채 매달 5일만 되면 역으로 마중 나간다. 남편 숨소리 한 번 느껴보지 못하고 다시 보내었던 그 역으로 가는 것이다. 자신을 향한 기억을 잃은 아내 옆에서 남편은 아내의 기억을 되살리기 위해 할 수 있는 노력을 아끼지 않는다.

아내에게 피아노를 쳐주면서 아내의 기억을 되살리려 했을 때 루가 치는 피아노 소리에 펑의 눈에 눈물이 흐르고 루와 펑은 얼굴을 맞대고 껴안는다. 루는 아내의 기억이 되살아난다고 기대하지만, 그 순간 펑은 의심과 두려움에 루를 내친다. 편지를 써서 아내의 기억을 되살리려 시도해 보아도 아내의 기억은 돌아오지 않는다. 다만 단단을 용서하라는 바로 옆 진짜 남편의 편지에 펑은 단단을 용서한다. 아버지를 고발하고 그 때문에 어머니의 기억을 잃게 만든 단단은 용서받은 후 두 사람 앞에서 붉은 낭자군의 우총화 역을 맡아 춤을 춘다. 젊은 날의 꿈이 부모로 인해 좌절되었지만 이제 단단 역시 부모를 용서한다는 의미로 주인공의 춤을 춘다. 그 춤을 본 뒤에도 펑은 단단에게 전사 역할도 좋다고 위로한다. 아직 옛 기억이 가져온 공포의 트라우마에 갇혀 있는 것이다.

기다림의 대상이 기다림의 주체가 되는 신비

아내의 기억을 되살리는 일이 부질없는 일이라는 것을 안 루는 더 이상 아내의 기억에 비집고 들어가려 하지 않는다. 이제 루는 매달 5일이 되면 펑과 함께 역에 나가 자신을 기다린다. 기다림의 대상이 함께 기다려주는 신비, 이것이 기독교 묵시 사상의 내용이다.

문화혁명 때 학생이었던 장예모 감독도 하방된 경험이 있다. 장예모는 3년간 산서 지방 농장에서 일했고 다시 7년간 방직 공장에서 노동했다고 한다. 문화혁명 이후 늦은 나이에 북경 영화 학교에 입학한 경력의 소유자다.

이런 경력을 가진 장예모는 이 영화에서 문화혁명을 소재 삼아 기다림의 모순을 보여주려고 했다. 문화혁명 때 모든 것을 갈아치우며 공산 유토피아를 만들려 했지만 실패했다. 개혁 개방을 겪으면서 중국은 사회주의 국가라기보다는 자본주의의 모든 모순을 다 잉태한 나라로 변해가고 있다. 마르크스와 레닌도, 마오쩌둥과 덩샤오핑도 이루지 못했던 인민의 낙원은 결국 허언에 불과한가?

장예모의 인생을 염두에 두고 이 영화를 보면 기다림의 대상(프롤레타리아 혁명의 완성)이 되어야 할 루가 혁명의 피해자가 되어 쓸쓸히 새로운 혁명을 기다린다는 주제가 읽힌다. 희망이라는 기다림의 대상이 인민(펑완위)의 기억 속에서 뒤죽박죽될 때 지속적으로 희망을 상기시켜야 할 대상(라깡 식으로 말하면 대타자)이 인민의 기억상실에 들어가지 못했다는 뜻이다. 영화는 오늘의 중국이 혁명의 완성이라는 기억을 모두 상실하고 당이나 인민이나 함께 길을 잃은 장면도 담고 있다. 설날에 만두를 가져온 아내를 향해 돌아누운 남편의 어깨에 드리운 무거운 죄책감이 오늘 더 이상 힘을 쓸 수 없는 희망을 애절하게 표현한다.

그럼에도 장예모는 두 사람의 사랑을 통해 마지막까지 희망의 끈을 놓지 않는다. 개봉 당시 장 감독은 기자회견에서 "기다림을 통해서 비참하고 힘든 현실 속에서 인류의 꺼지지 않는 희망을 이야기하고 싶었다"라고 밝히기도 했다.

여기서 세상에서 말하는 혁명이나 개혁이 실패한 이유가 밝혀진다. 기다림의 대상이 기다림의 주체가 되는 신비는 패배가 아니라 새로운 약속이고 이미 이루어진 성취임을 이데올로기가 놓쳤다면 성서는 그것을 우리에게 가르쳐 준다.

톰 라이트가 말한 것처럼 최후의 극적인 묵시, 하나님의 모든 미스터리가 드러나는 것, 하나님의 비밀계획이 폭로되는 것은 메시아 예수와 관련된 사건, 특히 그의 죽음과 부활을 통해 이미 일어났다. 다시 말해 예수는 묵시와 종말의 대상인 동시에 십자가 사건을 계기로 우리와 함께 기다리는 존재다.

영화 속 남편 루가 자신이 남편임을 증명하기 위해 아내를 힘들게 하다가 마침내 대타자(The Other)로 아내 곁에서 남은 시간을 함께하면서 동행하는 건 자신에 의해 완성될 역사의 종말을 함께 기다리는 예수의 이미지와 닮아있다. 예수는 자신을 우리에게 각인시키기 위하여 애쓰는 분이 아니라 묵묵히 동행하는 분이다. 모래 위에 새겨진 한 명의 발자국이 힘들게 살아온 사람의 발자국이 아니라 힘든 순간 예수께서 그를 업고 모래 위를 걸었다는 유명한 시처럼 루는 이제 자신을 알리려 하지 않고 묵묵히 동행한다.

우리가 기다리는 그 나라는 아직은 보이지 않지만 동시에 그 나라의 주인인 예수는 우리와 함께 기다려준다. 톰 라이트는 기독교가 종종 '오심'에 대한 오해 때문에 기다림을 잘못 이해한다며 다음과 같이 설명한다.

> 바울이 말하는 '오심'(coming)이라는 단어를 오해할 가능성이다. 기독교 학자들이 종종 '오심'을 번역하는 파루시아^{parousia}라는 단어는 사실 '부재'(absence)의 반대말인 '존재', '임재'(presence)를 의미한다. 묵시적 유대교가 말하는 암시적 우주론에서는 하늘과 땅이 결코 멀리 떨어져 있지 않다. 같은 공간 연속체 안에서 다른 곳에 위치한 것이 아니다. 하늘과 땅은 겹치고 맞물려 있다고 여긴다. 따라서 '파루시아'의 핵심은 마치 예수가 멀리서 '오는' 것이 아니라 그분의 '개인적 임재', 정확히는 '왕적 임재'를 뜻한다는 것이다. 파루시아는 종종 황제나 다른 군주들에게도 쓰였다. (흥미롭게도) 요한일서 3장 2절처럼 골로새서 3장 4절도 파네루$^{phane-}$^{roo}라는 동사를 사용한다. 그리스도께서 오실 그때가 아니라 그리스도께서 나타나실 그때라고 표현한 것이다. (중략) 그러한 상황이기 때문에 바울은 그리스도의 교회가 메시아 안에서 이미 천국에 앉아 있다고 말할 수 있었다.
> _ 톰 라이트, 『톰 라이트의 바울』

우리가 상상하는 그런 종말은 오지 않는다. 왜냐하면 종말은 그리스도 안에 이미 와 있기 때문이다. 결국 기독교 종말론의 비밀은

기다림의 대상인 예수를 그분과 함께 기다리는 신비 안에 있다. 이미 우리는 '나타나신' 그분 안에 있으며 그분과 연합되어 있지만, 죄책감은 그 기억을 앗아간다. 동시에 하나님 나라는 앞에서 도래하는 것이 아니라 지금 그 나라에 함께 참여하고 그 나라가 임히는 주기도문적 삶을 살아가는 과정에서 만날 수 있다. 기다리는 대상(혹은 추구하는 목표)과 살아가는 지금을 분리시킨 상태에서는 어떤 종말론적 완성도 기대하기 힘들다. 세속적인 혁명이나 개혁의 실패 원인도 바로 여기에 있다고 장예모는 지적하는 듯하다.

부부의 사랑이라는 신파적 소재를 이렇게 깊이 있게 풀어낸 장예모 감독의 솜씨가 다시금 놀랍다.

별 사이에서 사람을 만나다
〈인터스텔라〉

문헌에 따르면 두 공간을 한꺼번에 볼 수 있는 능력을 가진 사람은 오로지 피타고라스밖에 없다.
　_ 알렉산더 데만트, 『시간의 탄생』

　일찍 세상을 뜬 남편을 둔 아내의 기억 속 남편은 항상 젊은 사람이다. 아내는 할머니가 되어도 그녀가 고이 간직한 빛바랜 사진 속 남편은 청춘이다. 한국전쟁과 베트남전쟁의 한가운데 직접 있었던 사람들의 집에서 흔히 발견되는 장면이다. 세월이 지나면서 사진 속 인물은 그 자식들보다도 더 젊은 모습으로 집의 중요한 공간에 자리 잡고 있다.

　사진 속 인물의 시간이 더 이상 흐르지 않듯이 남은 자의 기억 속 시간도 멈춰 있다. 젊은 시절 나라를 지킨다며, 가족을 위해 돈을 번다며 떠날 때 멈추어 버린 기억 속에서 할머니는 젊은 여인일 뿐이다. 그녀에게는 두 개의 시간대가 있는 셈이다. 멈추어버린 젊은 시간과 살아가면서 먹게 된 세월이라는 시간.

〈인터스텔라〉(크리스토퍼 놀란 감독, 2014년)는 '별과 별 사이'(Inter-stellar)라는 뜻이다. 과학자이면서 인문학적 글쓰기로 유명한 정재승 박사는 학자들이 이 단어를 사용할 때는 '굉장히 먼 거리'라는 의미로 사용한다고 설명하면서 영화의 자문이었던 킵 손의 논문 '시공간의 웜홀과 성간 여행에서의 그 유용성'(Wormholes in Spacetime and Their Use for Interstellar Travel)에서 따 온 제목이라고 밝힌 적이 있다. 이런 이유로 〈인터스텔라〉는 과학 지식이 없는 사람들에게는 보기 두려운 영화였다. 인터넷상에서는 영화를 보기 위한 사전 지식 같은 것도 떠다녔다.

〈인터스텔라〉는 분명 과학 영화지만 영화가 보여주고자 한 것은 과학적 지식의 습득이 아니다. 도구가 주제에 앞서 한국 관객에게 다가왔지만, 별들 사이가 아니라 사람들 사이를 보여주는 영화가 〈인터스텔라〉다. 놀란 감독도 어느 인터뷰에서 "인간의 경험치에서 최대한 멀리 떨어진 곳으로 관객들을 데려간다면 우리가 다른 사람과 어떻게 연결이 되어 있는지 그리고 인간성에 초집중하게 된다. 우리 영화는 그 부분을 평가할 때 굉장히 솔직해지려 애썼다"라고 했다.

시간도 어차피 피조물인 것을

물리적 시간에서 의미를 찾지 않는 영화답게 지금보다 미래인 시간 그러나 장면은 미국의 1930년대 대공황기 같은 시간대를 배경으로 한다. 환경 때문에 모든 식물은 고사하고 옥수수 재배만 가능하지만, 그것도 얼마 남지 않은 상태다. 지구에 먹을 것이 없어지는 시간이 도래하고 있다는 말이다.

전직 우주 비행사 쿠퍼(매튜 매커너히 분)는 아들 톰과 딸 머피와 함께 살고 있다. 머피는 요즘 2층 자기 방 안의 책들이 자꾸 떨어지는 이유가 유령 때문이라고 하지만 전직 우주 비행사 쿠퍼에게 유령은 허상이다.

세상은 전직 우주 비행사에게 호의적이지 않다. 첨단 과학의 상징인 우주 개발에 돈만 쏟아붓다가 지금의 지구 위기가 도래했다고 많은 사람들이 믿고 있기 때문이다. 과학의 맹신 시대에서 과학의 불신 시대로 변해 버린 것이다.

중력 이상 현상을 분석해 좌표를 알아낸 쿠퍼가 도달한 곳은 우주 개발국 나사NASA였다. 우주 개발이 지구 파괴를 앞당겼다고 믿는 세상에서 나사는 비밀리에 운영되고 있었던 것이다. 쿠퍼와 머피는 물리학자인 존 브랜드(마이클 케인 분)와 딸 아멜리아(앤 해서웨이 분)를 만나게 된다. 브랜드 박사는 나사에서 비밀리에 추진중인 '나사로' 프로젝트에 대해 알려준다. 성경에 나오는 부활한 그 나사로의 이름을 딴 프로젝트다. 브랜드 박사의 설명이 길게 이어지지만, 결론은 지구는 어차피 종말을 맞게 될 것이므로 나사에서 무인 탐사선을 보내 지구와 조건이 비슷한 12개의 별을 찾아 이곳에 12명의 유인 선발대를 보냈고 그중에서도 인류가 살 가능성이 있는 행성 3개를 추려냈다는 나사 측의 설명이었다.

이중 플랜A는 우주선을 쏘아 인류를 태우고 해당 행성으로 가는 것이고 플랜B는 500여 개의 수정란을 쏘아 보내 새로운 행성에서 인류를 재건한다는 내용이다. 플랜B를 따르면 지구에 남은 사람은 지구와 함께 종말을 맞게 된다. 플랜A를 가능케 할 중력방정식이 아직 완성되지 않은 상태이기 때문에, 인류를 실어 나를 우주선 인듀어런스호는 우선 3개의 행성을 탐사하고 복귀하는 것을 목표로 하되 그것이 불가능하면 몇 개의 수정란들로만 플랜B를 계획에 옮기는 것을 목표로 삼는다.

경험자 쿠퍼가 우주선 인듀어런스호의 선장을 맡자, 머피는 아버지의 위험한 여행을 만류한다. 불안해하는 딸에게 자신의 것과 닮은 시계를 주며 귀환을 약속한다. 빛에 가까운 속도로 이동한다면 상대성 이론에 의해 비슷한 나이가 된 서로를 만나볼 수 있을 것이며, 그때 두 시계의 시간 차이가 얼마나 나는지 비교해보자는 것이었다. 머피는 떨어진 책들의 배열에서 머물라(STAY)는 신호를 찾아냈다고 말하지만, 쿠퍼는 우주를 향한다. 그때 다시 책장에서 책이 한 권 떨어진다. 하지만 쿠퍼는 이를 무시하고 결국 집을 떠나 인듀어런스호를 타고 우주로 향한다.

2년 후 동면에서 깨어난 4명의 탐사대원들은 토성의 궤도에서 웜홀을 발견한다. 웜홀을 통과한 인듀어런스 호는 새로운 우주에서 별들과 가까운 곳에 존재하는 블랙홀을 발견한다. 그곳에는 밀러 행성(그 별로 오래전 떠난 탐사대원의 이름이다)을 비롯한 지구 환경과 비슷하다고 보고된 별들이 있다. 이 행성들은 지구와 다른 시간을 가지고 있다. 예를 들어 어떤 행성의 한 시간은 지구에서의 7년에 해당한다. 빨리 탐사작업을 마쳐야 하지만 거대한 파도 때문에 시간이 지체되고, 대원 하나를 잃는다. 이러는 동안 지구 시간으로 23년이 흘러가 버렸다.

시간 왜곡 구역 밖에 대기하던 모선 인듀어런스호로 돌아왔을 때 도착한 지구로부터 메시지에 나온 쿠퍼의 아이들은 이미 성인이 되어 버렸다. 어른이 된 아들 톰과 머피는 영상 메시지에서 아버지에 대한 원한을 쏟아 댄다. 아버지에게는 고작 2년의 시간이었지만 지구에서는 20년이 훌쩍 지나가 버린 것이다.

지구의 존 박사는 노환으로 죽어가면서 제자로 삼은 머피에게 자신이 그들을 속였다는 것을 고백한다. 존은 처음부터 플랜A가 불가능함을 알고 플랜B의 실행을 위해 아멜리아, 머피와 쿠퍼를 속였던 것. 말하자면 딸을 살리기 위한 선택이었고 쿠퍼의 입장에서 보면 가족을 죽이면서 혼자만 살자고 우주에 도망쳐 나온 게 된다.

화가 난 쿠퍼는 인듀어런스 호로 지구로 복귀하겠다고 선언한다. 이러저러한, 그야말로 과학적 해설이 필요한 여러 가지 현상을 거쳐 블랙홀의 경계를 넘은 쿠퍼는 5차원의 존재가 보내준 공간에서 머피를 발견한다. 이때 만난 머피는 책이 자꾸 책장에서 떨어지는 것을 의아해하던 때의 머피다. 쿠퍼는 우주 저편에서 머피에게 신호를 보내고 있다. 딸이 유령의 장난 같다고 했던 그 일은 미래의 아버지가 머피에게 보내던 신호였던 것이다. 당연히 당시 쿠퍼도 몰랐던 일이다.

영화는 해피엔딩이다. 늙은 딸과 젊은 아빠는 인류가 도피한 새로운 우주 공간에서 조우한다. 존 박사는 불가능을 이야기했지만, 아버지를 만나려는 딸의 노력은 불가능을 가능으로 바꾸어 놓았다. 일반 관객들은 이해하기 어려운 어떤 중력방정식이 풀린 것이다.

너무나 많은 것을 보여주려 한 영화

영화는 너무나 많은 것을 보여주려 한다. 우주 개발은 인류의 마지막 희망이라는 메시지, 미국 자본주의의 총아인 프로 스포츠에 대한 변론(초라해진 뉴욕 양키스 야구 게임이 영화 중에 나온다), 시간의 상대성, 인공지능을 가진 로봇인 타스와의 우정, 극한 상황에서 리더십의 중요성, 가족의 의미 등 영화는 많은 주제들을 수학 공식들처럼 우리에게 주입시킨다. 그러면서 인간의 가능성에 대한 그의 주장을 관철시키고야 만다.

2014년 〈노아〉와 〈엑소더스〉 두 영화가 성서를 되살리는 것이 놀란 감독은 불편했을까? 브랜드 박사가 추진한 인류 구원프로젝트의 이름은 '나사로'지만 그 프로젝트는 처음부터 사기였다고 브랜드 박사는 고백한다. 시간의 비밀을 푸는 5차원의 존재들은 얼핏 보면 인간 이성으로 설명되지 않는 신비한 존재 같지만, 쿠퍼에게 그들은 5차원마저 활용할 수 있게 된 진보한 미래의 인류에 다름 아니다.

오히려 놀란은 인듀어런스 호와 여주인공 아멜리아를 통해 인류의 가능성을 긍정한다. 인듀어런스호는 1914년 어니스트 섀클턴이 선장을 맡아 남극 탐험에 나섰던 배로 유명하다. 그는 실패했지만, 남극의 혹한을 이겨내고 선원들과 함께 무사히 귀환한 사건으로 자기개발서에 자주 등장하는 인물이다. 아멜리아는 미국의 최초 여류 비행사의 이름이다. 놀란 감독은 인류의 미래는 인류 자신에게 달려 있다고 계속 강조한다.

서로 연결된 삶

놀란 감독이 어떤 의도를 가졌든 간에 우주와 인간, 시간의 관계라는 게 신비 없이는 설명되지 않는다. 별마다 시간이 각기 다르게 흐르는 것은 중력방정식으로만 설명되지 않고 일찍 떠난 남편의 영정 사진 앞에 선 할머니에게는 설명된다. 딸보다 훨씬 늙어버린 아버지 쿠퍼의 경우는 일찍 아버지를 여읜 집에서 심심찮게 발견할 수 있는 장면이다.

사람들은 하늘에 떠 있는 수많은 별을 보고 나름 자신의 세상을 꿈꾸어 왔다. 70년대 번안 가요는 "저 별은 나의 별 저 별은 너의 별 ~ 별이 지면 꿈도 지고 슬픔만 남는다"라고 노래했고, 윤동주는 '별 헤는 밤'에서 "별 하나에 추억과 별 하나에 사랑과 별 하나에 쓸쓸함과 별 하나에 동경과 별 하나에 시와 별 하나에 어머니, 어머니"라고 읊는다. 별을 보며 자기만의 세상을 꿈꾸던 사람들처럼 〈인터스텔라〉는 시가 아니라 과학으로 인류의 꿈을 지속시키려고 노력한다.

과학이 과학으로만 설명되지 않기에 놀란 감독 역시 사람 사이의 중요성을 우리에게 가르쳐 준다. 별의 주인이 되어 버린 선배 탐사대원들은 시신이 되어 쿠퍼와 아멜리아를 맞는다. 그들의 별이 혼자의 별이 되어버렸을 때 즉 관계의 끈이 끊겼을 때 희망 대신 절망이 그 자리를 대신한다.

우리는 모두 자신만의 세계에서 자신의 시간대를 가지고 살아간다. 예언자들은 점쟁이로서 미래를 예측하는 게 아니라 지금의 가치에 충실 하라고 가르친다. 예정론이 운명론과 다른 이유도 지금의 삶에 초점을 두라는 가르침이기 때문이다. 쿠퍼가 긴(지구 시간 기준으로) 우주여행을 거쳐 도달한 시간은 딸 머피와 함께 대공황기와 같은 어려운 시기를 이겨내던 바로 그때였다. 미래에 일어날 어떤 일이 아니라 지금, 이 순간 나의 살아가는 자세 안에 하나님의 예정은 숨겨져 있다.

오래전 세상을 떠난 프랑스의 철학자 시몬 베유는 마치 〈인터스텔라〉를 본 듯이 우리에게 의미심장한 말을 전한다.

> 하나님의 사랑은 무한한 시간과 공간을 가로질러 우리들에게 온다. 그런 데 어떻게 다시 여행을 반복할 수 있겠는가? 우리가 어떻게 무한한 거리 를 가로질러 갈 수 있겠는가? 그 일은 불가능한 것처럼 보인다. 그러나 방법은 있다. 더구나 그 방법은 익숙한 길이다. 우리의 마음속에서 자랐 고 하늘의 새들이 와서 자리를 잡는, 이 가장 아름다운 나무가 무엇으로 되어 있는지 우리들은 아주 잘 알고 있다. 우리들은 모든 나무 중에서 어떤 나무가 가장 아름다운지 알고 있다(십자가를 의미함).
>
> (중략)
>
> 못에 박혀 있는 동안에도 영혼이 하나님의 방향으로 주의를 돌렸던 사람 은 자신이 우주의 바로 그 중심에 못 박혀 있음을 발견한다. 그것은 그저 가운데 있는 것이 아니라 참된 중심이며, 시간과 공간을 초월하는 하나 님이다. 공간에도 속하지 않으며 시간도 아닌 아주 다른 차원에서 이 못 은 모든 피조물의 세계를 통해 하나님과 하나님을 분리시키는 두꺼운 벽 을 통과하여 하나의 구멍을 뚫는다. 이 놀라운 차원에서 영혼은 육체가 존재하는 장소와 순간을 떠나지 않고, 모든 시간과 공간을 가로질러 하 나님 계신 곳으로 간다. 그곳은 창조와 창조주 사이의 교차로에 있다. 이 교차점은 십자가 가지의 교차점이다.
>
> _ 시몬 베유, 『시몬 베유 노동일지』

책장을 사이에 두고 머피와 쿠퍼는 긴 시간의 장벽과 우주와 지구 라는 장벽을 넘어 막 만나려고 한다. 그 순간의 머피와 늙은 머피는 시공간에 매여 있었지만, 마음은 늘 아버지를 향하고 있었다. 쿠퍼는 우주라는 지구의 물리적 법칙이 적용되지 않는 시공간에 머물렀지만, 마음은 항상 딸을 향하고 있었다. 우리 삶에서 하나님은 이처럼 우리를 지켜 보고 있다. 지금의 내 속에 미래가 있고 미래의 내 안에 지금의 내가 있다.

결국 〈인터스텔라〉가 말하고 싶었던 것은 별의 이야기 아니라 사람의 이야기였다. 사람의 관계가 회복될 때 영혼도 진리도 발견된다. 시간도 결국은 하나님의 피조물이다. 감독은 이 피조물 안에서 인간이라는 피조물은 어쩔 수 없이 서로 연결되어 살아갈 수밖에 없다는 것을 보여주고 있다.

> 믿음으로 말미암아 그리스도를 여러분의 마음속에 머물러 계시게 하여 주시기를 빕니다. 여러분이 사랑 속에 뿌리를 박고 터를 잡아서, 모든 성도와 함께 여러분이 그리스도의 사랑의 너비와 길이와 높이와 깊이가 어떠한지를 깨달을 수 있게 되고, 지식을 초월하는 그리스도의 사랑을 알게 되기를 빕니다. 그리하여 하나님의 온갖 충만하심으로 여러분이 충만하여지기를 바랍니다(에베소서 3:17-19).

꼬마 야훼가 영화를 살렸다
〈엑소더스〉

로베스피에르는 혁명을 도덕 강의실로 만들려 하고, 단두대를 연단으로
쓰려 해.

_ 게오르그 뷔히너/ 보이체크, 『당통의 죽음』

리들리 스콧 감독은 그가 연출한 영화 〈엑소더스〉(2014년) 개봉
에 앞선 인터뷰에서 하나님은 모세에게 양심을 주었다며 영웅 모세
가 아니라 고뇌하는 인간 모세를 그리고 싶었다고 밝혔다. 신의 계시
를 받은 모세가 아니라 양심을 가진 인간 모세, 왕보다 뛰어난 지도력
을 가지고 있으면서도 겸손할 줄 알았던 인간 모세, 이성과 믿음 사이
에서 고민하는 모세, 살아있는 신(람세스)보다 더한 능력을 가졌지
만, 결코 신이 되기를 거부했던 모세를 그렸다.

영화의 규모를 보면 분명 〈엑소더스〉는 대작이다. 이집트인들에
게 내려진 10가지 재앙의 모습이나 홍해가 갈라지는 기적, 화려했던
이집트 문명을 재현하는 데 많은 공을 기울인 흔적이 나타난다.

그런데 영화를 감상하다 보면 기독교인이 아닌 사람들에게도 이

미 익숙한 이야기들을 보여주기 위해 감독이 장면들 하나하나에 쏟은 욕심의 과잉이 드러난다. 어떤 평론가의 표현처럼 '눈(장면)이 머리(생각)를 압도'하고 말았다. 결국 돈 좀 들여 잘 만든 어린이 주일학교 교재용 '출애굽기'처럼 되어 버렸다. 감독이 새롭게 해석한 출애굽의 이야기가 (만약에 있다면) 영화의 규모에 묻혀 버린 것이다.

이런 욕심의 과잉은 감독의 의도와 달리 모세의 영웅성을 부각시킨다. 중동에 대한 공격을 정당화하기 위해 차용했던 미국 근본주의자들의 '여호수아 신드롬'처럼, 기원전 이집트와의 갈등 속에서 민족을 구해내었던 모세는 스펙터클한 장면으로 꾸며진 영화 속에서 충분히 영웅스럽다.

감독은 대부분의 기독교인들이 근본주의자들처럼 모세를 영웅으로 보고 있다고 착각한 것 같다. 그래서 인간적으로 고뇌하는 모세를 그린 의도가 영화를 탁월하게 만드는 지점이라고 생각하는 큰 실수를 저질렀다. 〈엑소더스〉에 대한 평론가들의 리뷰도 '인간 모세'로 이야기를 풀어 간다. 리들리 스콧의 영화이기에 뭔가 발견은 해야 하는데 찾을 수가 없으니 거의 이런 부분에 초점을 맞추고 있다.

하지만 기독교인들에게도 모세는 영웅 이전에 인간이다. 그의 살인의 추억은 모세의 불같은 성격을 보여주는 사건이었고, 주저하고 두려워하던 모세는 주어진 소명의 크기 앞에서 벌벌 떨던 겁쟁이의 표본이었다. 영화에 나오는 모세는 본래 우리가 알고 있던 모세에서 크게 벗어나지 않는다. 그렇다면 새것이 없는 주일학교 교재용 영화가 맞고, 인간 모세를 강조하고 싶었다면 목표로 삼은 대상 관객이 누구인지 불투명하다. 기독교 영화 같은 '선교'도 없고, 모세 역할을 맡은 크리스천 베일이 영웅 영화 속에서 철학적 배트맨을 연기했던 〈다크 나이트 라이즈〉(크리스토퍼 놀란 감독, 2012년)의 탁월성도 찾아볼 수 없는 영화가 되고 말았다.

너무 혹평인가? 나름 보여주고자 하는 것이 전혀 없었던 것은 아니다. 10가지 재앙을 합리적으로 분석하던 철학자나 종교적으로만 해결하려 했던 궁정 사제가 마침내 람세스에게 사형을 당했던 장면처럼 이성에도 신앙에도 너무 매몰되지 말라는 교훈 정도는 주고 있다. 감독은 분석은 하되 해법은 없는 이성과 신앙의 한계도 보여주려고 애썼다. 인간의 한계 상황을 인정하고 신에게 모든 것을 걸었던 모세와 스스로 신이 되어 홍해까지 뛰어든 람세스의 갈등 구조도 상투적이기는 해도 봐줄 만은 하다.

모세를 히브리인으로 인정해 준 모세 양어머니의 결단, 누이 미리암의 역할, 강렬한 연기력을 지닌 시고니 위버가 맡은 람세스 어머니의 암투, 모세를 믿어주었던 아내 십보라를 통해 여성들이 출애굽이라는 거대한 역사 속에서 조연이 아니라는 점도 감독은 보여주려한듯한데 역시 '영웅' 모세에게 묻혀 버렸다. 여호수아를 고통을 모르는 존재로 묘사함으로써 모세보다 못한 존재로 슬쩍 스쳐 지나가는 장면도 인간의 고통이 결코 약점이 아니라는 교훈도 던져 준다.

이 부분에서 리들리 스콧은 〈노아〉(대런 아로노프스키 감독, 2013년)를 의식한 흔적이 역력하다. 성서를 왜곡했다는 기독교인들의 비판에도 불구하고 〈노아〉는 좋은 영화였다. 위기에 처한 현대문명에 대한 고뇌를 충분히 담았고, 발터 벤야민이 시작했고, 슬라보예 지젝이 대중화시켰던 '메시아적 개입'과 '신적 폭력'이 〈노아〉에 고스란히 담겨 있었다. '인류의 종말이 곧 역사의 종말인가'라는 묵직한 질문도 던졌었다. 하나님의 폭력적 계획 앞에 순종할 수밖에 없었던, 그래서 관객들의 모순된 비판(인류 전체가 홍수로 멸망하는 장면보다 손녀를 죽이려는 노아에 더 분노했던 관객들의 모순)을 받아야 했던 노아와는 달리 〈엑소더스〉에서 모세는 여호와에게 마구 덤빈다. 그런데 '하나님과 맞서는 인간'도 사실은 많은 영화에서 이미 보여주었던 '클리셰'다. 그러기에 하나님과 노아 모두가 비판받기를 자처했던 〈노아〉가 더 독창적인 영화다

호렙산에서 야훼가 꼬마로 나타나다

〈엑소더스〉를 그나마 살린 부분이 있다면 야훼가 꼬마(아이작 앤드류 분)로 현현한 장면이다. 호렙산에서 떨기나무에 불붙을 때 '나는 나다'라고 나타난 야훼는 어린아이였다. 리들리 스콧은 꼬마를 내세움으로써 영화의 웅장한 장면들을 중화하는 효과도 보고 있으나 꼬마는 그 이상의 중의적인 의미를 담고 있다.

첫 번째는 영화가 출시된 성탄절을 고려한 아기 예수의 이미지다. 야훼는 〈노아〉에서처럼 무서운 존재가 아니라 모세가 열심히 십계명 판을 새기고 있을 때 옆에서 차를 끓여주는 존재로 나타난다. 한번 결정한 것을 거두지 않는 완고한 신이 아니라 어린아이처럼 더러는 생각을 바꿀 수도 있는 유연한 신이다. 생긴 건 악동 같지만, 그래서 재앙의 잔인성을 따지는 모세에게 꼬마 야훼는 "그들이 멈추어 달라고 무릎을 꿇는 것을 보고 싶다"라고 말할 정도로 강경하면서도 홍해를 건너는 군중 속에 숨어 모세와 함께 하는 자상함도 보인다. 바울이 이해한 모세는 율법적 인물인데, 아브라함 이전부터 있던(요한복음 8:58) 예수는 모세가 신보다 더 강경해지지 않도록 어린아이의

모습으로 모세를 따른다.

〈지붕 위의 바이올린〉(노만 주이슨 감독, 1971년)에서 볼셰비키 혁명 이후 정든 마을로부터 추방되어 절망에 빠져 유랑 길을 떠나던 유대인 행렬 속의 바이올린 실루엣처럼 이런 아훼는 모세를 지킨다.

두 번째로 어린 야훼는 영화 속 모세의 어린 시절이다. 이집트 왕궁에서 자란 모세는 왕가의 적자가 아니기 때문에 왕이 되고 싶은 야망을 숨기고 살아야 했다. 욕심과 절제가 하루에도 수십 번씩 교차하는 상황에서 모세는 함께 자란 적통 왕자 람세스에 대해 선망과 경멸을 품고 살아왔을 것이다. 선왕 역시 모세를 더 임금감으로 생각하는 상황에서 모세는 자기를 살리기 위해 자기를 죽이는 방법을 터득해 왔다.

성서를 잠시 잊고 이야기하자면 모세는 호렙산에서 지금 자신의 어린 시절과 이야기를 나누고 있는 것이다. 민족을 살리기 위해 나를 죽어야 히는 심적 갈등이 성장 시절의 경험과 중첩되어 모세의 내면에 나타나고 있다.

'신들과 왕들'(Gods and Kings)이라는 영화 부제처럼 온갖 신들과 왕에 대한 야망을 품은 사람들이 넘쳐나던 시절에 모세는 어린 시절의 경험으로 신들과 왕들을 극복하는 방법을 터득한 것이다.

세 번째로 〈엑소더스〉 영화가 리들리 스콧의 동생 토니 스콧에 대한 추모사를 담고 있듯이 감독에게 어린 야훼는 동생 토니다. 2012년 8월 투신자살한 토니는 형보다 더 뛰어난 감독으로 평가받기도 했다. 〈탑건〉(1986년), 〈크림슨 타이드〉(1995년), 〈데자뷰〉(2006년) 등의 명작을 남긴 그가 자살할 때 나이가 68세이기는 했지만, 부모에게 자식은 늘 어린아이인 것처럼 형 리들리에게도 토니는 어린아이였을 것이다. 비록 그는 갔지만 리들리 스콧은 동생이 자신의 나머지 인생에 계속 함께하기를 바라는 마음을 어린 야훼로 표현했다.

리들리 스콧은 거장이다. 〈엑소더스〉는 거장의 명성에는 못 미치는 영화였지만 그나마 꼬마 야훼가 영화의 생각거리를 던져 주었다.

눈먼 신부의 마지막 사역
〈야곱 신부의 편지〉

왜 편지는 항상 그 목적지에 도착하는가.

_ 슬라보예 지젝, 『당신의 징후를 즐겨라』

〈야곱 신부의 편지〉(클라우스 해로 감독, 2009년)는 지루하면서도 감동적인 핀란드 영화다. 페미니즘 영화로 분류되는 핀란드 영화 '블랙 아이스'(페트리 코트비카 감독, 2007년)를 원작으로 하는 한국 영화 '두 여자'(정윤수 감독, 2010년)는 원작을 훼손하는 낯뜨거운 성인 영화로 만들어져 원작을 보지 않은 상태에서 핀란드 영화에 대한 묘한 선입견이 있었다. 〈야곱 신부의 편지〉는 이러한 선입견을 바꾸어 주었다.

어느 시골의 오래된 성당을 지키는 야곱은 앞이 보이지 않는 늙은 신부다. 삐걱거리는 오래된 성당은 낡을 대로 낡았고, 주변에는 잡초만 무성하다. 이미 교인들은 모두 떠났을 터이지만 그가 젊은 시절에도 화려했던 성당처럼 보이지는 않는다. 그리 많은 교인들이 찾아왔을 것으로 보이지 않는 숲속의 위치와 외양이다. 유일한 방문객은 야곱 신부에게 편지를 배달해주는 우체부다. 디지털 시대에(영화의 시대적 배경은 명확하지 않다) 편지는 늙은 신부, 낡은 성당만큼이나 오래된 전달 방법이다.

영화의 시대적 배경이 아날로그 시대라고 해도 편지가 낡아 보이는 것은 그것이 친지의 안부를 묻는 편지라기보다는 마치 라디오 상담가에게 보내는 듯한 내용을 담은 편지이기 때문이다. 라디오를 켜면 명망있는 상담가들이 넘쳐나는데 늙은 신부만큼이나 낡아 버린 방식을 고수하는 사람들의 애잔한 사연이 신부에게 전달되고 눈먼 신부는 이웃의 도움을 얻어 편지를 읽고, 하나하나 답장해 주었다.

그 역할을 하던 이웃마저 도시로 이사 나가고, 신부의 외로움을 달랠 사람은 아무도 없다. 살인죄로 종신형을 복역중이던 레일라가 사면을 받게 되고 신부의 비서로 성당에서 살게 된다. 삶이 즐겁지 않은 레일라에게는 교도소 밖이나 안이나 차이가 없다. 더구나 시골의 낡은 성당은 교도소보다 문화적으로 더 낙후되어 있고, 앞 못 보는 신부의 편지를 읽어 주는 일은 그녀의 취향에 맞지 않아 떠날 궁리만 한다.

읽는 것도 귀찮은 레일라는 배달된 편지의 일부를 버린다. 노신부의 질문도 귀찮아 대충 얼버무리려 해도 야곱은 내용만 듣고도 어디 사는 누구인지를 안다. 꾸어준 돈이 요긴했다며 돈을 동봉한 편지도 배달된다. 레일라는 편지 발신자에게 자신의 돈 모두를 꾸어 주는 야곱 신부를 이해할 수 없다. 이번 경우에는 돈을 돌려받았지만, 그동안 많은 돈도 떼였을 것이다. 레일라는 그곳을 떠나고 싶어 비 오는 밤에 택시를 부르기도 하고, 자신의 존재가 결국은 낡은 것을 지켜주는 역할에 그친다고 좌절하고서는 자살도 시도했다.

의미 없는 존재는 아무도 없다

레일라의 태업으로 인해 사람들의 편지도 줄어들다 마침내 모든 편지가 끊긴다. 그동안 편지를 기다리는 사람이 야곱 신부와 레일라 두 사람으로 늘었다. 편지는 늙고 낡아 의미 없는 존재로 스스로 여기고 있는 야곱이 유일하게 하나님의 도구라고 생각하는 부분이었음을 뒤늦게 알게 된 레일라는 함께 편지를 기다리다 야곱 신부를 위해 스스로 편지를 창작한다.

편지를 받을 때마다 "오늘은 또 어떤 마음의 짐들이 있을지 기대되는군요"라고 말하던 야곱 신부는 짐이라고 표현하면서 스스로 십자가를 지고 있다고 생각했을 것이다. 편지가 끊긴 뒤 절망에 빠져들던 신부는 생의 마지막 고백을 사면된 살인범 앞에서 다음과 같이 털어놓는다.

사람들을 위해서 기도하는 게 제 사명이라고 여겼습니다. … 이제 보니 편지로 인해 위로받은 건 제 자신이었습니다.

편지를 받고 답장을 쓰는 일은 십자가가 아니라 은총이요 선물이었다는 고백이다.

거짓 편지를 읽어 주던 레일라는 소재가 딸리자 자신의 이야기를 편지처럼 늘어놓는다. 어린 시절 엄마로부터 이유 없는 폭행을 당할 때 언니가 막아 주곤 했다. 고마운 언니가 결혼하자 이번에는 형부의 매질이 계속되었다. 자신을 위해 대신 맞던 언니가 어른이 된 뒤에도 왜 맞아야 하는지 이해할 수 없었던 레일라는 언니에게 가해지는 폭력을 막아낼 힘이 생겼다. 결국 형부를 죽이고 종신 복역수가 된 것이었다.

레일라는 언니를 포함한 모든 세상과 연을 끊고 살았는데 언니는 편지조차 거부하는 동생을 향한 안타까운 마음을 편지에 담아 야곱 신부에게 보냈고 그로부터 위로를 받아왔다. 사면을 요청한 것도 야곱 신부였다.

존재 의미를 찾지 못하던, 자신을 위한 누구의 보살핌도 받아 보지 못했던 레일라가 혼자가 아님을 깨달았을 때, 세상은 아무리 힘들어도 함께 돕고 도움받으며 살아간다는 사실을 깨우쳤을 때, 야곱 신부는 세상을 떠난다. 그의 마지막 목회는 레일라에게 세상을 용서하는 법을 가르쳐 주는 일로 끝났다. 야곱 신부에게도 레일라는 말씀(편지)이 육신(레일라)이 된 것 같은 은총의 사건이었다.

아기 예수를 안고 이제 종을 세상에서 평안히 떠나게 해 주신다(누가복음 2:29)는 늙은 시므온의 고백처럼 그는 종이에 쓰인 감사의 답장이 아니라 레일라를 선물로 받는다. 편지 속에서 느껴지는 감사가 아니라 레일라의 흐느낌에서 전해오는 감사가 그의 마지막 가는 길을 기쁘게 했다. 죽음이라는 야곱의 마지막 설교는 레일라에게는 용서를 가르쳐주었고, 자신에게는 그의 초라한 사역이 실패하지 않았음을 일깨워주었다. 비로소 남루하고 지루했던 그의 사역은 끝이 난다.

같은 배에 탄 죄수들과 바울

바울은 고린도에서 예루살렘을 방문하려 할 때 유대인의 위협을 두려워한다. 유월절 기간 예루살렘을 방문하는 유대인들과 함께 배를 타고 가다가 무슨 일을 당할지도 모른다는 두려움으로 바울은 육로를 이용한다. 빌립보와 드로아에 잠깐 머문 뒤 배에 올랐다(사도행전 20:14).

이 경험 뒤에 바울은 에베소의 지도자들을 불러 다음과 같이 설교한다.

> 보십시오. 이제 나는 성령에 매여서, 예루살렘으로 가는 길입니다. 거기서 무슨 일이 내게 닥칠지, 나는 모릅니다. 다만 내가 아는 것은, 성령이 내게 일러주시는 것뿐인데, 어느 도시에서든지, 투옥과 환난이 나를 기다리고 있다는 것입니다. 그러나 내가 나의 달려갈 길을 다 달리고, 주 예수께 받은 사명, 곧 하나님의 은혜의 복음을 증언하는 일을 다하기만 하면, 나는 내 목숨이 조금도 아깝지 않습니다. 나는 여러분 가운데로 들어가서, 그 나라를 선포하였습니다. 그런데 이제 나는 여러분 모두가 내 얼굴을 다시는 보지 못하리라는 것을 알고 있습니다(사도행전 20:22-24).

비장한 마지막 설교다. 몇 해 전 예루살렘에서 이방인의 사도로 임명을 받았지만, 바울에 대한 예루살렘의 분위기는 여전히 냉랭했다. 결국 그는 예루살렘에 갔고 로마로 압송되는 마지막 선교여행을 예고된 죽음과 함께 한다. 로마로 가는 배가 풍랑을 만나 파선하는 과정에서 바울은 죄수들의 목숨을 가벼이 보지 않고 그들을 살리기 위해 애를 쓴다. 다마스쿠스 회심 이전의 바울이라면 법을 어긴 죄수는 사람이 아니다. 하지만 변화된 바울은 죽음의 공포 앞에서도 죄수를 지키려고 한다(사도행전 28장). 목회의 마지막은 의미 있는 죽음일 거다. 죄수 레일라를 끝까지 구원하려는 야곱 신부와 닮아있다. 바울은 자신이 편지에 쓴 약속을 지키려는 듯 그들을 끝까지 지켜낸다.

그리하면 내가 받을 삯은 무엇이겠습니까? 그것은, 내가 복음을 전할 때에 값없이 전하고, 복음을 전하는 데에 따르는 나의 권리를 이용하지 않는다는 그 사실입니다. 나는 어느 누구에게도 얽매이지 않은 자유로운 몸이지만, 많은 사람을 얻으려고, 스스로 모든 사람의 종이 되었습니다. 유대 사람들에게는, 유대 사람을 얻으려고 유대 사람같이 되었습니다. 율법 아래 있는 사람들에게는, 내가 율법 아래 있지 않으면서도, 율법 아래에 있는 사람을 얻으려고 율법 아래 있는 사람같이 되었습니다. 율법이 없이 사는 사람들에게는, 내가 하나님의 율법이 없이 사는 사람이 아니라 그리스도의 율법 안에서 사는 사람이지만, 율법 없이 사는 사람들을 얻으려고 율법 없이 사는 사람같이 되었습니다. 믿음이 약한 사람들에게는, 약한 사람들을 얻으려고 약한 사람이 되었습니다. 나는 모든 종류의 사람에게 모든 것이 다 되었습니다. 그것은, 내가 어떻게 해서든지, 그들 가운데서 몇 사람이라도 구원하려는 것입니다(고린도전서 9:18-22).

이 사람에는 이렇게 저 사람에게는 저렇게 하는 비율법적 방법을 바울은 차근차근 익혀 나갔다. 백부장과 마찰하면서까지 죄수를 살려냈다. 사도행전 28장을 은유적으로만 읽자면 바울과 죄수들은 같은 배를 타고 같은 목적지를 향하고 있는 동료들이다. 그가 당연히 살려야 하는 사람들이다. 몰타섬에서는 제국에 속한 각 도시의 시민들이나 예루살렘에 속한 선민의식을 가진 사람들과는 전혀 다른 원

주민들과 더불어 살아가는 법을 배운다. 마지막 조금이라도 남아 있을지도 모를 특권의식을 난파 사고를 통해 완전히 비운 바울은 가벼운 마음으로 죽음이 기다리고 있는 로마를 향한다. 죽음 앞에서 바울은 나와 그들의 분리가 아니라 내가 그들의 목회자인 동시에 그들이 나의 목회자라는 사실을 받아들인다.

어려움이 있기는 했지만, 그동안 바울은 교회를 세우고 자신 있게 선교여행을 하던 지도자였다. 하지만 로마로 가는 길은 온갖 잡범들과 함께 하는 남루한 여행이다. 로마에 교회는 세워져 있었기에 교회를 세울 일도 없다. 그냥 죽음을 염두에 둔 마지막 선교였다. 바울의 죽음의 장소였던 로마에서 본격적으로 교회의 역사는 시작되었다.

목사건 신부건 평생을 가르치기만 하는 사람으로 스스로를 속이며 살아오던 우리들은 어떻게 살고 또 어떻게 죽어야 하나? 야곱 신부의 죽음은 '위로하는 자', '짐을 진 자'라는 굴레로부터의 해방이자 그의 마지막 설교였고, 레일라의 눈물은 야곱을 향한 마지막 설교였다. 듣는 이가 선포하는 이를 감동시키는 설교 같은 영화다. 레일라는 야곱 신부의 인생을 건 설교를 통해 세상을 용서했고 야곱 신부는 세상을 떠나면서 레일라의 눈물로 마침내 평안을 찾았다.

정의는 서로를 받아들이는 것
〈엘라의 계곡〉

이것은 당신이 다른 민족을 열등한 존재로 보게 만드는 조국의 신화와
아무런 관련이 없어요.
_ 에리코 말라테스타, 『국가 없는 사회』

죄를 용서받았다는 칭의의 개념은 야곱 테우베스의 『바울의 정
치 신학』 이후 정의의 개념으로 새롭게 이해되고 있다. 테드 제닝스
는 『데리다를 읽는다, 바울을 생각한다』에서 정의(Justice)에 대한 바
울의 관심이 내적인 또는 개인적인 올바름(Righteousness)의 문제로
곡해되었다고 아쉬워하면서 전환의 근원을 정의와 칭의를 분리한
종교개혁기로부터 찾는다.

구약성서에서 정의란 옳은 일을 한 사람에 대한 보상을 의미하는
보상적 정의, 즉 율법에 기초한 정의였다. 그런데 제닝스는 바울과
데리다를 비교하면서 진정한 정의는 선물과 같은 것으로 하나님과
주고받음의 관계로부터 나오지 않고 하나님으로부터 대가 없이 받
은 것을 이웃과 나누는 데서부터 시작한다고 본다. 그것을 데리다의

'환대'라는 개념으로 설명하는데 정의는 (율)법적 조항으로 규정되는 성질의 것이 아니라 환대 즉 서로 받아들이는 행위다.

> 이제 여러분은 거짓을 버렸으므로, 각각 자기 이웃과 더불어 진실을 말하십시오(에베소 4:25).

사도 바울에게 거짓을 버린 사람의 태도는 이웃과 더불어 진실을 말하는 일이다. 율법이 하나님에 대해 진실을 말하도록 만들어진 규정이라면 이제 우리는 이웃과 더불어(이웃을 받아들이며) 새로운 법을 창조해 나가야 한다.

> 베드로가 입을 열어 말하였다. "나는 참으로, 하나님께서는 사람을 외모로 가리지 아니하시는 분이시고, 하나님을 두려워하며, 의를 행하는 사람은 그가 어느 민족에 속하여 있든지, 다 받아 주신다는 것을 깨달았습니다"(사도행전 10:34-35).

세월호에서 비롯된 사회적참사특별법이 2020년이 저물 때야 통과되었다. 기소권과 수사권은 결국 담지 못하고 조사 대상에 대한 동행 명령장 발부, 고발 및 수사 요청, 감사원 감사 요구 등에 그쳤다. 2000년 전 사도 바울의 지혜를 빌리면 법 밖의 정의로 해결할 수 있다. 그런 식으로 바울을 독해하려 애썼던 데리다는 "정의는 법의 외부이면서 법안에 함축되며, 그 실현을 위해서는 법의 힘을 거쳐야 한다"라고 말했다. 세월호 진상규명은 기존의 법 테두리에서 해결될 수 없기에 (새로운) 법의 힘을 빌리려는 것이고 그때 비로소 진실규명이라는 정의가 완성된다.

〈엘라의 계곡〉(감독 폴 해기스, 2007년)은 자식 잃은 아비가 환대를 배워 나가는 영화다. 헌병 상사로 퇴역한 행크(토미 리 존스 분)는 참전 용사들이 모두 그렇듯이 국가관에 충실한 사람이다. 길을 가다가 성조기가 잘못 걸려 있는 것을 보면 그냥 지나치지 못하고 바로잡아 주고야 말 정도의 '애국자'다. 국가를 사랑한다는 게 이상한 일은 아니지만, 거대조직인 국가에 기대는 사람들이 빠지기 쉬운 함정은 바로 '힘'이다. 그의 남성적 힘은 누구에게 해를 입히지도 않고 가정의 비극에 아내를 끌어들이지 않으려는 '선한' 방향으로 작동한다.

가부장 제도가 마치 남성의 그릇된 권위를 대신하는 말처럼 쓰이지만, 그는 아내에게 군림하지 않는다. 여성을 주요 결정에서 배제하는 남성성을 진리로 알고 사는 사람인 행크는 스스로 권위적이지 않다고 해서 가부장적이 아니라고 생각하는 남성들의 반면교사다.

백인인 그는 남미계 이민자들을 무시한다. 반면 가슴을 모두 드러낸 토플리스 차림의 웨이트리스에게 '부인'(ma'am)이라는 경어를 사용할 만큼 개인의 올바른 삶이 결국은 좋은 사회의 토대가 된다는 보수층의 전형이다. 이제는 '가스통 할배'라는 말로 조롱되는 대한민국의 참전 군인들에 비한다면, 조그만 힘만 있어도 여성을 성적 대상으로 희롱하는 대한민국의 남성들에 비한다면 그의 남성성은 바람직하다. 그래도 남성 중심주의자라는 점은 피해갈 수 없다.

남성의 족쇄에 갇힌 주인공

그의 남성다움은 군대에 대한 동경으로 나타나 큰아들을 전쟁에서 잃었음에도 불구하고 작은아들도 군대에 보낸다. 그 역시 베트남 참전용사다. 남자는 군대에 다녀와야 남자가 되다는 이유에서였다. 어느 날 이라크에 참전했다가 미국으로 귀환한 아들이 부대를 이탈해서 돌아오지 않는다는 전화를 받는다. 행크는 아들이 미국으로 귀환했다는 사실조차 모르고 있었는데 탈영 신고가 되었다는 사실에 놀라 부대를 찾아가 지역 경찰 에밀리(샤를리즈 테론 분)의 도움으로 둘이서 사건을 추적해 나간다. 그러다가 아들 마이크가 토막 난 채로 불에 탄 시체로 발견된다.

행크는 한 번도 눈물을 보이지 않는다. 그는 매우 침착하게 그가 믿어왔던 남성다움을 잃지 않고 헌병 출신답게 사건을 좇아가면서 아들의 유품에서 발견된 동영상에서 단서를 찾으려고 시도한다. 그 동영상에는 군인다움도, 이라크의 정의를 위해서 참전했다는 명분도 없다. 두려움 섞인 욕과 뭔가 사고를 낸 듯한 장면이 좋지 않은 화질의 동영상으로 끊어지고 이어지기를 반복한다.

환대를 배워 나가다

인간의 뇌에는 기억하고 싶은 것만 남기듯이 자신이 참전했던 베트남전쟁에서는 적어도 이 정도는 아니었었다고 기억할지 모른다. 행크는 자기 아들을 비롯한 이라크 미군들이 애국심은 커녕 모두 정상이 아니었다는 사실을 알아 가면서 혼란에 빠져든다.

아들을 혼자 키우는 에밀리 형사는 행크를 불러 저녁을 먹인다. 에밀리가 설거지하는 동안 행크는 에밀리의 아들에게 다윗이 골리앗을 엘라의 계곡에서 물리친 내용의 책을 읽어 주는데 다윗의 승리에만 집중한다. 오랫동안 전쟁의 경험 속에 있던 그에게 다윗과 골리앗 이야기의 주제는 승리다. 그러다 사건을 추적해 갈수록 그는 엘라의 계곡에서 자신이 숭상해 왔던 국가라는 거대 권력 또는 남성이라는 권력 앞에 점점 약해져 가는 자신을 발견한다.

오늘날 교회에서 행해지는 다윗의 설교도 승리에 초점이 맞추어져 있다. 하나님이 다윗이라고 하는 여성스럽고 약한 존재를 왜 전쟁의 현장에 배치해 놓았는가는 설명하지 않는다.

골리앗이라는 괴물을 이긴 다윗의 교훈은 승리가 아니라 약함이다. 아들 마이크는 이라크에서 전화를 걸어 아버지에게 "여기서 꺼내주세요"라고 말했었지만, 그때까지만 해도 아버지는 아들의 나약함만을 탓했었다. 동시에 영화에서는 어린 소년 다윗을 전쟁터에 내보낸 것이 정당했었는가도 묻는다. 감독은 용감한 다윗에 초점을 맞추지 않고 그렇게 몰아간 이들에 대한 책임을 묻는다.

행크는 아들의 문제를 해결해 나가면서 정의는 힘에 의해서 완성되지 않는다는 진리를 터득해 나간다. 정의를 세워나가는 데 도움을 준 이들은 에밀리, 수치스럽게 가슴을 드러내놓고 먹고살아야 하는 토플리스 차림의 웨이트리스, 보신주의에 찌든 지역 경찰들이었다. 두 아들을 군대에서 잃게 만든 남편을 원망하면서도 슬픔을 절제하는 아내, 이전까지 자신의 보호 대상으로만 알았던 아내도 큰 도움이 되었다. 군인 남자 행크, 다윗의 승리를 힘의 승리로 확신하던 행크는 이제 다른 이를 받아들이며 동시에 그가 다른 이에게 받아들여지며 진실규명이라는 정의를 찾아 나간다. 국가라는 거대 조직의 폭력적 후원자인 군대를 믿고 살아온 그가 이 조직안에서 정의는 이룩되지 않는다는 진리 또한 터득한다.

가해자는 오직 국가일 뿐

사건의 진실이 밝혀지고 난 뒤 범인이었던 동료 병사는 "지옥에 적응하기 위해선 괴물이 되어야만 했다"라고 덤덤히 말한다. 살인을 저지른 뒤 그에게 제일 먼저 찾아온 본능은 배고픔이었다. 사건을 숨기기 위해 알리바이를 만들어야 한다는 생각도, 죄책감도 없이 그들은 피해자의 카드로 허기를 채운다. 그는 당시 마이크의 손에 칼이 쥐어져 있었더라면 가해자와 피해자만 바뀌었을 뿐이라고 포기한 듯 이야기한다.

전쟁이 끝나고 미국으로 귀환하면 모든 것이 다 끝났다고 믿는 국가, 그러나 이후에도 매일 50명씩의 참전 군인들이 후유증과 자살로 인생을 마감한다. 전쟁터보다 전쟁 이후가 더 지옥임 셈이다. 마이크가 미국으로 돌아오고 나서도 아버지에게 연락하지 않은 이유는 거기에 있다. 그는 지옥에서 빼내 달라는 자신의 외침을 용기 없는 행동으로 치부한 아버지와 연락하기 싫었다.

행크는 미국적 가치를 대변하는 인물이다. 사건의 진실을 캐기까지 결코 흔들리지 않는다. 모든 진실이 밝혀진 뒤 그는 고향으로 돌아오면서 성조기를 바로 잡아주었던 그곳을 지나친다. 이미 저녁이 되어 국기가 내려온 시간, 그는 성조기를 거꾸로 게양한다. 국기가 거꾸로 게양되었다는 것은 국가적 조난을 의미한다고 가르쳤던 그가 의도적으로 거꾸로 매단 이유는 미국이라는 나라가 지금 조난을 당했다는 것을 말하고 싶어서였다. 행크가 영화에서 마지막으로 진실을 밝히는 장면이다.

세월호 참사에 숨겨진 국가폭력은 아직 응당한 심판을 받지 않았다. 지금 상태에서 진실규명을 위해 가장 애쓰는 사람들은 유가족들이다. 누군가가 '계몽적 유가족'이라는 용어를 만들어내었다. 금전적 보상에도 의사자 지정에도 그들은 휘둘리지 않고 사건의 진실규명을 위해 힘든 싸움을 하고 있다. 기존의 대형 사고 유가족처럼 동정과 연민의 대상이 아니라 그들이 바라는 것이 무엇인가를 우리들에게 가르쳐 주는 계몽적 활동을 하고 있다. 법안에서 이루어지는 보상적 정의는 진실을 밝히는 정의와는 거리가 멀다. 결코 진실이 규명될 때까지 울지 않겠다는 유가족 유경근 씨의 말은 영화 끝까지 울음을 참아 내던 행크를 닮았다.

그 아빠, 엄마들도 사고 이전에는 행크처럼 '정치적으로 옳지 않은 삶'을 살았을 수도 있다. 국가라는 거대 조직을 존중하려 했고, 작은 이익 앞에서 옳음을 외면하고 비겁하게 그릇됨을 선택한 사람들도 있었을 것이다.

인간의 이성을 숭상했던 지난 세기의 희망은 사라졌다. 이성이 아직 살아있다고 믿던 시절, 메시아적 개입을 처음 이야기했던 발터 벤야민이 요즘 다시 각광 받는 현상도 우리의 희망이 거대한 폭력에 의해 막혀있기 때문일 거다. 바울은 십자가에 달린 메시아 개념을 통하여 정의는 무력함으로부터 완성된다고 보았다. 여기서 무력함이란 거대 조직—당시로서는 로마나 유대교의 법체계—에 기댈 수 없는 사람들이 느끼는 무력감이므로 패배감과는 다르다.

메시아를 믿는 사람들은 메시아의 충실성을 나누어 가진 사람들의 타자에 대한 사랑, 곧 환대다. 그들을 환대하고 그들이 우리를 환대할 때 정의는 반드시 '도래할 것'이 되고야 만다.

어두운 숲에서 나오다
〈패치 아담스〉

여름 성경학교에 갔다가 봄에 돌아왔다.

_ 황인찬, 「개종5」

로빈 윌리암스. 명문 사립학교의 교사로 자만심 가득한 학생들에게 인생의 의미를 가르치는 교사로 열연한 〈죽은 시인의 사회〉(피터 위어 감독 1989년), 학교 청소부지만 천재였던 청년이 자기 인생을 찾도록 도와준 교수로 열연한 〈굿윌헌팅〉(구스 반 산트 감독, 1997년) 등 수많은 명작을 남겼다. 늦깎이 의대생 역을 맡은 〈패치 아담스〉(톰 새디악 감독, 1998년)도 그의 대표작 중 하나다.

지난 2014년 그가 자살로 생을 마감했을 때 오바마 대통령은 "그는 외계인으로 우리 삶에 도착했다. 그리고 인간 영혼의 모든 요소를 고루 어루만지고 생을 마감했다. 그는 우리를 웃게 하고 울게 했다"라고 성명서를 발표했다. 항상 장난기 가득한 얼굴 뒤에 지독한 우울증과 파킨슨병이 숨어 있었다. 이 세상 사람이 아닌 것처럼 신들린 연기로 우리에게 눈물과 기쁨을 주던 그였지만 정작 자신의 문제는 풀지 못하고 있었다.

상처받은 치유자

불행한 환경에서 자란 헌터 아담스(로빈 윌리엄스 분)는 자살 미수로 스스로 정신병원을 찾는다. 정신병원에서 헌터는 환자들을 통해 삶의 의미와 유머를 배워 나간다. 그곳에서 '상처를 치유하다'라는 의미의 '패치Patch'라는 별명을 얻은 그는 정신병원에서 나와 늦깎이 의대생으로 버지니아 의과대학에 입학한다. 성실과는 거리가 멀고 늘 장난기 가득한 행동으로 진지함이 떨어지는 듯하지만, 성적은 항상 최상위권을 유지한다. 괴짜 의대생 패치는 3학년이 되어서야 환자를 만날 수 있다는 규칙을 무시하고 사람들의 정신적 상처까지 치료하는 진료행위를 시작한다. 학교 측에서 내린 경고 조치에도 불구하고 정신병원에서 만난 한 기업가의 도움으로 의대생 친구들과 함께 소외되고 가난한 이들을 위한 무료 진료소를 세운다. 그러나 의사 면허증 없이 진료행위를 한 것이 학교 측에 발각되어 퇴학의 위험에 직면하고, 사랑을 느끼던 좋은 동료 캐린(모니카 포터 분)이 환자에게 살해당하는 일까지 벌어진다. 모든 것을 잃은 패치는 다시 자살의 유혹을 받지만, 처음과는 달리 모든 것을 딛고 일어선다.

"내 인생의 행로 가운데서 내가 어두운 숲에 있음을 발견했다. 바른길을 잃어버렸기 때문에"는 패치가 독백한 단테의 시구다. 많은 사람들이 길을 잃거나 알고도 가지 않는 삶을 살다가 세상과 이별한다. 패치 역시 길을 잃고 자살을 하려다가 스스로 정신병원으로 가는 길을 택했고 그곳에서 길잃은 사람들을 만나면서 그들을 위한 치유자가 되려는 자신의 길을 찾는다. 우리의 길은 길잃은 사람들을 통해 발견된다. 이것이 바른길이라고 말할 수 있는 이는 예수밖에 없다. 그 역시 제 길을 찾기까지 30년의 세월을 준비했다. 바울은 자신이 가던 길이 누구보다도 옳은 길이라고 알고 있었지만, 눈이 멀고 갈 길을 찾지 못했을 때 길이 보였고 그때부터 예수처럼 상처 입은 치유자의 길을 걷기 시작한다.

패치는 모든 사람이 편하게 갔던 길을 피한다. 늦게 들어간 의대에서 좋은 성적을 유지하는 그는 남보다 앞서 달려갈 수 있지만, 자신이 정신병자였다는 상처, 사랑하던 사람을 자신의 의욕 때문에 잃은 상처를 간직한 채 다른 이를 위한 치유자가 된다.

> 내가 여러분을 마음 아프게 하더라도, 나를 기쁘게 해 줄 사람은, 내가 마음 아프게 하는 그 사람 밖에 누가 있겠습니까? 내가 이런 편지를 쓴 것은, 내가 거기에 갔을 때에, 나를 기쁘게 해야 할 바로 그 사람들에게서 내가 마음 아픈 일을 당하는 일이 없도록 하려는 것이었습니다. 나의 기쁨이 여러분 모두의 기쁨임을, 여러분 모두를 두고 나는 확신하였습니다. 나는 몹시 괴로워하며 걱정하는 마음으로, 많은 눈물을 흘리면서, 여러분에게 그 편지를 썼습니다. 그러나 그것은, 여러분을 마음 아프게 하려고 한 것이 아니라, 여러분을 내가 얼마나 극진히 사랑하고 있는지를 알려 주려고 한 것이었습니다(고린도후서 2:1-3).

바울에게 위로는 아픔에서 나온다. 자신의 아픔이 다른 이에게 위로가 될 수 있고, 다른 이의 아픔이 바울 자신을 위로할 수 있음을 믿었다. 위로는 공감에서 나온다. 기도로도 안 낫는 가시가 있었기에 다른 이의 아픔을 이해할 수 있었고, 자기 자신이 다른 이들을 박해한 경험이 있었기에 그가 당한 박해로부터 배울 수 있었고 그것은 예전의 박해자가 아닌 상처받은 치유자로 아픈 이들과 함께한다.

문제 대신 사람을 보라

패치는 정신병원에서 트루먼 쉬프라는 유명한 기업가를 만난다. 그도 입원한 사람인데 항상 손가락을 펴들고 몇 개냐고 물어본다. 개수를 맞추면 어김없이 트루먼에게 바보 소리를 듣는다. 궁금한 패치가 트루먼을 찾아가 정답이 뭐냐고 물어봤을 때 그는 "문제 대신 사람을 보라"는 대답을 들려준다.

예수는 사람 중심의 사역을 했는데 바울은 이 점에 있어서 많이 부족했다. 바울을 천거한 바나바였지만 마가의 문제를 놓고 계속 마가와 함께 여행하자는 바나바와의 의견대립으로 결별하게 된다. 성과주의로만 보자면 교회사 속에서 쓸쓸히 사라져간 바나바보다 바울의 전략이 성공했다고 볼 수 있겠지만 바나바를 내친 것은 바울의 실수였다.

후에 바울은 감옥에서 만난 오네시모를 통해 사람의 소중함을 깨우쳐 나간다. 바울은 오네시모의 주인이었던 빌레몬에게 편지를 보내면서 오네시모는 자신의 친구이며 동역자이니 잘 대해주라는 당부를 잊지 않는다. 물론 고대 노예제 폐지라는 민감한 문제를 건드릴 만큼 바울의 의식이 사회적으로 확대되지는 못했지만 오네시모를 '사랑하는 형제'로 호칭함으로써 빌레몬과 오네시모가 동격임을 암시한다. 인간적으로 보든지 믿음으로 보든지 오네시모는 사도 바울과 형제가 될만한 사람이라고 밝힌 것은 당시로서는 오네시모를 향한 최선의 찬사였다.

사회의 모든 분야에서 이윤과 성과가 우선시 되면서 사람은 더 이상 설 곳이 없어졌다. 사람이 없어진 상태를 교회에서는 하나님만 바라보라는 말로 도피하려 하는데 그것만큼 무책임한 말은 없다. 하나님도 스스로 사람이 되었는데 하나님을 바라보라며 사람을 버리고 있다.

헨리 나우웬의 '상처 입은 치유자'에는 이런 이야기가 있다. 어린 도망자가 마을로 숨어 들어왔을 때 병사들은 그를 내어놓지 않으면 마을을 몰살하겠다고 엄포를 놓았다. 마을 사람들은 겁에 질렸고 목사의 결정에 따라 어린 도망자는 병사들에게 넘겨졌다. 마을 사람들은 살아난 안도감에 축제를 벌이던 밤, 천사가 목사를 찾아와서 왜 그런 짓을 했냐고 다그쳤다. 천사는 소년이 바로 메시아였다고 알려준다. 목사가 메시아인지 어떻게 알아볼 수 있었습니까? 라고 억울하게 되묻자 천사는 이렇게 대답했다. "단 한 번만이라도 소년을 찾아가 그 눈을 들여다보았다면 너는 그 사실을 알았을 것이다."

마을의 생존이라는 문제에만 집중했을 때 목사는 메시아를 알아보지 못했다. 사람에 집중한다는 것은 사회의 각종 제약이나 관습에 얽매이지 않는다는 것을 뜻한다. 그것으로부터 자유로워질 때 우리 또한 자유를 얻는다.

패치 아담스는 실존 인물인데, 그가 학생 시절 만든 치료소가 모태가 되어 무료 '게준트하이트Gesundheit'가 설립되었고 많은 의사들이 이곳에서 봉사하기 위해 줄을 서고 있다. 기독교인은 누군가를 치유하는 사람이다. 우리의 상처가 이웃의 상처를 치유하는 좋은 약이

될 수 있고, 하나님 중심이라는 교리적인 선포에서 벗어나 이웃의
얼굴을 바라보며 그들의 고민을 함께 나눌 때 모든 장벽은 허물어질
것이다.

　패치 아담스는 그의 퇴학을 결정하기 위해 열린 징계위원회에서
다음과 같이 말한다.

　하나님이 제 증인인데 오늘 결정이 어떻게 내려지든 나는 세상에서 가장
　좋은 의사가 될 것입니다. 당신들이 나에게 의사를 못 하게 할 순 있어도
　내 영을 지배하지는 못할 것입니다.

교회만 못 보는 징조들
〈테이크 쉘터〉

데카르트, 라이프니츠 그리고 뉴턴 모두 자국에 있는 기존 교회를 옹호
했고 군주제도 찬성했다.

_ 테리 이글턴, 『신의 죽음 그리고 문화』

이스라엘 사람들은 바빌론 포로 이후 '하나님 없음'을 경험한다.
하나님의 임재 공간으로 여기던 성전이 바빌론에게 훼파되었을 때
사람들은 세상을 창조한 과거의 하나님보다 오실 하나님을 더 소망
하게 된다. 창조주이면서 다시 올 그 하나님은 같은 하나님이지만
바빌론 강가의 집단 수용촌에서 이스라엘 사람들은 한 하나님 사이
의 단절을 경험하게 되고 그 땅에서 묵시 사상을 배워 온다. 나쁜
사람의 부흥과 착한 사람의 고통이라는 모순을 '하나님이 하시는 일
은 모두 옳다'라는 신정론으로 풀어 보려고 했지만, 현실과 신앙의
괴리가 점점 깊어져 가자 빈자리를 묵시 사상이 차지하고 들어온
것이다.

묵시 사상은 신자들에게는 미래에 대한 소망이지만 한편으로는

미래에 모든 해결책을 떠넘겨버리는 비윤리적이고 비겁한 사상일 수도 있다. 그래서 사도 바울은 하나님이 악을 무찌르고 승리한다는 계시록 같은 전통적인 묵시 사상에 별로 관심이 없었던 듯하다. 바울에게 하나님 없음이나 창조와 종말 사이의 단절은 없었다. 바울에게도 물론 묵시 사상의 기초가 되는 현세 부정과 비관이 없지는 않았지만 말이다.

> 아, 나는 비참한 사람입니다. 누가 이 죽음의 몸에서 나를 건져 주겠습니까?(로마서 7:24)

바울에게도 이 세상의 고난과 장차 올 영광이 대비되고(로마서 8:18), 밤이 깊고 낮이 가까이 왔다(로마서 13:12)는 전통적인 묵시 사상과 유사성이 드러나지만, 기본적으로 바울에게는 그리스도의 십자가 사건이 곧 종말론적 사건이다. 다시 말해 이 세상에 살고 있어도 예수 그리스도 안에 있는 사람에게는 이미 다가올 세상이 경험되고 있다는 것이 바울의 종말론적 묵시 사상이다. 이 세상이 악한 장소인 것은 분명하지만, 옛 세상을 극복하고 새 세상을 기다리는 과정에서 매일 죽는 삶을 통해 종말은 역사의 마지막 사건인 동시에 일상에서도 경험되는 사건이라고 바울은 설명한다. 따라서 바울의 묵시 사상에 '하나님 없음'은 나타나지 않는다. 이때 비겁한 묵시는 사라지고 현실과 맞서는 묵시가 등장한다.

기독교인 눈에만 보이지 않는 징조들

현실이 어려울수록 묵시 사상은 신학적 소망을 제시해야 한다. 1992년의 시한부 종말론 사건은 어처구니없는 해프닝으로 끝났지만, 소련을 비롯한 사회주의권의 붕괴로 인한 적(사탄)의 상실, 다가올 21세기에 대한 불안감을 생각한다면 기승을 부릴만한 충분한 조건을 갖춘 시대였다. 19세기 말 미국의 경제적 부흥과 정신적 피폐는 안식교(제칠일안식일예수재림교회)의 창시자 윌리엄 밀러를 통해 1844년 예수 재림설로 표출되었다.

그렇다면 이단이 아닌 정통은 묵시 사상을 제대로 전하고 있는가? 오늘 한국교회에서 묵시 사상은 개인의 죽음과 천국이라는 개인사에 집중되어 있다. 늙고 죽는다는 생물학적 진리를 받아들여야 하기에 개인의 종말이 강조될 뿐 본래 묵시 사상의 출발점이었던 사회 역사적 모순에 대한 성찰은 없다. 왜냐하면 현실 세계와 다가올 세계의 모순이라는 묵시 사상의 전제(바울도 인정할 수밖에 없었던)로 세상을 바라보는 기독교인이 없기 때문이다.

하나님의 말씀으로 보면 세상은 모순투성이인데 기독교인의 눈에만 숨겨져 있다. 보수 언론조차도 신자유주의 경제의 폐해를 외치는 때에 교회는 거기에 편승해서 먹이 사슬의 상층부에 머무는 것이 축복이라고 가르친다. 모순을 외치는 것 자체가 불온한 일이 되어버렸다. 기득권자들이 온갖 거짓을 일삼아도 우리 교회에는 상류 인사들이 많다는 것을 설교 시간에 자랑하는 시대에 악한 권세와 선한 권세의 대립을 극복한 묵시 사상을 어떻게 선포하겠는가?

시대는 수상한데 기독교인들의 눈에만 징조가 보이지 않고 오히려 종말의 징조들이 축복으로 포장되는 현실에 그들도 이상하기는 했나 보다. 재물과 권력을 칭송하는 세태를 징조로 삼자니, 교회의 큰 손들이 두렵고, 뭔가 강한 묵시적 징조를 만들어야 했다. 마침 징조들이 조금씩 자기의 소리를 내기 시작했다. 바로 이거다. 힘없는 성소수자들을 말세의 대표적 징조로 만들어 버리면 다른 거대한 징조들을 덮어버리기에 충분하다.

코로나를 '불의한 권력'에 대한 말세적 징조라고 선전해야 하는데 불의한 권력이 말세적 징조를 잘 다루는 바람에 교회는 좋은 선전 도구를 불의에 갖다 바치는 어리석음에서 헤어나오지 못했다. 어쩌겠는가? 처음부터 묵시를 잘못 이해한 그들의 무지를 탓할 수밖에.

〈테이크 쉘터Take Shelter〉(제프 니콜스 감독, 2013년)는 조금 낯선 재난 영화다. 건축회사에서 근무하는 커티스(마이클 섀넌 분)는 퇴근길에 아내와 채팅에서 만난 또 다른 여자와 3인 성관계를 하고 싶다는 동료 드와르트의 농담에 두 사람은 함께 웃지만, 그것은 드와르트가 편치 않은 결혼생활을 하고 있다는 아픈 농담이다. 드와르트는 커티스에게 "너는 참 잘하고 있다"라며 행복한 가정을 부러워한다.

집으로 돌아온 커티스는 청각장애인 예쁜 딸의 모습을 바라보며 잠시 행복에 젖는다. 그의 표정에는 '내가 지금 잘하고 있는 것이 맞나?'라는 자신감과 두려움이 교차한다. 어쨌든 미국 시골(오하이오 농촌)에서 흔히 볼 수 있는 풍요롭지 않아도 행복한 삶을 그럭저럭 살아가는 평범한 가정이다. 바느질에 소질이 있는 아내 사만다(제시카 챠스테인 분)도 벼룩시장에 수공예품을 내다 판 돈을 차곡차곡 모으는 좋은 아내다. 그녀가 돈을 모으는 것은 듣지 못하는 딸의 귀에 인공 달팽이관을 심는 수술을 해주기 위해서다.

그에게 잘하고 있다는 친구의 말을 들은 날로부터 커티스는 악몽에 시달린다. 폭풍우가 몰아치고 그에 놀라 키우던 개가 무는 꿈에서부터 딸과 함께 괴물로부터 공격당하는 꿈에 이르기까지 여러 종류의 꿈이 밤마다 그를 괴롭힌다. 더 심각한 것은 꿈에서 물린 자리가 실생활에서도 쑤시고, 공포에 눌려 밤에 침대에 오줌을 싸는 실수까지 저지른다.

아이의 수술도 점차 다가오고, 사만다는 교회에도 열심히 나가고, 휴가 계획도 세우고 모든 것이 순조롭지만 커티스의 마음은 악몽 때문에 편치 않다. 이제는 낮의 일상생활까지도 심각하게 영향을 받을 정도로 그의 환영과 환청은 심해진다. 커티스는 그에게 다가오는 거대한 종말의 징조 같다고 느끼면서도 의학적 도움을 받기 위해 노력을 다한다. 젊은 시절 편집증으로 요양소로 보내지기도 했던 어머니를 찾아가 유전적 요인을 찾아봐도 뾰족한 수는 나오지 않는다. 그럴수록 커티스는 자신이 보는 환영이 단순한 환영이 아닐 수도 있다고 확신하고 마침내 빚을 얻어 낡은 대피소(shelter)를 더 안전하게 만든다.

아이의 수술비 걱정을 하는 아내는 빚을 얻어 대피소를 만드는 남편이 불쾌하다. 대피소가 완성된 후 커티스는 징후에 놀라 가족을 데리고 대피소로 피신한다. 이튿날 아침 대피소 밖의 세상이 궁금하지만, 선뜻 문을 열 용기가 나지 않는다. 부부는 옥신각신하다 커티스가 마침내 문을 열지만, 세상은 본래 그대로였다.

악몽에 시달리는 커티스는 그것 때문에 회사 일을 등한히 하고 결국 해고당한다. 해고는 의료 보험의 중단을 의미하고 손꼽아 기다리던 딸의 달팽이관 수술도 요원해진다. 태양 아래서 방주를 만들던 노아처럼 우려 속에 대피소를 만들던 커티스, 모리아산에 이삭을 바치던 아브라함처럼 가족까지 희생하는 커티스. 그는 정신분열자 인가? 시대의 징조를 발견하는 예지 능력을 가진 사람인가? 헌신적인 아내의 말에 따라 치료를 받던 커티스는 마음을 식히기 위해 가족과 휴가를 떠난다. 그런데 그곳에서 커티스와 아내, 아이에게 환영이 아닌 진짜로 거대한 폭풍우가 몰려온다.

역사적 징조의 대체 환영

커티스의 정신분열적 환영은 사회 역사적 징조의 대체 환영이다. 시골의 중년 남자에게 사회구조적 모순을 분석하고 걱정할 역량은 없다. 그가 아는 징조는 성서가 말하는 종말의 상징으로서 자연재해, 재난 영화가 보여주는 좀비나 새들의 습격 정도일 것이다. 이런 류의 징조들이 커티스의 의식 속에 깊게 자리 잡고 있었다.

커티스가 대피소를 만들면서 회사 장비를 반나절 몰래 사용한 일은 당연히 잘못이지만 사장은 그러다가 사람이라도 치어서 사고라도 냈으면 어쩔 뻔했냐고 커티스를 해고한다. 미국 사회에 만연한 고소 문화의 단면이다. 그밖에 경제 불황, 높은 보험료, 높은 유가, 벼룩시장에서 푼돈이라도 벌려는 아내, 서브프라임 모기지 사태로 길가에 나앉은 집기들이 커티스에게는 직접 체험되는 악몽이었으나 그는 성서가 가르쳐 준 대로 현실은 외면하고 악몽을 꾼다. 어쩌면 주위에서 사회적 모순에 대하여 이야기들을 많이 했을지도 모르지만, 그는 듣지 못하는 딸처럼 듣지 못했고 이해하지 못했다.

커티스의 어머니는 자신의 병이 단순히 정신적 악몽 따위가 아니었다며 증세가 시작된 1986년을 똑똑히 기억했다. 역사적으로 보면 체르노빌 핵발전소가 방사능 누출로 인해 엄청난 손실과 피해를 입었던 해가 1986년이다. 영화에서는 자연재해를 두려워하는 커티스가 대피소에서 난데없이 방독면을 착용하는 장면이 나오는데 이는 체르노빌 사태를 빗댄 장면이다. 당시는 레이거노믹스 시대로 레이건 대통령의 경제 정책이 빛을 발할 때다. 당시는 좋았지만, 결과적으로 신자유주의의 시작을 알리는 시기였고, 중산층 붕괴를 예고하는 시기였다.

따라서 커티스가 느끼는 불안은 학습된 불안이다. 구체적인 불안의 대상을 경고하는 경고등인데 안타깝게 그는 학습된 불안만 두려워했고, 착하기만 한 신앙 좋은 아내는 의사의 치료에만 의지했다.

이제 대피소도 없는 바닷가의 휴가용 주택에서 재앙을 어떻게 이겨낼 것인가? 그러나 커티스는 이겨낼 것이다. 피하는 것만이 최선이 아니라는 것을 알았고 함께 공포를 나누는 아내도 옆에 있다. 남편만 시달리던 공포의 실체 앞에 아내 사만다는 남편보다 앞에서 맞선다. 그녀는 더 이상 공포를 피하지도 않고, 남편을 정신병자 취급하지도 않고 남편보다 앞서서 헤쳐나갈 것이다. 얼마 전 대피소에서 밤을 지낸 후 아침에 부부는 서로 문을 열지 못해 미루었지만, 공포의 실체 앞에서 힘을 모을 부부와 아이의 모습이 그려진다.

바울에게 묵시 사상은 도피도 아니고 미래에 모든 해결책을 떠넘기는 비겁함도 아니다. 공포처럼 다가오는 묵시적 징조들 속에서 그리스도의 십자가와 함께 견뎌내는 일이 오늘을 사는 기독교인들의 몫이다. 움베르토 에코가 인류의 미래를 비극적 낙관주의로 표현했듯이 공포 앞에 놓인 인류는 슬프지만, 신앙 안에 머무는 사람에게는 이겨낼 용기가 생겨나야 한다. 하지만 영화 제목처럼 피난처를

취하려면 피난처가 필요한 시대라는 사실을 인정해야 하는데 징조를 징조로 못 보는 사람들을 고칠 방도가 보이지 않는 절망이 또 다른 묵시적 공포로 다가오는 세상을 지금 우리가 살고 있다.

| 2부 |

내 서재 속 영화관

똥 같은 세상 교회는 무엇을 할까
〈퍼스트 리폼드〉

당신 영혼에 맡겨진 순간순간을 잘 활용하라. 영감(靈感)의 잔을 마지막
한 방울까지 마셔 비우도록 하라.
_ 헨리 데이비드 소로, 『소로의 속삭임』

네덜란드계 이민자들이 세운 뉴욕 스노우 브리지의 제일개혁교
회(First Reformed Church)는 250년 된 유서 깊은 교회지만 오래된 교
회들이 그렇듯이 지금은 초라하다. 과거의 명성에 기대서 겨우 명맥
을 유지하는 제일개혁교회는 독립전쟁 당시 민병대의 기지 역할도
했고 캐나다로 탈출하려는 노예들을 돕기 위해 노예 반대론자들이
만든 통로인 이른바 '지하철도'의 '대합실'로도 이용되었다. 지하철
도에 적극적으로 참여한 사람들이 주로 퀘이커 교도들과 개혁교회
교도들이었으니 영화 〈퍼스트 리폼드〉(폴 슈레이더 감독, 2017년)의 제
목과 이 설정은 어색하지 않다.
지금은 10여 명 미만의 교인만이 남았고 간혹 명성을 듣고 찾아온
관광객들에게 기념품을 팔거나 학생들의 역사 체험 학습장으로 교회

는 기능한다. 때문에 그 일을 위한 '관광 가이드'이자 막힌 변기를 수리해야 하는 교회 관리인의 역할도 톨러 목사(에던 호크)의 몫이다. 그는 컴퓨터 자판보다는 펜으로 일기를 쓰면서 자기 위안으로 삼는데 과거에 매여 있는 교회와 그의 삶도 이렇게 닮아있다. 하지만 화려했던 교회의 과거와 달리 톨러 목사의 과거는 화려하지 않았다.

할아버지 때부터 군인 집안이라는 가풍을 잇기 위해서 톨러 목사도 군목으로 복무했고 아내의 반대에도 아랑곳하지 않고 군대에 보낸 아들이 이라크에서 전사했고 그 일로 이혼했으니 '전통'을 중시하던 그의 판단은 가족의 슬픔만 불러왔을 뿐이다. 때문에 어릴 때부터 같은 교회에서 성장한 에스더가 그의 주변을 맴도는 게 과거를 후벼파는 것 같아 부담스럽다.

어느 날 톨로는 메리(아만다 사이프리드)로부터 상담 요청을 받는다. 극단적 환경주의자로 환경보호 운동을 하다 투옥되었다가 가석방 중인 남편 마이클을 만나달라는 요청이었다. 종말을 향해 치닫는 듯한 환경문제와 활동가들의 피살 사건을 전하는 마이클, 이런 문제들로 지구는 곧 멸망할 것이기 때문에 아내의 뜻과 달리 아이를 낙태시켜야 한다고 주장하는 그를 목사는 상투적인 말로 위로하고 가르치지만, 목사 자신이 오히려 마이클의 논란에 빠져들어 간다. 자기의 삶에서 큰 의미를 찾지 못하던 톨러는 환경문제에 몰입한 마이클 앞에서 초라함을 느낀다.

마이클이 집에 없을 때 메리는 목사를 불러 남편이 숨겨 놓은 자살 폭탄 조끼를 보여준다. 그는 마을의 환경오염 공장을 날려 버릴 작정이었다. 며칠 뒤 공원으로 와 달라는 마이클의 전화를 받은 톨러가 그곳에 도착했을 때 이미 마이클은 자살한 뒤였다. 메리와 톨러는 자살 조끼를 들킨 일로 마이클이 자살했다는 자책감에 사로잡히고 이 자책감은 두 사람 사이에 묘한 기류를 만들어낸다.

톨러는 제일개혁교회의 후원 교회이자 젊은이들의 성경 공부를 인도하기 위해 가끔 방문하는 '풍요로운 삶 교회' 청년들을 마이클의 장례식에 참석시키고 그들에게 '운동가요'를 조가로 부르게 한다.

시간이 갈수록 마이클이 던져 놓고 간 환경문제에 천착하게 된 톨러는 악명높은 공해기업이 자신의 마을에 있는 사실에 분노하면서 아무것도 할 수 없음에 좌절한다. 한술 더 떠 공해기업의 대표는 '풍요로운 삶 교회'의 큰 손이었다. 제일개혁교회는 '풍요로운 삶 교회'의 후원으로 250주년 기념행사를 준비하고 있는데 여기도 공해기업은 돈을 내놓았다.

공해기업을 폭파시키기 위해 사전답사까지 한 톨러는 기업만의 문제가 아니라 그런 기업주에게 면죄부를 주는 교회도 문제가 있다고 보고 기업가, 목사, 정치인, 지역 유지할 것 없이 다 모이는 자리인 250주년 기념 예배에서 마이클의 자살 폭탄 조끼를 입고 '순교'하기로 마음먹는다.

폭탄을 장착하고 흰색의 목사 가운을 입는 순간 남편의 사망 후 언니 집으로 떠났던 메리가 기념 예배를 위해 교회로 들어오는 것을 본 톨로는 갈등하기 시작한다. 자살 폭탄 테러를 계획하던 즈음에 언니 집으로 떠났던 메리에게 기념식 때 오지 말라고 당부했는데 나타난 것이다. 자신과 다른 이들은 다 죽어(여)도 되지만 그녀는 죽일 수 없다. 그는 온몸에 철조망을 두르며 자해한다. 예수의 가시 면류관처럼 그는 죄인들을 용서해주어야 하는가의 혼돈에 빠진다. 시간이 되어도 기념 예배 시간에 나타나지 않은 톨러를 목사관으로 찾아간 메리는 피투성이가 된 그와 격렬하게 포옹한다.

이 영화를 환경문제의 심각성을 지적하는 영화로 읽는다면, 즉 교회의 사회 참여를 주제로 이해한다면 완전히 빗나간 분석이다. 악덕 기업주를 교회의 핵심 교인으로 인정하는 대형교회의 문제점을 지적한 영화로 본다면 아이슬란드 영화 〈언더 더 트리〉를 이웃 간의 일조권 분쟁이 가져온 살인의 비극 즉 층간소음 같은 문제를 다룬 영화로 본 것과 같은 감독에 대한 모독이다. 〈언더 더 트리〉는 일조권 분쟁을 다룬 영화가 아니라 옆집의 일조권을 방해하는 거대한 나무가 있는 집의 주인이 가진 과거의 트라우마를 다룬 영화다. 잎사귀가 무성한 오래된 나무의 깊은 뿌리는 과거로부터 한 발짝도 나가지 못한 주인의 삶이다. 〈퍼스트 리폼드〉도 과거가 주제다.

영화에는 변기가 자주 등장한다. 첫 장면부터 변기의 수리를 놓고 후원 교회의 기술자를 부르자는 장로와 직접 하겠다는 목사가 충돌한다. 후원 교회 목사와 톨러는 찬송가 '내 주는 강한 성이요'를 마틴 루터가 화장실에서 작곡했다는 이야기를 나눈다. 변기가 막혔을 때 뚫는 강한 화학 약품도 자주 등장한다. 톨러는 자살 폭탄 테러를 앞두고 늘 마시던 위스키 잔에 그 화학 약품을 붓는다. 변기는 해결되지 않은 문제로 꽉 막혀있는 톨러의 심리를 보여주는 장치다. 그는 결국 약품을 마심으로써 답답함을 뚫으려 한다. 톨러가 성경 공부에 참여해서 극단적인 의견을 내놓는 청년에게 분노했을 때 표현한 '성조기에 똥을 뿌린 거 같다'에는 청년과 자신 그리고 미국에 대한 분노가 모두 담겨 있다. 청년을 비난하지만 톨러도 군대에 꼭 가야 하는 국가주의자였고 극단적 환경주의자가 되어가고 있었다. 그 극단의 '똥'들이 자신을 변기 삼아 배설되면서 내려가지는 않고 있는 것이다.

과거란 무엇인가? 프랑스 혁명 이후 진보가 최고의 가치로 대접받던 시기에 과거에 새로운 가치를 부여한 사람은 발터 벤야민이었다. 벤야민은 시간을 역사의 시간과 자연의 시간으로 나누는데 김진영은 이것을 잘 설명하고 있다.

> 벤야민이 응시하는 당대의 시간은 역사의 시간이 아니라 자연의 시간으로 매몰되어 가는 무상한 시간, 즉 자연사의 시간입니다. 다시 말해 당대의 시간은 자연의 시간을 따라서 그 어떤 미래의 도래도 기대할 수 없이 다만 무상하게 몰락해 가도록 운명지어진 시간이었습니다. 이 몰락의 운명, 도래하는 미래의 부재는 벤야민의 역사관에 따르면 과거의 부재 때문입니다. 한 시대의 몰락은 많은 이들이 외치듯 그 몰락할 미래시간에의 비전이나 가능성이 없어서가 아닙니다. 비록 풍요로운 미래가 약속되어 있다 해도 만일 그 시대가 과거의 시간을 망각한다면 그 시대의 미래는 몰락의 미래, 지배자들의 미래일 뿐입니다.
> _ 김진영, 『희망은 과거에서 온다』

미래는 우리의 미래가 아니기 때문에 없는 미래이고 우리의 미래를 가능케 할 과거도 없다. 공해기업 같은 지배자의 미래는 톨러의 미래가 아니기 때문에 그는 미래를 구성할 수 없는 과거로부터 자꾸 벗어나려 한다. 우리의 미래가 가능해지려면 과거를 기억해 내서 새롭게 직조해야 한다.

제일개혁교회가 다시 소환해야 할 과거는 지하철도다. 사회적 최약자였던 흑인 노예의 탈출을 도왔던 교회의 과거가 미래의 가능성이다. 교회가 가진 독립운동과의 연관성도 자랑스러울 수 있지만, 그것은 땅의 논리였고 패권의 논리였다. 그렇게 땅을 차지한 1세대 백인 이민자들은 영국으로부터 뺏은 것을 지키기 위해 노예와 원주민에게 똑같은 짓을 했고 21세기에는 세계를 향해 권력을 휘두르고 있다.

지배자들에게 포획된 현재는 고립된 시간, 비상사태의 시간이다. 이 비상사태는 메시아적 개입과 같은 신비의 영역에 의해서 극복될 수 있다.

폴 슈레이더 감독은 "우리가 하는 모든 일은 우리의 몽타주를 재조립하는 것이다. 충분히 흥미로운 방법으로 재조립하면 그것은 새로운 것이 될 것이다"라며 자신이 사랑했던 거장 감독들을 재료 삼아 자신만의 세계를 보여준다. 모두가 블록버스터 영화만 좇는 시대에 그가 보여주는 이 오묘한 장면은 조악한 퀄리티의 장면처럼 보일지 모르나 단단한 규칙을 깨고 안전한 선택을 거부해온 그의 '초월적 스타일'이란 태도를 가장 잘 보여준다.
_ 김현수, 퍼스트 리폼드, 「씨네 21」, 1202호

몽타주를 재조립하는 것, 그것은 기억을 재구성하는 것이다. 독실한 개혁교회 집안에서 태어난 폴슈레이더는 17살까지 영화 한 편보지 못했다고 한다. 그의 경험에 기초한 기억은 신비로 재구성되어 영화에 나타난다. 톨러 목사는 마지막 일기에 이렇게 쓴다.

모든 보존 행위는 창조행위다. 모든 보존된 것들은 창조를 지속한다. 그

것이 우리가 하나님의 창조에 참여하는 방법이다.

환경 보존은 교회와 사회가 함께 고민해야 할 당면과제지만 교회는 그 이상의 것을 보여주어야 한다. 기념 예배에 모인 죄인들의 보존도 신비다. 이 영화를 2018년 10대 영화 중 하나로 꼽은 미국 영화 평론가들의 선택은 극단을 치닫는 현대가 신비를 그리워하고 있다는 방증이다.

죄가 많은 곳에 은혜가 더욱 넘치게 되었습니다(로마서 5: 20).

김은국의 소설 〈순교자〉는 평양을 점령한 국군이 평양에서 일어난 공산당에 의한 목사 14명의 학살 사건을 조사하는 과정을 다룬 소설이다. 사람들은 14명 중 풀려난 2명을 배교자로 지목하고 12명의 순교자를 체제 선전 차원에서 거대하게 추모하려 한다.

하지만 조사 결과 12명은 모두 살기 위해 배교했다가 죽임을 당했고 자신이 존경하던 박 목사의 배교 과정을 지켜보면서 미쳐버린 젊은 한 목사와 끝까지 신앙을 지킨 신 목사가 석방되었다는 사실이 밝혀진다. 김은국은 여기서 초월적 진리와 정치의 긴장 관계를 다룬다. 점령한 국군의 입장에서는 공산당의 만행을 알리기 위해서라도 추모식을 성대하게 거행하려고 한다. 신 목사는 추모예배를 집례하면서 마다치 않고 배교자 역할을 맡는다. 진실과 달리 사망자들을 순교자로 미화하고 자신이 죄인이 되어 버린 것이다. 신 목사의 거짓 증언에 의하여 배교자들은 대중들의 기억 속에 순교자로 보존된다.

순교자는 진실과 정치의 긴장 관계를 다룬 수작이다. 이렇게 낮아진 신 목사는 국군이 평양에서 다시 퇴각할 때 함께 가자는 국군의 권유를 거절하고 남겨진 자들과 함께한다.

> 신 목사는 후퇴하는 남한군 유엔군과 함께 평양을 떠나기를 거부했으며, 결국 어느 누구도 그의 최후를 정확하게 알지 못하는 영역으로 사라져 버렸다. 그의 최후에 대해서는 상충하는 소문만 무성할 뿐, 누구도 그의 순교를 목격하지 못했다. 수사학자 버크^{Kenneth Burke}가 지적하듯이 순교는 인간이 아니라 절대자가 증인이 될 때 비로소 진정한 순교가 된다. 그렇지 않으면 단지 허영에 불과하다. 이 점에서 신 목사는 아렌트의 "설사 진리/진실이 존재하지 않는다 할지라도 인간은 진실할 수 있다"라는 말을 실행에 옮겼음은 물론이고 생각컨데 "설사 신이 존재하지 않는다 할지라도 인간은 신앙심이 충만할 수 있다는 가능성을 모범적인 행위와 죽음을 통해서 보여준 것일까?
> _ 강정인, 『죽음은 어떻게 정치가 되는가』

공해기업은 누가 봐도 악 즉 부정의다. 하지만 톨러의 역할은 부정을 응징해서 진실을 밝히는 데 있지 않다는 점에서 비겁하다. 마지막 톨러를 발견한 메리가 그를 목사가 아닌 이름(FIRST NAME)으로 호명하자 비로소 톨러는 설명할 수 없는 무언가를 깨닫고 메리와 격하게 포옹한다.

교회는 신비의 자리로 돌아가야 한다. 대형교회의 추한 민낯이나 그들을 비판하는 조롱의 손가락질에 신비는 이미 사라진 지 오래다. 그 자리에 서로가 진실이라고 주장하는 자들의 거친 목소리만 남았다.

신의 정의는 최선의 경우에도 거의 불가사의하고, 최악의 경우에는 존재하는지조차 매우 의심스럽지만 우리는 고통받는 대중을 위한 신 목사의 희생적 헌신에서 여전히 작동하고 있는 (무신론적) 실존주의적 정의의 원리를 만나게 된다.

_ 강정인, 위의 책

그래서 이 영화의 제목도 First Reformed Church가 아니라 First Reformed다. 개혁되어야 할 것은 교회 말고도 많다. 개혁이 꼭 제도여야 할 필요도 없다. 신비로의 귀환은 왜 개혁의 범주에 포함할 수 없는가?

〈영화와 함께 읽은 책〉

강정인, 『죽음은 어떻게 정치가 되는가』
김은국, 『순교자』
김진영, 『희망은 과거에서 온다』

폭력이란 무엇인가?
〈스윙 키즈〉

그 겨울의 골짜기에서 당신도 얼어붙고 당신의 노래도 얼어붙었다는 말.

그리고 봄에 내가 당신의 노래를 분명히 들었다는 말.

_ 김연수, 『일곱 해의 마지막』

한국전쟁 당시 인민군과 중공군 포로들이 수용되어 있던 거제도 포로수용소, 이곳에서 북한 측 수감자이던 인민 영웅이 탭댄스를 배운다는 설정은 우정 또는 춤을 통해 이데올로기를 극복하는 인민군의 순화 과정 등에 우리의 상상력을 멈추게 한다. 밝은 색상의 스윙 키즈Swing Kids(강형철 감독, 2019년) 포스터 또한 이 영화에서 비극적 요소는 전혀 없을 것이라는 예단을 하게 만든다. '영화 좀 본 사람들'이라면 여기서 혼돈에 빠진다. 요즘 세상이 어떤 세상인데 우리의 상상력이 멈춰버리는 그 지점, 즉 반공의 시각에서 영화를 만든단 말인가? 특히 감독은 〈써니〉(2011년), 〈과속 스캔들〉(2008년)처럼 어두운 기억에서 밝은 기운을 끌어내는 재주가 있는 강형철이 아니던가?

세상이 변하는데 상상력은 정체되어 있는 사람들은 '좌우' 모두에 퍼져 있다. 영화관에는 반공 드라마를 기대한 듯한 표정의 '우'들이 많았고, 관람 후에는 인민군을 악마적으로 그렸다며 안타까워하는 '좌'들도 많았다. 거제도 포로수용소는 반공포로와 북으로의 송환을 바라는 친공 포로들의 살육이 심했던 곳이다. 최인훈의 소설 〈광장〉에서 좌우가 싫어 중립국 행을 택한 이명준은 폭력의 기억에 몸부림치다가 바다에 몸을 던진다. 포로수용소를 거친 시인 김수영은 그 당시의 경험을 "한 걸음이라도 좋으니 철망 밖에 나가보았으면"이라고 회상한다. 그곳은 평화가 숨 쉬는 곳이 아니라 폭력이 일상인 공간이었다.

그러므로 영화에서 폭력은 맥거핀이다. 영화에서 악랄한 인민군의 모습을 보고 반공 정서를 재확인하거나 그들의 과장된 폭력성이 불편한 사람들은 모두 영화의 허상을 본 것이다.

이중으로 소외된 사람들

스윙 키즈는 전쟁 상황에서 이중으로 소외된 자들의 모습을 다룬다. 주인공 로기수(도경수 분)는 인민 영웅 로기진의 동생인 이유로 친공 포로들 사이에서 영웅 대접을 받는다. 로기수는 전쟁만 아니었다면 '수령님 앞에서' 춤을 추었을 수준의 청년 무용가였다. 전쟁이 그로부터 춤과 꿈을 앗아갔다. 나중에 포로로 끌려온 발달장애자형 로기진은 거구의 전쟁 영웅이다. 애초에 로기진에게는 애국심이나 이데올로기에 복무하는 정서 따위가 없었다. 지능이 정상적인 사람들에게도 전쟁은 미친 짓이지만 그들은 애국심으로 포장할 뿐이다. 춤과 인민 영웅 사이에서 갈등하던 로기수는 일단 다른 이의 눈을 피해 '미제국주의자의 춤'에 빠져든다.

흑인 하사 잭슨(자레드 그라임스 분)은 일본인 아내를 오키나와에 두고 왔다. 그가 수용소 내에서 미군들을 상대로 불법 댄스장을 운영하는 것이 발각되자 진급과 전출에 목말라 있는 수용소장은 포로들에게 탭댄스를 가르치라는 거래를 제안한다. 소장은 폭력이 일상화되어 있는 수용소의 현실을 감추어서 그곳을 떠나고 싶었다.

피난 중 잃어버린 아내를 찾아 헤매던 강병삼은 실제로 인민군 출신도 아니지만 공교롭게 반공포로 진영에 수용되고 오고 가는 사람을 통해 아내의 소식을 들으려 한다. 아내도 어쩌면 남편의 소문을 따라 거제도까지 왔는지 모른다. 빵 한 조각에 몸을 팔던 아내를 발견한 강병삼은 눈물을 흘린다. 살아 있음에 감사하며, 남편으로서 아무것도 해 줄 수 없음에 미안해하며, 행여 아내가 죄책감에 괴로워할까 봐 아내 앞에 나서지 못한다. 이제껏 한국 영화에서 못 보던 캐릭터다. 아내의 매매춘 현장을 발견하면 무차별적 폭행을 가하던 에로 토속물의 남편들과는 매우 다르다. 매춘의 동지가 된 남편들은 〈안개마을〉(임권택 감독, 1983년)에서 아내들과 부정을 저지른 동네 바보를 희생양 삼아 응징함으로써 자신들의 정당성을 유지해 왔었다.

어린 동생들을 먹여 살리기 위해 합류한 민간인 양판래(박혜수 분)와 심장이 안 좋은 중공군 포로를 포함해서 모두 5명으로 구성된 탭댄스팀이 꾸려진다.

수령님 앞에서 춤을 추어서 좋은 것이 아니라 그냥 춤이 좋은 로기수, 아내와 생이별을 한 강병삼, 가난한 양판래, 중국인 심장병 환자, 브로드웨이의 춤판에서 쫓겨난 1950년대 흑인. 전쟁을 겪는 한국의 여인과 미국의 흑인 중 누구의 삶이 피폐한가를 다투는 장면이 이들의 이중 소외를 표현한다.

포로수용소를 찍은 한 장의 사진

이 영화는 실제로 포로수용소에서 찍힌 한 장의 사진이 모티브가 되었다. 사진은 포크댄스의 일종인 스퀘어댄스를 담았다. 주로 미국 민요에 맞추어 추기 쉬운 춤인데 사진에서 춤을 추는 사람들은 모두 가면을 쓰고 있다. 미국 문화에 물든 반동이 될까 두려워 포로들은 가면을 쓰고 있는 것으로 보인다.

최수철은 이 한 장의 사진으로부터 『포로들의 춤』이라는 소설을 썼다. 최수철이 인용한 열화당 사진 문고로 출판된 베르너 비숍의 사진첩에 따르면, 미군 측은 북한과 중국 포로들에게 서구식 생활 방식과 가치를 소개하려는 의도에서 춤을 가르쳤다.

영화에서는 스퀘어댄스가 탭댄스로 바뀐다. 탭댄스는 노예의 춤이다. 미국으로 끌려오던 노예들이 배의 한정된 공간에서 흑인 특유의 리듬감에 맞춰 추기 쉬운 춤이다. 그들은 춤을 통해 잠시의 해방감을 느꼈겠지만 기다리고 있는 것은 죽음이었다. 그것은 죽음의 춤이었던 셈이다.

중세 때부터 죽음을 묘사하는 춤에 대한 그림이 많았다. 춤은 예술의 여러 장르 중에 가장 죽음에 가깝다. 울리 분덜리히에 따르면 나치 아우슈비츠 수용소에서 국가 사회주의자들은 자신들의 목적을 위해 죽음을 의인화해서 춤에 담았다.

춤을 가르치던 잭슨이 음모로 감옥에 갇히자 단원들은 그를 구하기 위해 탈춤으로 시선을 끈다. 넓은 운동장에 탈춤을 추는 공간만 진흙밭이다. 질척거리는 한반도의 현실이다. 반면 탭댄스를 추는 공간은 평평한 마룻바닥이다. 진흙에 빠진 한반도의 현실과 별도의 공간으로서 미군 강당은 세상에 존재하지 않는 유토피아다. 실제로 그곳은 예배가 드려지는 곳이기도 하다.

문학 평론가 정홍수가 최수철의 소설을 평하면서 말했듯이 "그 죽음 같은 가면의 춤을 '탈춤의 춤사위'로 바꾸어내는 상상이 거듭 긴요하고 절실"(「창비 주간논평」, 2016년 8월 17일)한 현실을 감독은 진흙으로 묘사했다.

우여곡절 끝에 춤은 무대에 올려진다. 하지만 모두의 꿈은 다르다. 수용소장은 진급을 꿈꾸고, 잭슨 하사는 오키나와로의 귀환을 꿈꾸며, 로기수는 혁명을 계획하지만 동시에 브로드웨이의 무대를 상상하는 갈등에 빠진다. 그러나 전쟁의 비극 속에서 간혹 등장하는 휴머니즘은 온갖 이데올로기가 만들어 낸 환상일 뿐이다. 그것이 꿈이라는 숙주에 기생하는 돌림병일 뿐이다.

한국전쟁의 두 대립항인 '반공'이나 '민족 해방 전쟁'은 돌림병이므로 중요하지 않다. 폭력은 돌림병을 감추기 위한 아주 적절한 백신이다. 우리는 진짜 폭력을 감추기 위해 적당한 폭력으로 면역의 효과를 누린다.

영화를 보면서 슬라보예 지젝의 유명한 조크, "빈 수레 이야기"가 자꾸 머리에 떠올랐다.

물건을 훔쳐낸다는 의심을 받던 일꾼이 한 명 있었다. 매일 저녁 일꾼이 공장을 나설 때면 그가 밀고 가는 손수레는 샅샅이 검사를 받았다. 경비원들은 아무것도 발견할 수 없었다. 손수레는 언제나 텅 비어 있었다. 결국 진상이 밝혀졌다. 일꾼이 훔친 것은 다름 아닌 손수레 그 자체였던 것이다.

_ 슬라보예 지젝, 『폭력이란 무엇인가』

그럼 스윙 키즈에서 숨겨진 진짜 폭력(빈수레)은 무엇인가? 전쟁에서도 싹틀 수 있다는 휴머니즘, 꿈을 향해 땀 흘리던 청춘들, 이데올로기를 넘어선 우정 등등. 그리고 이게 가능하리라고 믿었던 관객들의 생각이 무서운 폭력이다. 하지만 그들이 마침내 보았던 것은 죽음의 춤이었다.

〈영화와 함께 읽은 책〉

슬라보예 지젝/김종주 옮김. 『환상의 돌림병』

울리 분덜리히/김종수 옮김. 『메멘토 모리의 세계, 죽음의 춤을 통해 본 인간의 삶과 죽음』

최수철. 『포로들의 춤』

쉬운 분노에 감춰진 익숙한 폭력
〈노아〉

그를 술주정뱅이로 만든 것은 바로 그 여행이었습니다.

_ 줄리언 반스, 『10 1/2 장으로 쓴 세계역사』

성서의 밋밋한 이야기만으로, 다시 말해 우리가 다 아는 노아의 이야기를 적당히 각색해서 영화로 만들었다면 기독교인들은 환영했겠지만, 교회 밖의 사람들은 냉소를 보냈을 것이다. 대런 애러노프스키 감독이나 러셀 크로우 같은 배우가 이런 작업에 참여했을 리도 만무하다.

오히려 〈노아〉(대런 애러노프스키 감독, 2014년)는 성서의 이야기가 아직도 우리에게 철학적 고민의 소재가 될 수 있다는 점을 보여주는 반가운 영화다. 기독교를 다시 철학적 소재로 삼고 있는 지젝, 바디우, 아감벤, 바티모 등에 대한 영화적 화답이라고 해도 과언이 아니다.

하나님의 폭력

슬라보예 지젝은 『폭력이란 무엇인가』에서 발터 벤야민의 신적 폭력과 신화적 폭력의 개념을 소개한다. 신화적 폭력은 법에 기초한 구조적 폭력이다. 법을 만든 사람들은 구조 속의 사람들을 통제하기 위하여 법을 제정한다. 여기 예속된 사람들은 법이 가진 폭력성을 합법성이라는 이름으로 정당화한다.

반면 신적 폭력은 구조적 폭력 밖에 있는 사람들이 구조적 폭력을 무너뜨리기 위해 행하는 폭력이다. 쉽게 말해 부조리한 세상의 변혁은 세계 안에서 제정된 법과 규칙으로는 불가능하다는 말이다. 벤야민은 구약성서에서 이 개념을 끌어내면서 혁명적 폭력이라고도 부른다.

메시아적 개입의 호출은 혁명이 불가능한 현실 세계를 타개해보려는 현대 철학자들의 시도인 동시에 맑시즘과 마오이즘, 포스트모더니즘으로 해결이 안 된 지점을 유대 기독교로부터 찾으려는 일종의 화해 제스처다.

〈노아〉는 신적 폭력에 대한 영화다. 트랜스포머를 닮은 듯도 하고, 성서에는 나오지 않아 창조과학자들을 괴롭히고 있는 공룡을 닮은 듯도 한 감시자들로 불리는 타락 천사들은 본래 빛이었다. 그 빛은 아담과 하와를 낙원에서 추방시키는 창조주의 처사가 불의하다고 생각하고 추방된 이들을 돕지만 진흙과 바위로 몸이 무거운 존재로 변해버린 형벌이 그 대가였다.

간혹 그들 사이에서 빛이 발현되기는 하지만 바위 틈새에 약하게 드러날 뿐이다. 빛은 이후로도 인간을 돕지만 그들의 도움을 받은 인간들은 감시자들을 비웃듯이 악한 문명을 만들어낸다. 여기서 빛은 인간 이성이다.

계몽주의 이후 신이 사라진 시대에 이성이 그 자리를 꿰찼지만, 이성도 바위처럼 단단해져 종교 못지않은 죄를 저지른다. 이제 바위 틈새로 남아 있는 희미한 이성으로는 세상이 변혁되지 않을 것을 알기에 감시자들은 노아와 함께 신적 폭력에 가담한다.

신화적 폭력을 상징하는 철기문화(대장장이)의 시조 두발가인의 말을 빌려 우리끼리 힘을 합치면 못할 것이 없는 이성의 가능성을 제시하지만, 이성적 인간의 욕망은 힘을 합쳐 세상을 종말로 몰아가고 있다. 이성은 하나님의 빛과 관계되어 있을 때만 제 가치를 갖는다고 영화는 우화적으로 설명한다.

여기서 신적 폭력이 개입한다. 신은 무지막지하게 인류를 죽인다. 티끌만 한 휴머니즘도 용납하지 않는다. 노아도 신의 충실한 대변자가 된다. 그는 감시자들이 최초의 인간을 추방시킨 하나님의 뜻을 거역했다가 추한 모습으로 변한 것을 들어 알기에 거역하지 않는다.

노아는 괴롭지만 자기가 희생양이 되어, 또는 폭력적 제의의 제사장이 되어 이 땅이 다시 회복될 수 있도록 창조주에게 돌려 주어여 한다. 그에게 남은 일은 그와 가족을 제물로 삼는 일이다. 그런데 셈에게서 아기가 태어난다. 아기를 죽여야 하지만 노아는 차마 하지 못한다.

불편한 진실

노아가 손녀를 죽이려다 머뭇거리는 장면을 종교적 광기에 사로잡혔던 노아의 회심으로 이해한다거나, 심판의 하나님이 자비도 가르쳐 주신다는 노아 아내의 말에 방점을 찍는다면 영화를 완전히 오독한 것이다. 손녀를 살려둠으로써 하나님의 세계 재편 계획에 충실한 파트너가 되는 기회를 놓친 노아가 그 장면의 함의다.

하나님의 폭력에는 이미 익숙해진 관객들이 손녀를 죽이려고 고민하는 노아에게 분노하는 역설은 쉬운 분노로 익숙한 폭력을 회피하는 인터넷 게시판 문화의 판박이다. 만약 손녀를 살린 노아에게서 인간다움의 회복을 발견한다면 팔레스타인 지역에 포격을 퍼붓고 그로 인해 아이들의 팔과 다리가 잘려 나가고 목숨까지 앗아가는 살인자들이 가정에서는 누구보다도 자신의 아이들은 사랑할 터인데 그들과 다를 것이 무엇인가?

그렇다면 노아는 의인이 아니다. 지젝의 말처럼 신적 폭력에 가담한 주체들은 모든 책임과 위험부담을 홀로 떠안아야 하는데 노아는 이 장면에서 그러지 못했다. 그래서 노아는 살아남은 자의 괴로움으로, 무시무시한 신적 폭력에 가담해 놓고서는 위험부담을 외면한 일 때문에 술에 취해 괴로워한다. 노아 역을 맡은 러셀 크로우 역시 어느 인터뷰에서 그 장면을 "살아남은 자의 괴로움"이라고 설명했다.

다시 시작된 홍수

가나안의 조상이 된 함은 가족 곁을 떠난다. 그는 방주에 숨어든 두발가인으로부터 살인을 배웠고, 노아의 냉정함으로부터는 역설적으로 인간다움의 필요성을 배우게 된다. 만약 그가 방랑길에서 세상의 모든 문제를 '인간적'으로만 풀 수 있다는 생각을 갖게 된다면 그는 또 파국을 보게 될 것이다.

바벨탑 사건은 함과 같은 생각이 만들어 낸 또 다른 형태의 재앙이다. 무지개는 떴지만, 악은 지상에서 소멸되지 않았다. 사회주의도 자본주의도 모두 추한 생얼굴을 보여준 시대는 세계를 견인해 나갈 사상에 대하여 진지한 고민들을 하고 있다.

벤야민이 신적 폭력의 필요성을 이야기하던 때에 칼 슈미트는 정치 신학을 통해 주권을 이야기했다. 주권자란 예외 상태에 관한 결정을 내리는 자를 말한다. 기존의 세계가 전혀 예상치 못한 긴급사태에 직면했을 때, 법 바깥으로부터 신속한 결정을 해야 한다. 여기서 어떤 결정을 내리는 구체적인 누군가가 있다면, 그를 주권자라고 말할 수 있다.

슈미트는 이런 주권자의 결정은 하나님의 기적과 닮았다고 말한다. 〈노아〉는 주권자의 결정과 그 결정에 고민하는 노아의 고민을 담은 영화다. 지젝을 비롯한 좌파 사상가들이 벤야민, 슈미트에 다시 관심을 가지기 시작한 것은 혁명의 시도가 벽에 부딪혔기 때문이다. 지젝은 민주주의를 쟁취하는 방법이 대의제 말고는 다 막힌 상황을 폭력으로 느껴야 한다고 말한다.

그래서 이들은 유대 기독교 전통의 신적 폭력이라는 메시아적 개입의 필요성을 제기한다. 이미 자본주의의 횡포로 대홍수의 기미가 보인다. 우리는 이것을 어떻게 극복해 나갈 것인가? 신적 폭력을 왜곡한 근본주의자들의 폭력을 어떻게 이겨낼 것인가? 안타깝게도 노아는 실패했다.

그의 변신은 하나님의 자비를 설명하는 도구가 될 수 없다. 예수에게 와서 하나님은 자신을 죽음이라는 폭력의 대상으로 삼는다. 이것이 신적 폭력이며 그것은 사랑으로 나타난다. 더 이상 심판으로 세상을 멸망시킬 것이 아니라 스스로가 폭력의 희생물이 됨으로써 세상에 자비를 더한다. 그것이 진짜 자비고 사랑이다. 노아는 실패했고 예수는 성공했다.

노아가 살아남은 이유

노아는 정의가 무엇인지 끝까지 알지 못했다. 하나님의 심판적 정의는 무서웠고, 자비적 정의는 자신의 가족이 살아남을 명분만 주었기에 받아들일 수 없다. 그는 비록 실패했지만, 증인이 되어야 한다. 주권적 정의가 계몽주의 이후 자리 잡은 합리성이라는 말로 훼손되어서는 안 되고, 자비가 개인에 대한 용서나 구원으로 축소될 수 없다는 진리를 증언할 증인 말이다. 가족에게도 무서운 심판의 잣대를 들이대는 아버지에게 아들은 "아버지가 좋은 사람이라 선택된 줄 알았어요"라고 말한다.

이때 노아는 "그분이 나를 선택한 것은 내가 그 일을 완수할 수 있기 때문"이라고 대답한다. 물에 의한 대홍수보다 욕망에 의한 대홍수가 파멸을 재촉하는 시대에 좋은 사람을 찾는 것이 아니라 책임질 사람을 찾는 신의 고민을 〈노아〉는 영화 내내 보여주고 있다.

카테콘

조르조 아감벤은 『왕국과 영광』에서 스토아적 개념인 카테콘을 중심 주제로 삼는다. 구체적 종말론을 늦추고 제거하는 카테콘은 인류의 역사란 하느님 왕국의 지연에 따른 '과도기'인 셈이다. 교회가 카테콘이 되어 그 역할을 충실히 하고 있다. 이 세상의 종말이 두려운 교회와 (로마)제국은 힘을 합쳐 종말을 지연시키는 카테콘의 역할을 충실히 담당하고 있다고 아감벤은 주장한다.

미션 임파서블 여섯 번째 영화인 폴아웃Fallout(크리스토퍼 맥쿼리 감독, 2018년)에서 핵무기로 지구를 파멸시키려는 악역들의 명분은 부조리와 불평등이 만연한 현 세상이다. 욕망으로 가득찬 현 세상은 카테콘인 셈이며 욕망이 없는 악역들이 카테콘과 맞서는 '신학적' 전사들이다. 그 무리 중의 한 명인 화이트 위도우(바네사 커비 분)가 욕망에 흔들리면서 균열이 생겨났고 주인공의 활약이 선보일 계기가 되었다.

홍수 사건은 하나님이 기획한 낙원이 실패하자 노아로부터 시작되는 새로운 세계를 구성하려는 하나님의 의도였는데 노아가 아이도 살려주고 결과적으로 함에 대한 두발가인의 영향력도 승인한 것이므로 노아는 새로운 카테콘의 창시자가 된다. 그런 점에서 이 싸움에서 하나님은 노아에게 졌고 그 때문에 노아는 괴로워했다.

줄리언 반스의 소설 『10 1/2장으로 쓴 세계역사』에서 승선이 거부되어 방주에 숨어든 나무좀벌레의 눈에는 이 모든 일이 하찮게 보였다.

〈영화와 함께 읽은 책〉

조르조 아감벤, 『예외상태』

조르조 아감벤, 『왕국과 영광』

칼 슈미트, 『정치 신학』

칼 슈미트, 『정치적 낭만주의』

선을 넘는 냄새
〈기생충〉, 〈향수〉

비평행위 자체가 언제나 파당성이라는 싸이렌의 노랫소리에 이끌리며
험난한 바위 사이를 항해하는 일인 한, 객관성을 확보하고 있다고 자임
하는 어떤 비평도 허위일 수밖에 없다.

_ 윤지관, 『놋쇠하늘 아래서』

〈기생충〉(봉준호 감독, 2019년)은 수직의 영화다. 계단과 언덕 위의
부촌, 반지하 집, 지하 차도가 적절하게 배치되어 주제를 설명하는
미장센으로 작동하고 있다.

가정교사로 입주한 가짜 대학생 기우(최우식 분)는 가족인 걸 숨긴
채 아버지는 운전기사로 어머니는 가정부로 누이동생은 미술 교사
로 박 사장 집에 데려와 함께 기생한다. 그곳에서 같은 '을'의 관계인
기존의 가정부와 갈등이 폭발하고 결국 '갑' 박 사장(이선균 분), '을'
기택(송강호 분), 다른 '을' 문광(이정은 분)의 세 가정에서 가정당 한
명씩 죽는 비극으로 끝난다.

많은 평론가들의 의견처럼 거대한 자본주의 모순과 싸우기보다

는 을들끼리의 갈등에 초점을 맞춘 영화다. 미군 부대에서 흘러나온 독극물이 만든 〈괴물〉(2006년)이 민족모순을 다룬 영화라면 〈기생충〉은 계급모순을 다룬 영화다. 〈기생충〉은 수직 상승하려는 가난한 이들이 결국 다시 폭우 속에서 하강하는 슬픈 영화다. 박 사장의 아내 연교(조여정 분)에게 비 내리는 날씨는 좋은 날씨지만 기택의 가족에게 비는 폭우 속에 떠내려가는 하강의 저주다.

영화에서 기택은 대만 카스테라 가게를 하다가 망한 것으로 설정되어 있다. 2017년 3월 12일 채널A의 〈먹거리 엑스파일〉은 대만 카스테라는 달걀·밀가루·우유·설탕 외에 어떤 것도 넣지 않는다고 선전한 것과 달리 식용유와 일부 첨가제를 사용한다고 폭로했다. 과장 보도라는 비판이 이어졌으나 이미 악화된 여론으로 거의 모든 대리점이 폐업했다. 맛 칼럼니스트인 황교익 씨는 당시 「시사인」과의 인터뷰에서 색다른 주장을 했다.

그는 "<먹거리 엑스파일>이 일부 대만 카스테라 프랜차이즈 본사에는 좋은 평계가 된 측면이 있다"라고 말했다. 몇몇 프랜차이즈 본사가 반짝특수를 노린 '단기 아이템'으로 대만 카스테라를 들고 나왔는데, 인기가 시들해질 때쯤 <먹거리 엑스파일>이 뺨을 때려줬다는 것이다(「시사인」 499호).

대만 카스테라는 종편의 선정적 보도, 네티즌들의 부화뇌동, 본사의 무책임한 전략, 중소 상인들의 과도한 욕망이 일체가 된 사건이다. 봉준호는 자본주의의 모순에 직격탄을 날리기보다는 기택의 사업실패를 공동의 책임으로 본다.

이 주제를 전개해 나가는 두 가지 화두는 냄새와 선이다. 박 사장은 갑질이라고는 모르는 인자한 부자지만, 그래서 전 가정부 남편으로부터 'respect'라는 찬사를 받지만, 그들이 그어 놓은 보이지 않는 선을 넘어 올 때 견디지 못한다. 박 사장이 '사랑'을 말할 때 그것에 맞장구치는 기택의 '사랑'은 다른 사랑이다. 사랑에도 차별이 있음을 모르는 기택은 박 사장이 그어 놓은 선을 넘는다. 연교가 아들의 생일잔치를 위해 기택에게 인디언 분장을 해달라고 정중하게 부탁할 때 아이를 위해 이런 연출까지 해야 하는 사모님도 애쓰신다고 말한 기택은 또 선을 넘는다. 기택은 어떤 개념에 대해 박 사장과 동일한 의미를 가져서는 안 된다는 자본주의의 규칙을 몰랐다.

선은 체제가 그어 놓은 폭력적 성격을 갖는데 냄새는 폭력적 선을 자유롭게 넘나든다. 냄새에 민감한 박 사장의 찡그림은 냄새의 자유로움까지도 허용하지 않는 표식이 되었다. 기택의 분노가 폭발한 순간이었다.

봉준호 감독에게는 선이 폭력으로 다가오는 특별한 가족사가 있다. 그의 외조부인 소설가 박태원은 한국전쟁 중 '삼팔선'을 넘어 월북했다. 박태원의 딸 즉 봉준호의 어머니가 성장하던 시기 남쪽의 연좌제는 거대한 국가폭력이었다. 월북한 사람의 가족들은 능력이 뛰어나도 공직에 진출할 수 없었다. 월북 아버지를 둔 이문열이나 '마당 깊은 집'의 김원일처럼 작가들은 그나마 글로 풀어낼 수 있었다. 봉 감독은 그 세대를 경험하지 못했지만 자라면서 어머니와 외조모를 통해 선을 넘었던 파장이 얼마나 컸는가를 수없이 들었을 것이다. 박태원은 북에서 1986년 사망한 것으로 나와 있다. 1980년대 사회 분위기로 미루어 볼 때 88년도에 대학에 들어간 봉 감독은 간첩 조작사건 같은 데 말려들지 않기 위하여 상당한 '몸조심'을 했을 개연성이 충분하다.

사회주의 계열의 박태원은 이념과는 거리가 멀었던 시인 이상과 이념과 순수의 선을 넘어 깊은 교분을 나누었다. 그가 북에서 재혼한 아내 권영희는 이상의 연인으로도 알려져 있다. 북한평론계에서 최고의 민족 문학으로 꼽히는 박태원의 『갑오농민전쟁』은 1부가 출판된 1977년까지 동학난으로 불리던 역사를 계급전쟁으로 승화시켰다.

무의식중에 외조부로 인한 외가의 고통을 체감했을 봉준호 감독은 전쟁을 피해간다. 〈괴물〉에서 주한 미군 연구실의 잘못으로 영화를 시작해 놓고 나중에 미군 병사의 선행을 슬쩍 집어넣어 갈등을 완화시킨다. 〈설국열차〉(2013년)에서도 전쟁 앞에서 타협을 취한다. '기택의 난'이 '기택의 전쟁'으로 발전하지 못한 〈기생충〉도 마찬가지다.

계급 사회에서는 함께 사는 사람이 '아무도' 아니다

플래너리 오코너의 단편 『추방자』에서 매캔타이어 부인은 자신의 농장에서 일하는 폴란드계 백인 노동자가 자신의 조카를 미국으로 데려오기 위하여 '검둥이' 노동자와의 결혼을 추진하자 당사자가 아님에도 끝까지 반대하다가 비극적인 죽음을 맞는다. 매캔타이어도 젊은 시절 주변의 시선에 아랑곳하지 않고 나이가 훨씬 많은 농장 주인이자 판사였던 남편과 결혼했지만, 백인과 흑인이 선을 넘으려는 시도는 견딜 수 없었다.

시골 저택에 사는 부인에게 '함께 사는 분이 없어요?'라고 물어본다고 가정하세. 질문을 받은 부인은 '하인 한 명, 마부 세 명, 하녀 한 명과 함께 살고 있습니다'라고 하지 않을 걸세. 비록 하녀가 방 안에 있고 하인이 바로 뒤에 있다 해도 말이야. 그 부인은 아마 이렇게 답하겠지. '네, 함께 사는 사람은 아무도 없습니다.' 여기서 말하는 '아무도 없다'가 이 사건에서의 '아무도 없다'일세. 하지만 어떤 의사가 전염병을 조사하면서 '함께 지내는 분이 있습니까?'라고 묻는다면, 이 부인은 하녀와 하인, 그밖의 모든 사람들을 기억해낼 걸세.
_ 길버트 체스터턴의 소설집 『결백』 중 「보이지 않는 남자」

기택의 가족은 투명 인간이어야 했다. 그들은 냄새 때문에 비로소 존재가 된다. '보이지 않는 남자'에서처럼 전염병을 조사할 때만 하인, 마부, 하녀는 비로소 보이는 사람이 된다. 가난한 자의 냄새 속 박테리아가 부자의 삶에 개입 못 하게 막으려고 해도 선을 넘으면서 자신을 드러내듯이 말이다.

'냄새'에 관한 영화로 기생충보다 훨씬 계급적인 영화는 파트리크 쥐스킨트의 소설 『향수: 어느 살인자의 이야기』를 원작으로 한 동명의 영화(톰 티크베어 감독, 2006년)다.

18세기 파리의 시장통에서 태어난 그루누이(벤 위쇼 분)는 뛰어난 향수 제조가로 파리 사교계에서 이름을 날린다. 생선 장사인 그루누이의 어머니는 생선을 팔던 중 태어난 아기를 생선 내장 더미에 던져놓고 그냥 장사를 계속한다. 벌써 다섯 번째 아기로 그렇게 던져 놓으면 아기는 알아서 죽었다. 그러나 이번에는 달랐다. 생선 내장의 냄새를 감지하던 아기는 살아났고 그의 어머니는 교수형에 처해졌다.

고아원에서 성장한 그루누이는 자신에게 예민한 후각이 있다는 것을 알고 향수 제조를 직업으로 삼는다. 그가 만든 향수에 대한 찬사가 이어지자 더 좋은 냄새를 만들기 위해 사람을 원료로 쓰기 시작하면서 연쇄 살인범이 된다.

그의 범죄가 발각되어 십자가형에 처해지려는 순간 사형 장면을 구경하러 나온 주교, 귀족, 평민들에게 그가 만든 향수의 향기를 날린다. 사형집행인들은 그 앞에 무릎을 꿇고 "이분은 죄가 없으시다"라고 외친다. 군중이나 주교 할 것 없이 모두 향수에 취해 광장은 거대한 집단 난교의 장이 되어버린다.

그 사이를 틈타 탈출한 그루누이는 자기가 태어난 파리의 뒷골목으로 가서 처음으로 자신의 몸에 향수를 뿌린다. 냄새에 도취한 거리의 가난한 사람들이 그에게 달려들어 성찬식을 하듯이 그루누이의 피와 살을 나누고 모든 것이 사라져 버렸다. 영화의 나레이터는 다음과 같이 결론을 낸다.

"그는 난생처음으로 순전한 사랑을 온몸으로 보여준 것이다."

고급 향수 즉 좋은 냄새는 누군가의 희생으로부터 나온 것이고 그 사용자들은 좋은 냄새를 독점한다. 여기서 냄새는 권력이 된다. 방귀를 뀐 이승만에게 "각하 시원하시겠습니다"라고 했던 야사는 권력과 냄새의 관계를 묘사한다. 죽음의 위기 앞에서 그루누이는 냄새의 평등함을 인지하고 가난한 이들에게 자신 스스로를 던져 냄새의 평등을 이룬다.

그루누이는 본래 몸에 체취가 없는 존재였다. 라캉식으로 말하자면 어떤 이데올로기에도 속하지 않는 텅 빈 공간으로서의 실재계의 존재였던 셈이다. 삶에서는 실재계가 실현될 수 없다는 것을 인식한 그루누이는 계급과 이데올로기가 지배하는 상징계로 돌아와 자기의 몸에 냄새가 나게 만들고 그것을 빈민 대중들에게 예수의 빵처럼, 불교에서 공양하듯이 나누어 준다.

반면 기택은 상징계의 냄새도 구별 못 하던 '순수한' 존재였다. 거울을 보듯이 부자들을 바라보며 그들을 따라 하는 상상계를 벗어나지 못했다. 냄새의 차별을 깨닫고 상징계로 접어드는 순간 그는 마침내 호모 사케르가 된다. 제물로는 바쳐질 수 없으나 죽여도 되는 호모 사케르, 조르조 아감벤은 현대 세계는 난민과 같이 소외된 호모 사케르들이 정치적 주체가 된다고 전망했다.

기택은 정치적 주체가 되지 못하는 호모 사케르였으나 마침내 분노를 실현한다. 그러나 그 행위는 우발적이었고 복수의 성격이 짙은 '난'에 머물고 말았다. 〈복수는 나의 것〉(박찬욱 감독, 2002년)에서 유괴된 뒤 살해당한 딸의 복수를 위해 직접 유괴범(신하균, 배두나 분)을 죽이던 아버지(송강호 분)가 겹친다. 송강호가 복수가 과도했음을 깨닫는 순간 배두나의 동지들인 '혁명적 무정부주의자 동맹'에게 — 향수에서 그루누이가 그랬던 것처럼— 자신을 내어준다.

반면 기택은 계급적 저항을 지속시키지 못하고 다시금 지하실로 숨어든다. 봉준호가 박찬욱이나 톰 티크베어 감독보다 비겁해 보이는 지점이다. 이성을 마비시키고 특정한 계급에는 특정한 냄새가 있다는 자본주의가 만들어 놓은 환상의 돌림병을 기택은 몰랐다. 타자와 같은 것을 욕망할 수 있다는 기택의 환상이 모든 비극의 시작이었다.

〈영화와 함께 읽은 책〉

길버트 체스터턴, 『결백』

슬라보예 지젝, 『환상의 돌림병』

조르조 아감벤, 『호모 사케르』

플래너리 오코너, 『플래너리 오코너』

피에르 라즐로, 『냄새란 무엇인가』

횡단보다 안전한 모순을 선택한 아카데미
〈1917〉

그러면 자네에게 딸린 영혼들을 기억해야 하오. 그중에는 자네가 아는
사람도 있겠지만 자네가 천국에서 만날 때까지 알지 못할 사람들이 대부
분일 것이오. 하여간 자네는 혼자가 아니오.

_ 토머스 머튼, 『칠층산』

계급모순을 다룬 2019년 두 개의 영화 중 〈조커〉(토드 필립스 감독,
2019년)는 92회 아카데미 주요 부문 중 남우주연상만 받았으나 〈기
생충〉에게는 4개의 상이 돌아갔다. 계급의 문제를 다루지만 두 영화
는 결이 다르다. 한자어 남용으로 많은 조롱을 받았던 영화 평론가
이동진의 〈기생충〉 한 줄 평은 '명징'하게 와 닿는다. "상승과 하강으
로 명징하게 직조해 낸 신랄하면서 처연한 계급 우화".
　〈기생충〉은 상승을 욕망하다가 무너져 내린 가족의 이야기다.
그러나 아들은 다시금 그 저택의 주인이 될 것이라는 헛된 꿈을 버리
지 않는다. 그 시간 아버지는 모두에게 잊혀진 채 지하의 어둠 속에
있다. 〈기생충〉이 불편한 사람들은 영화가 계급모순을 직시하지 않

았다고 비판한다. 상하의 문제는 그대로 놓아두고 '을'들의 전쟁으로 몰고 갔다는 것이다. 가족이 폭우 속에서 자신의 반지하 집으로 '하강'하던 날 그들은 '처연'하다. 계급모순의 실체를 비켜 갔다는 말이 설득력을 얻는 까닭이다.

본인은 마르크스주의자로 불리기를 원했지만, 마르크스주의자들로부터는 외면당했던 루이 알튀세르는 모순에는 유산자와 무산자의 대립을 넘어서는 다층적인 면이 존재한다고 주장했다. 산업혁명의 성공으로 일찍 공업화에 성공한 영국에서 계급 혁명이 일어나지 않고 러시아에서 먼저 일어난 사실이 알튀세르를 자극했다. 봉준호 감독은 계급모순을 유산/무산의 틀보다는 냄새, 가족, 학벌, 욕망과 같은 다층적인 틀로 접근한다.

알튀세르는 계급의 갈등보다 보편적인 휴머니즘이 부각되는 위험성도 경고했다. 영화에서 박 사장은 휴머니스트다. 공손하고 가정적이며 존경받는 기업인이다. 그런데 '나쁜 사람'이다. 박 사장뿐 아니라 휴머니즘의 틀에 놓고 보면 〈기생충〉에는 모난 사람이 없다. 휴머니즘에 대한 알튀세르의 경고가 괜한 딴지가 아니라는 말이다.

기택의 가족은 각각 운전기사, 가정부, 과외선생, 미술선생으로 호명되는 호명 주체지만 호명이 그들을 온전히 설명해 주지는 못한다. 한때 번듯한 자영업자였던 기택과 아내는 박 사장네 마름(운전기사와 가정부)이 되며, 아들과 딸은 각각 가짜 '연대생'과 '일리노이 주립대생'이 되어 선생님이라는 호명속에서 지위가 상승한다. 물속에 있어서 '수석'으로 호명되는 돌멩이는 기택의 반지하 방에 있다가 폭우로 물속 돌멩이라는 호명에 걸맞게 될 무렵 호명의 원래 자리에서 빠져나온다. 호명으로 주체가 되지만 그 주체가 실체와의 간극이 존재한다는 알튀세르의 주장을 보여주는 기막힌 장면이다.

〈조커〉에서 일을 마치고 긴 계단을 오를 때 조커의 어깨는 축 처져 있지만, 계단을 내려올 때 그는 흥겹게 춤을 춘다. 그에게 지하 는 어두운 곳이 아니라 지하철의 첫 응징 사건처럼 껍질을 벗는 공간 이다. 〈기생충〉의 지하와는 다른 개념이다.

계급모순에 문제의식을 느낀 사람들에게는 '조커'가 더 자극적으 로 다가올지 모른다. 그러나 〈기생충〉은 우화의 틀을 쓴 현실이다. '을'들끼리의 싸움, 낙수효과를 강조하는 언론의 선동, 상하를 막론 하고 상승을 욕망하는 게 현실 아닌가? 사실주의적 영화를 선호하는 깐느가 황금종려상을 준 것도 이와 무관하지 않다.

그런 점에서 〈기생충〉의 쾌거는 두루 회자되는 수상 외적인 요소 (CJ의 영화 홍보에 들었을 엄청난 투자, 아카데미에 도발한 봉준호 감독의 '로컬' 발언, 한국의 거대한 영화시장을 겨냥한 할리우드의 전략 등등)를 일단 없는 것으로 치면 할리우드의 가장 안전한, 동시에 '역사상 최초'에 방점 을 찍은 선택 덕분이다. 〈조커〉의 선동은 그들에게 다소 불편하다. 〈조커〉는 고담시를 통해 국가의 책임을 묻는 반면 〈기생충〉은 개인 의 욕망 문제로 치환한다. 〈기생충〉에서 사건이 발생했던 집에 독일 인이 이사와도 모순적 구조가 변함없듯이 현재의 모순의 기저에는 국가보다 개인이 있다는 점을 강조한다. 누가 옳은가를 떠나서 사회 와 국가의 책임을 묻는 영화는 그동안 많았기 때문에 〈기생충〉은 그만큼 '신선'했다고 볼 수 있다.

게다가 〈조커〉는 〈배트맨〉과 떼어 놓고 생각할 수 없는 기시감이 약점으로 작용했다. 〈택시 드라이버〉(마틴 스콜세지 감독, 1976년)에 대 한 오마주도 지나쳤다. 호야킨 피닉스가 남우주연상을 받으면서 남긴 소감으로 아쉬움을 대신할 수밖에 없다.

> 우리가 잘할 수 있는 것은 서로를 지지하는 것입니다. 과거의 실수로 서
> 로를 지워버리기보다는 성장을 위해 서로를 도와야 할 때입니다. 우리가
> 서로를 교육하고 구원을 위해 서로를 안내해야 할 때입니다.

2016년 〈레버넌트: 죽음에서 돌아온 자〉로 남우주연상을 수상한 레오나르도 디카프리오의 지구 온난화 발언 이후 최고의 수상 소감으로 회자되고 있다.

〈조커〉 못지않게 〈기생충〉의 타격을 받은 영화는 〈1917〉(샘 멘데스 감독, 2019년)이다. 1917은 골든글로브에서는 영화부문 작품상을 수상했지만 아카데미에서는 후보에 그쳐 버린 비운의 수작이다.

횡단의 영화 〈1917〉

1917년은 볼셰비키 혁명이 일어난 해였고 혁명이 있기 전 그해 3월 러시아의 마지막 황제 니콜라이 2세는 폐위당했다. 그가 황후와 라스푸틴에게 정치를 맡겨두고 독일과의 전쟁에 직접 참전한 것이 폐위의 결정적 계기였다. 황제가 직접 참여하는 애국심 마케팅으로 자신에게 부정적인 여론을 역전시키려던 니콜라이 2세의 의도는 독일전 참패로 무산되었다.

영화 〈1917〉은 이런 세계사적 변혁기에 독일과 영국이 대치하던 상황에서 일어난 이야기다.

영국군 지휘부가 차려진 참호에서 복무하던 블레이크와 스코필

드는 블레이크의 형이 속해있는 데본즈 2대대가 함정에 빠졌고, 통신이 두절된 상태라 공격 중단 명령을 담은 편지를 전하라는 명령을 받는다. 그렇지 않으면 1,600명의 병사가 몰살당할 위험에 처한다. 블레이크가 지도를 잘 보기도 하지만 형의 목숨이 달린 명령이라 지휘부는 그에게 책임을 맡겼고 스코필드는 영문도 모른 채 목숨을 건 전령 임무에 함께 한다.

잘 싸우던 독일군의 갑작스러운 후퇴에 사기가 오른 데본즈 2대대는 독일군을 끝까지 쫓아 궤멸시키려는 작전을 세웠다. 하지만 독일군의 후퇴는 영국군을 유인하려는 매우 '삼국지'스러운 책략이었다. 이제 두 사람은 14km 떨어진 데본즈 2대대에 다음 날 아침까지 도착해서 명령서를 전달해야 한다.

공격 명령서가 아니라 공격을 중지시키라는 명령서가 전쟁의 무의미함을 보여준다. 모든 힘을 얻는 절대 반지를 찾아가는 것이 아니라 절대 반지를 버리는 과정을 그려낸 〈반지의 제왕〉(피터 잭슨 감독, 2001년)과 비슷하다.

곳곳에 매복해 있을 독일군을 피해 하룻밤 사이에 데본즈 2대대까지 가야 하는 두 전령 병사는 여러 위험에 노출된다. 영화는 전쟁영화의 문법을 따르지 않는다. 치열한 전투 장면도 많지 않다. 그나마 간혹 있는 전투 장면에도 독일군은 보이지 않는다. 장엄한 전우애도 없다. 때문에 영화가 지루할 것 같지만, 게다가 거의 모든 과정을 롱테이크로 촬영한 과정이 지루함을 더할 것 같지만 영화는 시종일관 긴장감을 유지한다. 음악의 힘이 컸는데 77회 골든글로브 시상식에서 드라마 부문 작품상과 감독상을 수상했고 음악상은 후보에만 올랐다.

1,600명의 죽음을 막는 것보다 형의 안위가 걱정되는 블레이크와 이 위험한 임무에 굳이 자신을 선택한 블레이크(블레이크도 설명을 듣기 전까지 어떤 임무인지 모르기는 했다)에게 섭섭한 스코필드는 어쨌든 명령을 수행하기 위하여 길을 나선다. 전쟁에서 부모를 잃은 갓난아기를 보살피는 여인, 비행기 추락사고로 부상을 입은 독일 병사, 수많은 영국군과 독일군의 시체들과 그 사이를 헤집고 다니는 쥐 떼의 장면이 전쟁의 덧없음을 일깨운다. 독일군 조종사는 그를 돕는 블레이크를 칼로 죽이고 자신도 스코필드의 총에 맞아 죽는다. 이 장면에 '왜'는 없다. 부상당한 독일 조종사는 자신을 돌보는 블레이크를 '왜' 죽였을까? 전쟁이 그렇다. 포화 속에서 아무런 의미 없이 서로 죽고 죽이는 것이 전쟁이다.

　무엇보다도 〈1917〉의 가장 큰 주제는 '횡단'이다. 종(縱, 앞)으로 연출된 장면은 독일군이 사용하다가 버리고 간 지하 참호, 겹겹이 쌓인 시체를 밟고 구덩이를 빠져나오는 장면처럼 어둡다. 반면 횡(옆)으로 연출된 부분은 포화에도 불구하고 밝다. 블레이크와 스코필드가 명령을 받으러 가는 첫 장면부터 명령을 받은 후 참호를 떠나면서 부딪히는 수많은 아군과의 만남까지 전쟁영화에서는 보기 드문 횡단이다. 무엇보다 압권은 영화 말미 이미 공격이 시작된, 즉 함정에 빠져들어 이미 진격을 시작한 영국군 대열을 가로질러 옆으로 뛰는 스코필드의 모습이다. 그는 공격과 후퇴, 승리와 패배만이 있는 전쟁터에서 총 없이 옆으로 뛴다. 빨리 지휘관을 찾아 전투를 중단시켜야 해서 돌격 병사들에게 걸려 넘어지면서도 포화 속을 횡단한다.

　들뢰즈는 생성-커뮤니케이션이란 말로 횡단의 철학을 강조한다. 생성 커뮤니케이션은 차이들을 보존하면서 서로 전염되는 것으로서 처음에는 부분(리좀)에서 출발하지만, 공통적인 것을 생산한다. 기존의 커뮤니케이션이 강요였다면 이것은 생성이다. 처음에는 지휘관의 명령(강요)으로 출발했지만 두 병사에게 한가하게 애국심을 요구할 겨를이 없다. 형을 살려야 하는 마음과 얼떨결에 전령으로 뽑힌 두 사람의 고뇌만 존재한다. 그들은 하룻밤 사이에 의미 없는 전쟁의 잔해를 목격하면서 공통적인 것(전쟁의 중지)으로 수렴되어 간다.

그런 점에서 〈기생충〉이 알튀세르적이라면 〈1917〉은 들뢰즈적이다. 들뢰즈가 이상이라면 알튀세르는 현실이다. 현실이 이상을 이겼다. 〈1917〉은 〈기생충〉이라는 강적을 만났다. 〈조커〉에게 배트맨 시리즈의 기시감이 있다면 〈1917〉에는 〈덩케르크〉의 기시감이 있는 것도 수상 실패의 요인이 되었을 듯하다.

〈영화와 함께 읽은 책〉

김재인, 『혁명의 거리에서 들뢰즈를 읽자』
루이 알튀세르, 『알튀세르의 정치철학 강의』
마이클 하트, 『들뢰즈 사상의 진화』
사토 요시유키, 『권력과 저항』
최원, 『라캉 또는 알튀세르, 이데올로기적 반역과 반폭력의 정치를 위하여』

몸으로 말하는 이들의 슬픔
〈말모이〉, 〈앵무새 몸으로 울었다〉

나는 전적으로 몸이며, 그밖의 아무것도 아니다. 그리고 영혼은 몸에 속
한 무언가를 표현하는 말에 지나지 않는다.

　_ 프리드리히 니체,『차라투스트라는 이렇게 말했다』

　어떤 무의식이 작동했을까? 영화에서 판수(유해진 분)가 조선어
학회에 관여하게 되는 장면에서부터 갑자기 〈앵무새 몸으로 울었
다〉(이하 〈앵무새〉)라는 오래전 영화 제목이 내 머릿속에 소환되었다.
일제하 우리 말과 글을 지키기 위해 목숨까지도 잃어야 했던 이야기
를 다룬 '숭고한' 영화 〈말모이〉를 보면서 〈앵무새〉라니. 그 옛날에
봤는지 안 봤는지 가물가물해서 〈말모이〉를 보고 〈앵무새〉를 봤다.
토속 에로물로 오해받을 만한 제목과 달리 〈앵무새〉는 꽤 무거운
주제를 다루고 있었다. 주연배우 정윤희와 조연 김형자가 각각 대종
상 여우주연상과 여우조연상을 수상한 영화다.
　앵무새에서 최영감(황해 분)은 한국전 참전 군인 출신이다. 전쟁
중 그는 죽은 어미 옆에 있던 갓난아기 수련(정윤희 분)과 죽은 전우의

아들을 자신이 키우기로 결정한다. 최 영감도 이 전투에서 부상을 입어 성불구자가 되었고 아내는 그의 곁을 떠났다. 홀로 남겨진 그는 노동하면서 두 아이를 남매처럼 키우는 것을 큰 위안으로 삼는다. 안타까운 것은 아버지 앞에서도 스스럼없이 속옷 자랑을 하는 해맑은 수련은 벙어리였다. 서로 친남매가 아니라는 것을 아는 둘은 사랑에 빠지는데 둘 사이의 사랑에 반대한 아버지에 의해 수련은 타지로 보내졌다가 비극적인 최후를 맞는다.

영화가 만들어진 것은 1981년, 전두환이 광주에서 학살을 자행하면서 정권을 잡은 이듬해다. 군인 출신 최 영감을 성불구자로 설정한 것은 전두환이 근본도 없는 군인, 또는 그가 찬탈한 정부가 근본도 없다는 뜻이다. 당시에 안전기획부 요원들이 영화의 상징을 읽어낼 만한 식견이 없었던 것이 얼마나 다행인지. 영화 〈암살〉에서 조진웅과 하정우가 요즘 조선 돼지가 왜 맛이 없는지 이야기를 나누면서 나온 이유, 조선 돼지는 죄다 불알을 까서 맛이 없다고 말할 때의 '근본'이다.

최영감은 두 남매가 아무런 혈육도 아니라는 사실을 숨기며 키워왔지만, 남매는 오래전부터 이를 알고 사랑을 나누어 왔다. 전두환 치하에서 아무리 숨기려고 해도 진실은 드러났지만 다만 벙어리처럼 입을 꾹 다물고 있었을 뿐이다. 1981년의 시대 상황과 상관없이 수련의 동네로 놀러 온 교련복의 젊은이들에게 몸으로 항거하던 앵무새는 죽임을 당했다. 광주의 피 울음을 숨기기 위해 마구 소비되던 향락의 문화들이 수련을 죽였다.

앵무새들은 인간을 위해 노래를 불러줄 뿐이지 사람들의 채소밭에서도 뭘 따먹지도 않고, 옥수수 창고에 둥지를 틀지도 않고, 우리를 위해 마음을 열어 놓고 노래를 부르는 것 말고는 아무것도 하는 게 없어. 그래서 앵무새를 죽이면 죄가 되는 거야.

_ 하퍼 리, 『앵무새 죽이기』

　　수련은 〈앵무새 죽이기〉의 그 앵무새(흑인)였다.

　　〈말모이〉는 서발턴들의 이야기다. 서발턴Subaltern은 안토니오 그람시가 프롤레타리아를 대신해 썼던 용어로 탈식민주의 이론에서 하층민, 하위주체, 종속계급 등으로 쓰이는 개념이다. 판수는 일제하에서 2등 국민인 조선인인 동시에 조선인 사이에서도 글을 모르는 사회 하층민인데 우연한 기회로 조선어학회에서 일하게 된다. 조선어 사전을 주도적으로 편찬하는 식민지 지식인이자 명문가 출신의 정환(윤계상 분)은 그를 못마땅하게 여기지만 남편을 함흥 감옥에 두고도 위험한 사전 편찬 작업을 하는 또 다른 서발턴인 자영과는 쉽게 친해진다.

　　일제하에서 사라진 조선어 사전 원고가 해방 후 서울역 역사에서 발견된 사건을 모티브로 만들어진 영화에서 판수는 말을 못하는(실제로는 글을 못 읽는) 앵무새였지만 몸으로 울며 식민주의와 계급주의에 저항하면서 원고를 지켜냈다. 판수는 극 중 조 선생과 감옥생활을 함께한 인연이 있다. 조 선생은 한글학자로 조선어학회 사건으로 복역 중 고문 후유증으로 사망한 이윤재 선생을 모델로 삼은 것으로 보인다. 이윤재는 이전에도 수양동우회사건으로 복역을 한 적이 있는데 이때 소매치기 잡범으로 감옥에 들어온 판수와 만나 그로부터 도움을 받았다는 설정이다. 영화는 이처럼 서발턴들과 식민지 지식인들의 연대를 그렸다.

왜 일본은 조선어의 사용을 금지했을까? 1920년대에 이미 조선 총독부 학무국에 의해 조선어 사전이 발간되었었다. 총독부의 유화 정책에도 불구하고 민족주의 진영에서 자체 사전 편찬 시도가 계속되었다. 총독부의 사전이 연구대상으로서 조선어 사전이었다면 우리는 민족어 사전이 필요했다. 〈말모이〉는 이 과정에서 서발턴 판수를 중심에 세운다.

기호학자인 롤랑 바르트는 1980년 2월 교통사고를 당한 후에 한 달 만에 병원에서 죽음을 맞는다. 작가 로렝 비네는 바르트의 죽음으로부터 이야기를 전개해 『언어의 7번째 기능』이라는 소설을 썼다. 소설에서는 미셸 푸코, 쟈크 데리다를 비롯해 당대의 철학자들이 등장하는데 이들은 어떤 형태로든지 바르트의 죽음에 연관되어 있다. 타살로 추정되는 바르트를 죽음에 이르게 한 것은 그가 가지고 있던 언어의 7번째 기능에 관한 메모 때문이었다. 러시아의 언어학자 로만 야콥슨의 이론인 언어의 여섯 가지 기능에 이은 7번째 기능이 도대체 뭐길래 사람을 죽게까지 만드는가?

7번째 기능이란 마법적(주술적) 기능이다. 로넹 비네는 "해야 기브온 위에 머물러라, 달아, 아얄론 골짜기 위에 멈추어라, 그러자 해가 그대로 머물렀고 달이 멈추었다"(여호수아 10:12)는 성서를 인용한다. 이것이 언어의 주술적 기능이다.

주술이란 '말하는 대로' 이루어지는 마법이다. 지배자들을 향한 피지배자의 언어가 축복일 리 없다. 그러므로 지배자들은 이 언어를 지배하려고 들었다. 권력은 언어에서 나오므로 일본은 어떻게 해서든지 조선어를 죽은 언어로 만들고 싶었던 것이다. 조선에서 '한자'

의 권력에 눌려 살던 판수는 '한글'의 권력에서도 소외되어 있다가 한글을 통해 자의식을 키워나간다. 영화 〈보리밭을 흔드는 바람〉에서 17살 아일랜드 청년 오설리번(Michael O'Sullivan)은 자신의 이름을 '마이클 오설리번', 즉 잉글랜드 식으로 발음하지 않았다고 영국군에 의해 맞아 죽는다. 철자가 같음에도 말이다. 침략자들은 이처럼 항상 언어에 민감했다.

　제국주의적 횡포가 완전히 사라졌다고는 할 수 없지만 적어도 자국의 언어 사용을 금지할 정도의 야만은 사라진 시대다. 그 빈자리에 언어의 권력을 차지하려는 자들이 있다. 언론은 형평성을 가장해 대중을 현혹하고, 법전의 어려운 용어를 자유자재로 구사하는 법관들은 온갖 교언으로 자신들의 권력을 유지시켜 나간다. 그들은 권력을 위한 일이라면 일본 전범 기업의 손을 들어 줄 수도 있고, 노동자들의 권리를 뺏을 수도 있다. 대통령은 탄핵당해도 법을 가진 그들의 권력은 견고하다. '법을 가진 자들은 청산의 대상'이라는 주술(언어의 7번째 기능)이라도 계속 되뇌어야 할 때다.

〈영화와 함께 읽은 책〉

가야트리 차크라보르티 스피박 외, 『서발턴은 말할 수 있는가?』

로랑 비네, 『언어의 7번째 기능』

정화열, 『몸의 철학』

하퍼 리, 『앵무새 죽이기』

탁란하다 하얀 재가 되어버린 세력
〈뻐꾸기도 밤에 우는가〉

위카 신도들은 제의에서 벌거벗었다는 말을 '하늘을 입다'라고 비유적
으로 표현한다.
- 필립 카곰, 『나체의 역사』

1980년, 전두환이 정권을 찬탈한 후 국민들의 시선을 다른 곳으
로 돌리려는 3S(screen, sports, sex) 정책이 노골화되었다. 그중 성을
소재로 삼은 영화가 봇물 터지듯이 상영되면서 영화는 3S 문화의
가장 충직한 장르로 자리 잡았다. '퇴폐문화'로 불리던 장발과 미니
스커트 단속으로 사회를 억압한 뒤 자신은 향락을 독점했던 박정희
와 달리 전두환은 향락을 나누어주는 인물이었다. 토속 에로물로
불리던 영화의 시작도 이때였는데 이 분야의 '거장'은 정진우 감독이
었다. 1970년대와는 딴판인 노출 연기를 감행한 정윤희는 연기력
시비에도 불구하고 〈뻐꾸기도 밤에 우는가〉(1980)로 한걸음에 최고
의 여배우로 도약한다. 이 영화는 이듬해 상영된 〈앵무새 몸으로
울었다〉(1981)와 함께 정진우 감독의 대표작이지만 당시를 기억하

는 사람들에게는 시대에 잘 부응하는 '야한 영화'로만 남아 있다.

정진우 감독을 조금 깊이 알면 이런 논란은 사라진다. 그는 23살에 첫 작품을 찍어 천재성을 인정받은 감독으로 〈앵무새 몸으로 울었다〉에서는 1980년 광주의 비극 앞에서 몸으로밖에 울 수 없는 민중의 아픔이 절절히 드러났다. 〈뻐꾸기도 밤에 우는가〉도 기득권에 저항하는 여인의 몸짓을 담았다. 그래서 영화 평론가 박혜은은 이 영화를 "21세기 영화에서도 흔치 않은 강렬한 여성 서사"라고 높게 평가한다.

이 영화는 정비석의 단편 소설 〈성황당〉을 각색한 영화로 현보(이대근 분)와 순이(정윤희 분)의 사랑 이야기다. 순이는 남사당 패거리 누군가의 딸이었으나 산속에서 버려져 헤매다가 숯을 구워 생계를 잇던 현보의 어머니에게 발견된다. 함께 살게 된 순이의 나이가 차자 현보와 순이는 결혼하고 마침 어머니는 세상을 떠나고, 깊은 산 속 숯가마 터는 그 둘만을 위한 낙원으로 변했다. 배우 이대근이 맡아왔던 역할에 대한 고정관념과 달리 영화에서 현보는 순이가 성장할 때까지 절대 서두르지 않는 순박한 청년이다. 결혼 후 그들은 마르지 않는 계곡물에 함께 몸을 씻고 저녁이면 숯가마 옆에 앉아 고구마를 먹는 행복을 누린다. 현보는 마을 씨름대회에서 황소를 부상으로 타서 아내에게 옥가락지를 선물한다.

행복에는 항상 불청객이 있는 법, 순이에게 욕정을 가진 현보의 친구 칠성이 숯가마 터를 기웃거리고, 산지기 김 주사도 그녀를 노린다. 김 주사는 현보가 산림법을 위반했다며 일본 순사를 데려와 감옥에 수감시킨다. 깊은 산 속에 홀로 남은 순이를 덮치려던 장면을 목격한 칠성은 김 주사를 낭떠러지에 떨어뜨리고 도망간다. 죽은 줄 알았던 김 주사가 다시 나타나 순이를 덮치려 하자 순이는 그를 껴안고 숯가마에 뛰어들어 함께 죽는다.

뻐꾸기는 탁란, 즉 다른 새의 둥지에 알을 낳는 새로 알려져 있다. 여기서 뻐꾸기는 일제에게 나라를 빼앗기고 자신의 백성을 버린 조선의 기득권 세력이다. 순이는 처음에는 밤에 우는 뻐꾸기 소리에 자기를 버린 어미를 생각하지만, 현보와 부부가 된 후에는 더 이상 뻐꾸기 울음을 그리워하지 않는다.

구한말 신문이란 게 생겨나면서 많은 민족적 담론들이 생산되었다. 영웅신화와 단일 민족 등의 개념이 그것인데 한恨도 그중 하나다. 흔히 우리 민족을 가리켜 한 많은 민족이라고 하는데 한은 근대 신문의 출현과 함께 만들어진 용어다. 국가가 병탄된 이유를 근대화, 계몽 등에서 감히 찾지 못하고 개화기 신문들은 '한'을 이야기했다. 하지만 고미숙은 우리 전통 소설에 한이 주제인 작품은 거의 없었다고 주장한다. 춘향전, 심청전, 흥부전, 모두 권선징악의 해피엔딩이다.

역사도 마찬가지다. 우리 역사에 외침이 많기는 했지만, 폴란드, 아르메니아, 아일랜드 등 우리보다 더 험한 꼴을 당한 역사는 수두룩하다. 고미숙의 표현대로 "20세기 초 정말 느닷없이 형성되어 역사 전체로 증폭되어" 간 개념이 '한'이다. 이는 영웅신화가 일제의 침탈에 힘을 상실하자 그 자리를 대신한 수동적 정염을 표현한 글자다. 나라를 빼앗긴 데 대한 성찰이 있어야 할 자리에 개화기 신문들은 과거의 영웅을 기억해 내거나 그도 벽에 막히면 한 타령으로 방향을 전환시켰다. 거기에 더해 "오랫동안 참혹하고 처참했던 조선의 역사는 그 예술에다 남모르는 쓸쓸함과 슬픔을 아로새긴 것이었다"는 일본의 미술학자 야나기 무네요시의 글이 우리의 '한'을 확인시켜

준 꼴이 되었다.

영화에서 순이는 어미로부터 버림받은 한 많은 존재이지만 현보와의 현재적 삶이 한을 압도한다. 일제하를 살아가던 그들에게 독립운동을 하거나 반일 정서를 가지지 않았다고 따져 물을 수 없다. 그들에게는 반상斑常의 계급이 있던 조선 사회나 일제하 사회나 다를 바가 없다. 그들은 매일 계곡물에서 정화 의식을 치르고 새 힘을 얻는 것으로 만족하며 산다. 새 힘은 그들이 인지하지 못했다 할지라도 수탈의 형식을 띤 식민지 근대화론에 대한 거부로 작동한다. 현보가 잡혀간 후 칠성은 현보의 출옥 때까지 순이를 보호하겠다며 색동저고리를 입혀 순이와 함께 산에서 내려간다. 순이가 잠시 앉아 쉴 때 비싼 옷에 흙을 묻힌다며 칠성이 타박하자 순이는 그 자리에서 본래의 누더기로 다시 갈아입고 숯가마 터로 돌아온다. 제국주의와 함께 들어온 자본의 위력에도 굴복하지 않는 순이였다.

순이는 봉건의 때가 남아 있던 일제하를 수동적으로 살아가는 여성이 아니라 매 순간 주체적 결단을 한 여성이다. 남편의 출옥을 하염없이 울며 기다리기보다는 홀로 숯을 만들며 숯가마를 지키는 독립적 여성이었다. 남편을 감옥에 보낸 김 주사가 다시 나타나자 그와 함께 불 속에 몸을 던지는 마지막 결단을 했다. '오뉴월에 서리를 내리게 하는 여자의 한'이 아니라 그들의 삶에 개입한 외세를 처절하게 응징하는 행위였다. 그래서 순이는 숯가마로 뛰어들며 웃을 수 있었다.

조르조 아감벤은 불이 모든 신화의 시작이라고 했다. 불에 대한 기억이 소멸하면서 신화가 역사 속으로 들어왔다. 불에 대한 희미한 기억은 역사 속에 남아 있지만, 불이 가진 (숯으로 다시 태어나는) 재생성은 그 힘을 잃었다. 2016년 촛불은 불의 기억을 되살리는 불씨가 되었고 그로 인해 새로운 세상이 열렸다.

한국의 보수 세력이 2020년 총선에 패한 이유는 '불'에서 찾아야 한다. 황교안 씨는 횃불을 들자며 선동했는데 그에게 불은 모든 것을 태운 뒤 새롭게 출발하는 재생의 불이 아니라 파괴의 불이었다. 나경원 씨는 순이가 매일 계곡에서 정화예식을 하듯이 그의 동료들이 행한 모든 적폐들을 과감하게 껴안고 재생의 불 속으로 뛰어 들어가야 하는데 그는 나무를 태워 숯을 만드는 것이 아니라 숯을 다시 불 속으로 집어넣는 일을 하다가 소멸되어 버렸다.

"원시적 자연과 강압적 시대, 욕망과 권력, 지배와 피지배가 충돌할 때 발생하는 에너지"(박혜은)가 영화에 흐르는데 한국의 보수 세력은 강압과 권력, 지배의 편에 일찌감치 서버렸으니 발생할 에너지가 없다. 그들은 일본 순사와 외세를 이용해 자신의 욕망을 채우려는 김 주사의 편에 섰고, 칠성이가 순이에게 준 옷처럼 백성을 시혜의 대상으로만 생각한다.

그들은 또한 힘겹게 이룬 민주화의 둥지에 탁란해서 '독재타도', '헌법수호'를 외치는 뻔뻔함을 보이고 있다. 자기 알을 탁란하는 과정에서 본래 둥지 주인 새의 알을 땅에 떨어뜨려 깨뜨리는 뻐꾸기처럼 지금 그들의 입에서 나오는 '민주주의'는 민주주의의 본래적 의미를 깨뜨렸다.

적폐와 함께 과감하게 숯가마로 뛰어들지 못했던 그 세력은 황교안이 스스로 하얀 재가 되도록 불사르겠다고 했듯이 그와 함께 하얀 재가 되었다.

〈영화와 함께 읽은 책〉

고미숙, 『한국의 근대성, 그 기원을 찾아서』

박혜은, 「물의 생기와 불의 광기」

앙드레 슈미드, 『제국, 그 사이의 한국』

조르조 아감벤, 『불과 글』

레닌이 준 조선 독립자금은 어디로 갔을까?
〈아나키스트〉, 〈박열〉

치열한 싸움은 계속된다. 삶이 있고, 열정이 있고, 목적과 기능과 경험이
있는 한 진보는 이루어질 것이다.
_ 스콧 니어링, 『스콧니어링 자서전』

윤선생(정원준 분) : 전에 이동휘의 수하 한형권이 레닌한테 200만 루블
　　　의 혁명자금을 받은 일이 있어. 그런데 그중 10만 루블이 없어졌어.

이근(정준호 분) : 김립 말씀입니까?

윤선생 : 김립은 벌써 김구가 죽였어.

한명곤(김상중 분) : 김립이 받은 돈의 일부가 단재(신채호)에게 갔다는
　　　게 사실입니까?

윤선생 : 단재는 무슨 돈인지 모르고 받아서 조선 전사 연구에 썼어. 이동
　　　휘, 신채호, 김원봉 좌파 모두가 추문에 휩싸였어.

한명곤 : 이승만 쪽 공작 아닙니까? 지난번에도 그런 일이 있지 않았습니까?

윤선생 : 한형권이 돈을 나눠서 배달하기 위해 어떤 중국인에게 돈을 맡
　　　겼는데 그가 돈을 들고 튀었어. 그러니 그를 죽이고 돈을 찾아와.

영화 〈아나키스트〉(유영식 감독, 2000년)에서 의열단원들이 나눈 일부 대화를 축약해서 옮겨 보았다.

이동휘는 사회주의 계열 독립운동의 선구자인 동시에 독실한 기독교 전도사였다. 105인 사건으로 유배되어 있던 이동휘는 선교사의 도움으로 북간도로 망명해서 그곳에서 활발한 선교활동을 펼쳤다. 1917년 볼셰비키 혁명 이후 볼셰비키에 가담한 그는 밀정으로 오인받아 구속된 적이 있는데 이때 구명한 사람이 김알렉산드라, 성공회대 한홍구 교수가 여러 강의에서 소개했던 그 사람이다. 레닌과 협력관계를 맺은 김알렉산드라는 극동인민공화국 외무위원이 된다. 한홍구에 따르면 이 직위는 장관급이므로 한국계 최초의 외국 장관인 셈이다. 그는 1918년 9월 30대 초반의 나이로 사형당하는데 한홍구가 어느 팟캐스트에 나와 김알렉산드라를 이렇게 소개했다.

> 그녀가 사형당할 때 마지막 소원이 '8보(步)만 걷게 해다오'였다고 한다. '왜 하필 8보냐?'라고 물으니, '비록 가보진 못했지만, 우리 아버지 고향이 조선인데 8도라고 들었다. 내 한발 한발에 조선에 살고 있는 인민들, 노동자들의 미래에 대한 희망, 새로운 사회가 실현되기를 바라는 마음을 담는다'라고 하면서 죽었다(한홍구 교수 방송 중에서).

사형당하기 얼마 전 김알렉산드라는 이동휘, 김립 등과 함께 한인 사회당을 조직했다. 1919년 이동휘는 상해로 건너가서(이 때문에 이동휘를 중심으로 하는 사회주의 세력은 상해파로 불렸다) 임시정부의 국무총리가 되었고 대통령인 우파 이승만과 사사건건 충돌했다.

이동휘에 대한 레닌의 신임은 각별했다고 전해진다. 1920년 레닌은 200만 루블의 독립자금 지원을 약속하고 그를 찾아온 한형권에게 40만 루블을 건넸다. 당시 루블화는 국제적으로 통용되는 화폐가 아니었기에 금화로 받을 수밖에 없었다. 그러나 금화의 무게가 문제였다. 하는 수 없이 일단 40만 루블을 수령했다. 나중에 20만 루블을 더 받게 되지만 임시정부의 분열 때문에 창구를 일원화하지 못한 소비에트 측에서는 나머지 자금의 지불을 늦추다가 유야무야 되었다. 그러니 영화에서 200만 루블을 다 받았다고 하는 대화는 사실이 아니다.

이동휘는 레닌이 준 돈이니 사회주의자들이 써야 한다고 생각했던 것 같다. 때문에 임시정부로 돈이 전해지지 않았다. 임시정부 내에서 김구, 이승만 등 우파계열과 좌파 계열의 갈등도 이동휘의 이런 선택에 영향을 미쳤다.

이에 분노한 김구는 노면직과 오종균을 시켜 한형권과 김립을 제거하도록 명령하고 김립은 상해에서 이들에 의해 1922년 암살당했다. 영화에서 "김립은 김구가 벌써 죽였어" 하는 그 대사다. 김구의 분노를 이해 못 하는 바는 아니지만, 임시정부가 수많은 독립운동 단체에 지배력을 완전히 확보하지 못한 상태에서 이 돈을 착복이라 단정 짓고 암살을 지시한 사실은 김구의 '그릇'을 짐작게 한다. 『백범일지』에서 심지어 김구는 이것을 정당한 응징이라고 썼다. 평소 김구가 반대파들을 "레닌의 방귀 구멍을 꿀물 핥듯 하는 자들"이라고 했던 것을 보면 이 돈이 임시정부에 전달되었다고 해도 안 받아야 했던 것 아닌가?

〈아나키스트〉에서 세르게이(장동건 분)는 돈을 횡령한 것으로 알려진 중국인을 암살한다. 이동휘가 중국 공산주의 운동에도 자금을 지원하면서 '황'이라고 알려진 중국인에게 돈을 주었다는 소문이 실제로 있었는데 영화는 그 '황'을 횡령자로 그렸다.

이동휘의 독단적인 배분이 문제의 소지는 있었겠지만, 횡령이나 착복은 없었다는 것이 독립운동사 연구가들의 일반적인 견해다. 자금은 국내 공산주의 세력들에게도 전해졌고 일본의 공산주의 세력들에게도 전해졌다. 이동휘는 독립보다 '인터내셔널'을 꿈꿨다.

영화 〈박열〉(이준익 감독, 2017년)에는 식민지 조선의 「동북아 일보」 김성철 기자(「동아일보」 장덕수의 극중 인물)가 박열의 불령사 회원들에게 집단 구타당하는 장면이 나온다. 레닌의 지원금 증발 사건은 많은 소문을 생산했다. 그중 하나가 〈박열〉의 이 장면이다. 국내로 들어온 레닌의 자금을 동아일보 주필이었던 장덕수가 착복했고 이 소문을 들은 아나키스트 박열이 미국 유학을 위해 일본에 체류중이던 장덕수를 구타한 사건이다. 〈아나키스트〉의 제작자가 이준익 감독이고 〈박열〉에서는 이준익이 직접 감독을 맡았으니 그는 아나키스트와 국제 공산당 자금 사건에 조예가 깊었던 것으로 보인다. 그러나 장덕수 건도 소문만 무성할 뿐 밝혀진 사실은 없다.

박열과 가네코 후미코의 관계도 눈여겨볼 만하다. 후미코는 일본 제국주의와 천황제에 반역하는 아나키스트 모임 '불령사'를 박열과 함께 조직했다가 사형을 선고받았고 무기로 감형되었으나 옥중에서 의문의 자살을 했다. 그런데 〈아나키스트〉에서 세르게이의 연인 역할을 맡은 배우 예지원의 배역 이름은 가네코다. 두 영화의 공통분모가 이준익 감독인 것을 감안하면 의도한 작명으로 보인다.

후미코는 천황제를 신봉하는 아버지와 하층 계급의 어머니 사이에서 태어났지만, 아버지는 어머니를 호적에 올리지 않았고, 후미코가 태어난 뒤 어머니를 버리고 어머니의 여동생과 결혼했다. 후미코 역시 호적 없는 무적자가 됐다.

어머니 역시 남성 편력이 심해 고아처럼 자라던 후미코는 9세 때 친할머니가 있는 조선(충청북도 청주)으로 건너왔다. 조선인을 수탈해 부를 쌓은 할머니였지만 후미코를 굶기는 등 학대가 심해서 오히려 동네 조선인들이 후미코를 거두어 먹이기도 했다. 이때부터 조선인들과의 연대 의식이 생겨난 듯하다. 가네코는 한자로 쓰면 금자金子다. 이 이름도 호적이 없던 가네코가 김씨 성이 많은 식민지 조선에 와서 붙여진 것일 수도 있다.

3.1 운동을 직접 목격한 가네코는 그 저항정신에 흠뻑 빠져들었다고 한다. 다시 도쿄로 돌아온 가네코는 어려운 시절을 보내며 사회주의와 무정부주의를 알게 되었다. 여기서 그는 가부장적 아버지의 사상적 배경이 천황제에 있다는 것을 알고 아나키스트 운동에 매료된다.

천황이 신적 지위를 가진 것은 메이지 유신 이후다. 사람인데 신을 만들기 위해 메이지 유신은 사람인데 사람이 아닌 존재를 만들어야 했다. 이른바 히닝(비인, 非人)이다. 즉 천민들이 모여 사는 부라쿠(부락, 部落)라는 비인 계급의 동네를 만들었다. 천민들, 재일 조선인들이 이런 부라쿠에 모여들었다. 부라쿠의 히닝과 다름없는 삶을 살던 후미코는 민족과 계급을 뛰어넘어 조선의 독립과 천황제의 폐지를 위해 젊은 몸을 불살랐다.

다시 영화 〈아나키스트〉로 돌아오자. 세르게이가 중국인 횡령자를 죽이고 찾은 돈의 일부를 착복한 뒤 잠적하자 분노한 상해의 의열단이 세르게이를 찾아내어 상해로 압송한다. 세르게이는 사면의 차원에서 새로운 임무를 부여받고 일본인을 죽이지만 그것은 의열단 지도부가 놓은 덫이었다. 거사를 치르게 한 다음에 후환을 없애기 위해 세르게이는 의열단에 의해 살해된다. 같은 독립군에 의한 암살은 김립의 암살과 버무린 장면이다.

사회주의자들이나 아나키스트들에게 민족은 어떤 의미가 있을까? 이론적으로만 따지자면 민족보다는 계급을 우선하는 사회주의, 어떤 제도도 부정하는 아나키스트이지만 국가(민족)를 강점한 세력에 대해서는 투쟁할 수밖에 없었다. 레닌도 결국은 민족을 생각했고, 스탈린과 트로츠키와의 갈등에도 이 문제가 한몫했다. 김일성도 부르주아적 민족주의와 결별해야 한다면서도 사회주의적 애국주의라는 말로 민족을 우선했다. 단재 신채호는 요즘의 유사 역사학 비슷한 주장과 아나키스트 운동을 함께했다.

아나키즘과 저항적 민족주의가 함께 갔던 예는 『세 깃발 아래에서』에 자세히 서술되어 있다. 이 책에 따르면 필리핀 민족주의 운동은 아나키즘을 비롯한 유럽의 급진적 운동과 연관을 맺고 있었고 쿠바의 저항적 민족주의의 흐름과도 맞닿아 있었다. 우리의 독립운동 진영에도 이러한 흐름이 전해졌고 의열단이 그 중심에 있었다. 해방 이후 남과 북 모두에게 배척당했던 의열단장 김원봉은 남과 북 모두에서 저항적 민족주의 대신 국가적 민족주의가 주류가 되어 가는 과정을 참아 내기 어려웠을 것이다.

제임스 스콧은 "어떤 법이 정의롭고 합리적인지 자신의 머리로 직접 판단하는 훈련을 통해 날렵하고 민첩한 정신자세를 유지"하라고 권한다. 그것이 아나키즘의 출발이다.

〈아나키스트〉에서 도산 안창호가 의열단원을 찾아와 폭력을 쓰지 말라고 그의 사상이 그대로 묻어나오는 말을 하는데 모든 대원들은 그를 무시하고 내보낸다. 그들은 무모할 수 있으나 영화 카피처럼 당당했다. 영화의 '멋있는' 아나키스트들은 님 웨일즈가 김산의 이야기를 쓴 『아리랑』을 참고로 했다. 독립운동가들도 어긋난 사랑과 질투 때문에 힘들었고 세르게이는 마약의 힘을 빌리기까지 했다.

> 그들의 생활은 명랑함과 심각함이 기묘하게 혼합됐다. 언제나 죽음을 눈앞에 두고 있었으므로 생명이 지속되는 한 마음껏 생활하였던 것이다. 그들은 기막히게 멋진 친구들이었다. 의열단원은 스포티한 멋진 양복을 입었고, 머리를 잘 손질하였으며, 어떤 경우에도 결벽할 정도로 말쑥하게 차려입었다. 그들은 사진 찍기를 아주 좋아했는데 언제나 이번이 죽기 전에 마지막으로 찍는 것이라 생각했다. 또 그들은 프랑스공원을 산책하기를 즐겼다. 모든 조선 아가씨들은 의열단원을 동경하였으므로 수많은 연애 사건이 있었다. 블라디보스토크에서 온 아가씨들은 러시아인과 조선인의 혼혈이었는데 매우 아름답고 지적이었다. 이 아가씨들과의 연애는 짧으면서도 열렬했다.
> _ 님 웨일즈/김산, 『아리랑』

박열도 그랬다. 그는 '멋'보다는 빈민의 삶을 택했고, 찾아온 사랑을 일본인이라고 해서 외면하지 않았다. 그들에게는 독립이라는 거대 담론과 고정관념에 대한 저항이라는 개인의 선택이 잘 조화되어 있었다.

1974년 8월 일본 도쿄의 미쓰비시중공업 본사 건물에서 폭탄이 터졌다. 사망자 8명을 포함해 수백여 명이 부상을 입은 이 사건은

'동아시아반일무장전선 늑대'가 '일제 침략 기업에 대한 공격'의 차원에서 자신들이 했다고 밝혔다. 결국 모두 검거되어 사형을 당하거나 징역형을 살았는데 후지이 다케시는 '무명의 말들'에서 폭파라는 방법은 부정적이지만 어쨌든 "일본인 혁명가로서 무엇보다 먼저 관철시켜야 할 것은 일제의 역사, 일제의 구조 총체를 청산하는 것"이라며 침략을 막기 위한 실천적 시도였다고 평가한다.

의열단원이나 박열의 불령사, 미쓰비시 사건처럼 때로는 무모해 보이는 시도들이 던지는 메시지는 강렬하다. 미쓰비시 폭파 같은 종류의 사건이 잦아들면서 일본이 제국주의 망령을 더 강력하게 유지하게 되었다는 것이 후지이 다케시의 주장이다. 이 사건은 한국 감독에 의해 '동아시아반일무장전선'이라는 다큐멘터리로도 제작되었다.

3.1 운동 100년, 100년 전 그날 저항의 서사를 담았던 태극기는 폭력의 상징으로 변모했고 성조기와 이스라엘기가 함께 날리는 진기한 장면이 일상이 되었다. 3.1 운동 100년을 맞으면서 후지이 다케시의 다음의 말을 새겨들어야 한다.

지금 한국 사회에서 필요한 것도 미래에 대한 고민이 아니라 현재를 구성하는 과거와의 대결이다. 과거가 차지하고 있는 그 자리를 비우지 않는 한 미래가 들어설 자리도 없다.

100년 동안 현재를 왜곡되게 구성하려고 온갖 짓을 다 해온 세력들—친일파, 반공주의자, 정치군인들, 근본주의 우파 정치인들, 5.18 부정 세력들—을 어떠한 방법을 써서라도 청산해야만 미래가 가능하다.

<영화와 함께 읽은 책>

로버트 스칼라피노, 이정식,『한국 공산주의 운동사』

베네딕트 앤더슨,『세 깃발 아래에서 - 아나키즘과 반식민주의적 상상력』

제임스 C. 스콧,『우리는 모두 아나키스트다』

후지이 다케시,『무명의 말들』

김세중,『대역죄인 박열과 가네코』

야마다 쇼지,『가네코 후미코』

님 웨일즈, 김산,『아리랑』

모성애만 강조하면 여성 영화?
〈악녀〉, 〈미씽〉, 〈미옥〉, 〈희생부활자〉

귀신이 나온다고? 그것들을 조금도 겁내지 마라. 꿈자리나 공동묘지 같
은 데서 귀신이 나타나거든 용감하게 덤벼들어! 그러면 금방 꼬리를 감
출테니까. 아이가 되물었다. 하지만, 방금 엄마가 나한테 한 말이 그대로
귀신 엄마가 귀신한테 한 말이면 어떡해요?

_ 루미, 『루미의 우화 모음집』

2017년에 상영된 한국 영화 중 여성 영화(여성 감독 영화를 말하는지
여성이 주인공인 영화인지 규정짓기 애매한 용어다)는 4편이다. 〈악녀〉(정
병길 감독, 김옥빈 주연), 〈미씽〉(이연희 감독, 공효진 엄지원 주연), 〈미옥〉
(이안규 감독, 김혜수 주연), 〈희생부활자〉(곽경택 감독, 김해숙 김래원 주연)
가 그것인데 이 중 악녀를 제외한 세 편은 한결같이 모성을 주제로
삼고 있다.

〈희생부활자〉는 사실 여성 영화라기보다는 스릴러물인데 눈물
겨운 모성이 다른 여성 영화들과 크게 다르지 않아 이렇게 분류했다.
죽은 사람이 원수를 갚기 위해 부활했다가 복수를 마친 후에 화염에

싸여 다시 사라진다는 설정이다. 일부 영화 평론가들이 황당한 소재라고 비판하지만 슈퍼 히어로들이 하늘을 날아다니며 지구를 구하는 영화도 있는데 이 정도로 소재를 탓할 수는 없다. 이승에 한이 남아 구천을 떠도는 귀신이라는 60년대 공포 영화 소재가 21세기스럽게 희생부활자라는 용어로 거듭난 것뿐이다.

〈희생부활자〉에서 7년 전 강도 피해를 당해 죽었던 김해숙이 갑자기 살아 돌아온다. 검사인 아들 김래원이 누나 집에 와서 실제로 살아 돌아온 엄마랑 조우하는 순간, 엄마는 아들을 공격한다. 이 기이한 일은 한국과 미국의 정보기관에 보고되고 정보기관은 원수를 갚기 위해 돌아온다는 희생부활자의 속성으로 미루어 짐작해서 모자지간을 의심한다. 희생부활한 엄마가 아들을 원수로 여기고 있기 때문이다.

마침내 사법고시에 합격한 날 만취해 음주운전 뺑소니 사망사고를 낸 김래원의 과거가 밝혀진다. 술에 취했던 본인은 그 일을 전혀 기억 못 하고 있다가 조금씩 그날의 비극이 기억 속에 되살아났다.

그러면 엄마는 왜 그 어려운 희생부활자가 되어 '희생부활자의 속성'을 포기하고 아들을 공격했는가? 말썽을 피운 아들에 대한 엄마의 한탄일 수도 있고 차라리 내 손에 죽으라는 엄마의 마음일 수도 있다. 실은 아들을 공격하기 위해 희생부활자가 되어 돌아온 뺑소니 피해자에게 읍소하며 그들로부터 아들을 지켜내기 위해 엄마는 황당한 희생부활자가 되었던 것이다. 엄마 역시 뺑소니 사건을 덮은 죄 때문에 7년 전 희생부활자에게 당했었기에 나 하나면 족하니 아들은 살려달라는 읍소인 것이다. 귀신이 되어도 아들을 지켜야 한다는 뜨거운 모성이다. 김래원은 살아남고 죽이려는 귀신, 살리려는 귀신 모두 사라진다. 김래원의 감옥행으로 귀신은 '정의 실현'에도 기여했다는 '윤리적' 메시지도 전한다. 감독이 보기에도 모성 찬양이 너무 낯뜨거웠는지 슬쩍 사필귀정을 끼워 넣은 것으로 보인다.

〈미옥〉에서 김혜수의 모성애 역시 눈물겹다. 조직 폭력배 보스의 아들을 낳은 김혜수는 2인자로서 보스 곁에 머물면서 온갖 궂은일을 처리한다. 그 옆에는 김혜수에 대한 연민을 놓지 못하는 행동대장 이선균이 있다. 김혜수가 보스의 정식 아내도 아니면서 그리고 자신을 향한 이선균의 애틋함을 모르지 않으면서 냉혹한 조폭 2인자로서 모든 감정을 억제한 채 살아가는 이유는 단 한 가지다. 오직 아들을 지키기 위해서다.

이선균의 구애에 대해서는 아들을 우리랑 똑같이 키울 수 없지 않으냐며 아들을 향한 엄마의 희생을 확인한다. 그러면 실제로 잔혹함을 배후에서 지시하는 보스의 아들인 동시에 무지막지하게 사람을 죽이는 자신이 엄마인 건 아들에게 괜찮은가? 기업형 범죄가 되어 잔혹함만 가려지면 아들이 잘 자랄 수 있다는 설정이 너무 우습다. 마침내 아들만 살고 모두 죽는다. 희생부활자에서 김래원만 살아남는 것과 같은 맥락이다.

〈미씽〉은 다른 모성 영화와는 차별된다. 자기 아이를 잃은 데 대한 복수심을 가진 엄마와 자기 아이를 지키려는 엄마의 모성이 충돌한다. 모성은 보편적이지 않다는 말이다. 그것은 폭력과 갈등을 유발할 수 있다. 두 엄마는 여성으로 희생자라는 공통점은 있지만, 모성은 다르게 작동한다. 그런 점에서 여성 감독이 연출한 〈미씽〉에서는 오히려 모성에 대한 칭송이 유보된다. 오래전 봉준호 감독의 〈마더〉(2009년)에서 지적장애 아들을 지키려는 모성 아닌 동물적 본능을 가진 김혜자가 보여준 '엄마다움'이야 말로 갈 데까지 간 추한 모성의 모습이었다.

2017년 한국 영화에서 모성은 신파가 되고 말았다. 미옥과 희생부활자는 오히려 여성을 남성의 종속물로 여기는 남성 영화에 가깝다. 공교롭게도 희생부활자의 감독은 '친구' 같은 남성(?) 영화를 감독한 곽경택이다.

모성애란 과연 존재할까? 동물적 본능으로 자식을 지키려는 마음에 있어서는 아비 어미가 다 같지 않을까? 왜 사회는 여성을 모성애 안에 가두려는 걸까?

모성애란 오히려 근대 산업 사회 이후 여성들에게 부가된 개념이다. 산업사회가 시작되면서 남성들의 경쟁이 심화되자 여성들에게는 "삶을 아름답게 치유하고 거친 힘에 의해 상처 입은 곳을 어루만지는 것, 삶을 그 자체 안에서 화해시키는 것이 여성의 임무"(포이에르바흐)라는 짐이 지워졌다. 여성은 남성들을 위해 가정에 볼모로 잡혀있는 존재와 다름없었던 것이다. 이 논리가 성립되기 위해서는 여성의 고유한 가치를 찾아내야 했다. 즉 남녀 간의 노동력, 학력의 격차는 있어도 그것을 어느 한 '성'의 고유 가치라고 하기는 어렵다. 반면출산은 여성이 가진 고유한 기능이다. 사회는 이 가치를 더욱 칭송함으로써 여성의 다른 불만을 잠재웠고 여성들은 사회의 노련한 기획에 따라 스스로를 모성애적 존재로 규정하게 되었다.

이처럼 모성애란 여성의 타고난 감성이 아니라 근대 사회 이후교육되고 강요된 개념이다. 그런데 '여성'의 범주에 속한 영화들이보여주는 난데없는 모성 타령은 낯설다.

여성 대통령을 잃은 데 대한 그리움의 표현인가? 아니면 본래 여성에게서 모성애밖에 찾지 못하는 남성 감독들의 인식이 반영된 결과인가? 어떤 의도이든 여성 영화가 불편하지만 그나마 〈희생부활자〉, 〈미옥〉 모두 흥행성적이 좋지 않아 다행이고 모성을 자제한 〈미씽〉이 부산영화제에서 호평을 받아 2017년 여성 영화의 체면을 세웠다.

〈영화와 함께 읽은 책〉

엘리자베트 벡 게른스하임, 『모성애의 발견』

내 성기는 권리고, 다른 이의 성기는 공포다
〈방자전〉

나는 내가 기독교인이라고 생각하고 그 감옥에 들어갔다. 나는 내가 로마 병사라는 걸 깨닫고 그곳을 나왔다.

_ 얀 마텔, 『포르투갈의 높은 산』

학문으로 진리(道)를 깨닫는다는 변학도의 이름은 고귀하다. 학문으로 의(義)를 이룬다는 어떤 이름도 거룩하다. 그러나 두 사람 모두 이름과 달리 고귀하고 거룩하지 못하다. 변학도는 과거에 급제해서 남원 부사에 부임했다. 남원은 조선 시대 담양 곡성 등 9개의 현을 관할하는 꽤 큰 지역이었다. 정유재란 당시 남원성에서 12,000명이 전사했다는 기록은 남원의 크기를 짐작게 한다. 변학도는 조그만 동네 사또가 아니었는데 그만 춘향을 탐내다가 신세를 망치고 말았다.

과거 급제와 사법고시 합격, 둘 다 아무나 마음만 먹는다고 해서 통과하는 시험이 아니다. 그만큼 어렵기에 과거 급제와 사시 통과에는 수많은 신화와 전설들이 따라다닌다. 일단 통과하면 출세는 물론이거니와 그들이 꿈꾸는 진리와 의를 이룰 수 있는 자리다.

"저는 목표가 뚜려대요"(뚜렷해요). 영화 〈방자전〉(김대우 감독, 2010년)에서 변학도 역할을 맡은 배우 송새벽은 두 손으로 성행위를 연상시키는 동작을 하면서 이몽룡(류승범 분) 앞에서 과거 급제자로서의 포부를 밝힌다. 〈방자전〉은 이몽룡의 종인 방자(김주혁 분)를 주인공으로 내세워 춘향전을 비튼 영화인데 여기서 이몽룡과 변학도는 과거급제 동기로 나온다. 두 사람은 합격이 확정된 뒤에 서로 통성명을 하면서 술잔을 나누는데 이 자리에서 변학도가 이몽룡에게 한 말이 바로 이 말이다.

변학도는 권력으로 모든 여자를 자기 것으로 만들겠다는 목표로 이를 악물고 공부했다. 다른 춘향전 영화에서 변학도 역할을 포악하게 생긴 배우들이 맡았던 것과 달리 송새벽은 여리고 뭔가 부족한 모습이다. 여자만이 그의 목표다.

이몽룡이라고 해서 다를 바가 없다. 과거를 치르러 남원을 떠나기 전 춘향(조여정 분)에게 연정을 품어 왔으나 춘향의 마음이 방자(김주혁 분)에게 가 있던 것을 눈치챈 이몽룡에게는 춘향과 방자에 대한 복수심밖에 남은 것이 없다. 권력으로 춘향을 정복하고, 방자 앞에서 네가 아무리 춘향의 마음을 뺏어 봤자 어차피 춘향은 자신의 것이라는 사실을 으스대고 싶은 열등감이 이몽룡에게 가득 차 있다. 그는 변학도와의 첫 만남에서 넌지시 춘향의 이야기를 건넨다. 대리 복수의 미끼를 던진 것이다.

이몽룡은 남원으로 돌아가는 길목에 주막을 차린 향단(유현경 분)에게 들러 춘향에 대한 복수심과 방자에 대한 열등감을 향단에게 배설한다. 변학도와 마찬가지로 이몽룡도 지질한 남자이기에 배우도 역대 춘향전의 수려한 이몽룡과는 느낌이 다른 류승범이다.

남원에 부임한 변학도는 지역의 토호 세력들과 연회를 벌인다. 토호 세력들은 변학도에게 공부만 하고 자랐으니 이런 문화가 어색하지 않냐고 묻는다. 처음에 쭈뼛거리던 변학도는 자신의 '목표'를 위해 부사의 권력으로 순간 연회장을 장악한다.

권력의 사용에도 분야가 있는 법인데 권력을 차지한 남성들은 자신이 모든 분야에서 능력자라는 착각에 빠진다. 그중 여자는 가장 손쉬운 권력 향유의 대상이다. 그들에게 처음부터 여성은 인격의 대상이 아니라 소유물이다.

『우리의 의지에 반하여 — 남성, 여성 그리고 강간의 역사』에서 수전 브라운 밀러는 강간은 남자만 출입 가능한 간부 식당에 들어가는 일, 남자들끼리 모여 에베레스트를 정복하는 일과 다르지 않다고 주장한다. 그런데 이런 성취가 불가능한 하위계층에게는 "여성의 몸에 접근하는 일이 그들에게 가능한 선택지인 것이다." 반면 상류층 남성들은 여성에 대한 우위성을 확보함으로써 남성연대를 공고하게 만든다.

> 남성들이 짝이나 패거리를 이루어 강간을 할 때, 피해자에 대한 물리적 힘의 우위를 더 확실히 할 수 있다는 것은 의심할 여지가 없는 사실이다. 집단 강간은 단지 남성이 한 여성woman을 정복하는 행위가 아니라 남성들이 대문자 여성Woman을 정복하는 행위이다.
> 『우리의 의지에 반하여』

한 여성을 정복하는 것이 아니라 '여성'이라는 존재에 대한 열등감이 이렇게 표출된다는 의미다.

때문에 라캉은 본질적으로 '성관계는 없다'라고 말한다. 이 말은 주체와 대상, 상징계 등 정신분석학에서 사용되는 명제다. 성관계는 타자와 관계를 통해 향유를 누리는 일인데 그 향유는 결국 자신에게 돌아오므로 실제적으로 아무 일도 일어나지 않았다.

바디우는 이 말을 다음과 같이 해석한다.

> 섹스에서 당신은 타자라는 매개를 통해 결과적으로 당신 자신과 관계를 맺게 될 뿐입니다. 타자는 당신이 쾌락의 실재를 발견하는 데 이용될 뿐이라는 것이지요
>
> _『사랑 예찬』

> 남성이 자신의 성기를 두려움을 일으키는 무기로 쓸 수 있다는 사실을 발견한 일은 불의 사용과 돌도끼의 발명과 함께 선사시대에 이루어진 가장 중요한 발견으로 꼽아야 한다.
>
> _『우리의 의지에 반하여』

그들의 의식은 선사시대에서 조금도 벗어나지 못했던 것이다.

자신의 성기가 '두려운 성기'로 대접받기를 원하는 남성들이 동성애를 혐오하는 것은 다른 이의 성기를 두려워하기 때문이다. 여성 동성애자보다 '항문 성교'에 혐오를 집중하는 것도 이 때문이다. 여성을 강간하는 자신들은 권력을 향유하는 것이지만, 남성을 '강간'(이성애자가 그렇듯이 그들은 동성애자의 성관계도 자신들의 그것과 똑같이 보려는 경향이 있기 때문에)하는 이들은 두려움의 대상이다.

이런 두려움은 반공과 반무슬림 정서로 확장된다. 1970년대 신

문 가판대에서 팔리던 성인 만화는 〈김일성의 침실〉 같은 제목을 달고 있었고 1980년 후반부터 '기쁨조'라는 말이 남성들의 입에 회자되기 시작했다. 북으로 날려 보내는 삐라에는 세월이 지나도 변함 없이 반라의 여성 사진이 담겨 있으며 무슬림들의 일부다처제는 한국의 '순결한 여성'들을 다처에 포함시킨다고 믿는다. 내가 권력을 향유할 대상이 축소되기 때문이다.

정체불명의 '기쁨조'라는 말이 보통명사화 되어 버린 남한 사회의 남성들은 북한의 성기를 두려움과 부러움 속에서 상상하면서 그들의 성기가 자본 권력의 힘을 빌어 무기가 되어 버린 질서를 더 고착화시키려고 한다.

〈영화와 함께 읽은 책〉

수전 브라운밀러, 『우리의 의지에 반하여 — 남성, 여성 그리고 강간의 역사』
슬라보예 지젝 외, 『성관계는 없다』
알랭 바디우, 『사랑 예찬』

악마의 탄생
〈케빈에 대하여〉

에릭이 사람을 죽이러 학교에 갔고 그러다 자기가 죽어도 상관없다고 생각한 반면, 딜런은 죽으러 학교에 갔고 그러다 다른 사람도 같이 죽어도 상관없다고 생각한 것 같습니다.

_ 수 클리볼드, 『나는 가해자의 엄마입니다』

〈케빈에 대하여〉(린 램지 감독, 2011년)는 얼핏 보면 모성을 묻는 영화처럼 보인다. 그러나 한 꺼풀 벗겨 다가가면 어머니와 자식과의 관계를 통해 근원적인 폭력성에 대해서 파고드는 영화다. 1999년에 있었던 미국 콜럼바인 고등학교에서의 총기 난사 사건을 다큐멘터리로 제작한 마이클 무어의 〈볼링 포 콜럼바인〉(2002년)이 공포와 적대를 만들어내는 미국의 정책이 근본 원인이었다고 분석했다면, 〈케빈에 대하여〉는 인간의 폭력성의 원인은 아무도 모른다로 접근한다.

콜럼바인 고등학교 참사의 범인 중 하나인 딜런의 어머니 수 클리볼드는 사건 17년 후 출판한 『나는 가해자의 엄마입니다』에서 〈케빈에 대하여〉처럼 아들이 그런 끔찍한 범행을 저지를지는 누구도 몰랐다고 적는다. 군이 부모의 책임을 후벼 파자면 '아들을 너무 믿은 죄' 밖에 없다. 딜런의 집안은 그 흔한 분석 중 하나인 '결손가정'과도 거리가 멀고 부모와의 대화가 단절된 청소년은 더더욱 아니있다.

영화에서 케빈(에즈라 밀러 분)은 16세 생일에 아버지와 여동생을 죽이고, 학교에서 학생들을 죽인 후에 감옥에 수감 된다. 여행작가였던 엄마 에바(틸다 스윈턴 분)는 사고 후 혼자 살며 마을의 작은 여행사에서 일한다. 케빈의 엄마라는 사실을 아는 사람들로부터 적대적인 행동을 당해도 에바는 죄인이 된 듯 참아야 한다. 그러면서 에바는 케빈과 자신의 관계를 돌아본다.

영화는 붉은색으로 시작한다. 스페인의 토마토 축제에서 에바는 축제 군중에게 헹가래 쳐지듯이 높이 들려 축제의 기쁨을 만끽한다. 누군가로부터 높이 치켜 올려짐을 경험해 본 사람은 많지 않다. 드문 경험을 한 에바였지만 금방 축제 바닥에 내팽개쳐진다. 에바가 성적 쾌감을 느낀 듯한 표정을 지은 순간은 찰나일 뿐 사람들은 그를 내팽개치고 새로운 기쁨을 찾아 떠난다. 이 추억의 꿈에서 깨어났을 때 현실에서 자신의 집에 던져진 빨간 페인트의 공격은 같은 붉은 색이 아름다운 추억과 악마 같은 현실에서 전혀 다르게 작동하고 있음을 보여준다. 붉은색이건 모성이건 추억이건 모두에게 같은 의미를 지니지 않는다.

에바는 자신을 따라다니던 남자와 하룻밤을 보내고 아이를 가지면서 자유분방한 여행작가의 삶을 유보하고 결혼과 가정을 선택한다. 에바의 삶의 궤적을 보자면 낙태, 또는 결혼 없이 아이만 키울 수도 있었겠지만, 그는 의외로 결혼을 선택한다. 토마토 축제에서 버려졌던 느낌을 기억하면서 순간의 기쁨보다는 지속적 기쁨을 주는 도구로서 가정이 필요했는지도 모른다. 에바는 여행지를 택하듯 결혼이라는 여정을 떠나고 육아 책에서 배운 대로 아이를 키우려고 하고, 사람들이 말하는 모성을 가져보려고 한다. 그러나 케빈이 태어나면서부터 그녀의 모든 경험은 쓸모없는 것이 되고 말았다.

케빈은 자라면서 또래의 아이들과는 달리 아무런 이유 없이 비뚤어진 행동을 한다. 에바도 모성의 혼란을 느끼며 케빈을 자식이 아니라 짐으로 여긴다. 둘 사이의 어색한 모자 관계는 좀처럼 나아질 기미를 보이지 않는다. 끊임없이 울거나, 괴성을 지르거나, 배변 훈련을 의도적으로 거부하는 케빈의 행동을 엄마는 도저히 이해할 수가 없다. 마침내 말귀를 알아들을 만한 아기 앞에서 에바는 말한다.

"엄마는 네가 태어나기 전에 더 행복했어."

괴물은 어떻게 생겨나는가

케빈은 또래보다 늦게까지 기저귀를 찬다. 배변한 기저귀를 엄마가 갈아주자마자 의도적으로 또 기저귀에 배변해 버린다. 화가 난 에바가 아이를 내동댕이치면서 팔이 부러지는데 병원에 다녀온 케빈은 천연덕스럽게 아버지에게 이야기한다. "엄마가 물휴지를 가지러 간 사이에 내가 테이블에서 실수해서 떨어져서 다쳤어." 아이의 이런 언급은 엄마의 난처함을 덮어 주는 것이 아니라 엄마의 정서를 좌지우지하는 노련한 통제였다. 그날 이후 케빈은 기저귀를 뗀다.

계속되는 케빈의 이상한 짓에 대한 에바의 불평에 남편 프랭클린은 사내아이들은 다 그러면서 큰다고 대수롭지 않게 받아들인다.

둘째 실리아^{Celia}가 태어나면서부터 케빈은 활쏘기에 취미를 보이는데, 프랭클린은 아들을 위해 마당에 과녁과 장비들을 마련해 준다. 그러나 실리아의 애완동물이 죽고, 하수구를 뚫는 독한 화약 약품으로 실리아의 한쪽 눈이 실명하자 에바는 케빈에 대한 의심을 멈추지 않는다.

영화에서 케빈은 그냥 악이고 용서되지 않는 원죄 그 자체다. 인터넷에 떠다니는 수많은 영화평들 대부분이 모성이 약한 엄마 에바의 잘못으로 케빈이 비뚤어졌다고 본다. 무책임한 감상평이다. 세상에 아이를 키우면서 힘들 때마다 젊은 날의 자유로움을 그리워하지 않는 엄마가 있을까? 추억까지 모성애라는 윤리로 탓하는 사람들은 모성애 없는 엄마보다 더 나쁜 사람들이다. 영화는 회상으로 시작하지만, 회상이 어떤 순서를 가지지 않고 뒤죽박죽이다. 그래서 아이를 키우는 에바의 표정이 항상 행복 없이 어두운 듯하지만, 에바의 얼굴이 잡히는 장면 대부분은 케빈의 잔혹한 범죄 이후이다. 에바는 우리가 문화 속에서 규정한 그 '모성애'만큼은 아니어도 도저히 설명되지 않는 케빈에 대하여 할 만큼 한 엄마다.

아이보다는 끊임없이 여행의 추억을 되살리는 엄마, 아이가 운다고 시끄러운 공사장에 가서 굴착음에 아이 울음을 묻어 버리는 엄마, 그 엄마를 향한 케빈의 소외감이 악마를 만들었다고 하면서 모성의 중요성을 이야기하지만, 더 추악한 엄마 밑에서도 착한 아이가 나오고, 천사 같은 엄마 밑에서 악마가 나오기도 한다.

오히려 '사내다움'을 내세워 폭력적 아들을 두둔하기만 했던 아버지, 폭력의 도구인 화살을 사주고 훈련 시킨 아버지에 대한 비판의 소리는 찾아보기 힘들다. 그 화살이 집단 살인의 도구가 되었음에도 말이다. 그렇다고 화살이 케빈의 폭력성을 자극했다고 볼 수도 없다. 콜럼바인 고등학교의 딜런 부모는 총기에 대해서 매우 부정적이었지만 딜런은 친구들의 도움으로 총을 사 모았다.

케빈의 폭력성의 원인을 엄마로부터 찾으려는 사람은 자신들이 에바를 향하여 폭력을 행하고 있음을 눈치채지 못한다. 케빈의 엄마라는 이유로 행인에게 뺨을 맞아도 참아야 한다. 때린 그 사람은 실질적인 피해자의 가족이 아닐 것이다. 반면 케빈의 범죄로 불구가 된 학생은 오히려 에바를 위로한다. 『나는 가해자의 엄마입니다』에도 비슷한 경우가 나온다.

이게 원죄다. '아담으로 인해 우리에게 죄가 들어왔다'라는 말은 바꾸어 말하면 설명할 수 없이 인간은 죄에 노출되어 있다는 뜻이다. 케빈은 회개의 기회를 받지 못한 원죄, 근원적 악 그 자체고, 영화 밖에서 혹은 영화 안에서 에바를 향해 돌을 던지는 사람들도 모두 죄의 책임을 다른 곳에서 찾으려는 폭력을 행사하는 죄인들이다. 그의 아버지도 죄인이고, 에바도 물론 그렇다. 그런데 에바에게만 엄마답지 못함의 죄를 물으려 한다.

죄에 직면하라

르네 지라르는 원죄도 하나님을 닮으려는 인간의 모방 욕망으로부터 시작되었다고 본다. 하나님은 본래 욕망이 없는 존재지만 사탄은 하나님도 욕망이 있는 존재라고 하와를 꾄다. 하나님은 인간들의 눈이 밝아질까 두려워 선악과를 먹지 못 하게 하는 욕망을 가진 존재다. 하나님의 욕망을 파악한 아담과 하와는 죄를 짓는다.

테리 이글턴이 『악』에서 지적했듯이 '지옥행'이란 인간의 자유가 일으키는 끔찍한 결말이며, 자기를 지옥에 처넣은 일은 악의에 가득 차 결국 전능한 신을 이겨 먹는 짓이다. 신을 이겨보겠다고 대놓고 저지르는 행위에 신도 속수무책인데 인간이야 무슨 말을 더하겠는가!

바울은 이중적 주체에 대해 고민한다. 선한 일을 하려고 하는데 자꾸 악해지는 것이다. 그것은 선한 일의 기준을 율법(통념)이 지배하고 있기 때문이다. 율법이 나쁜 것도 같은 이유다. 에바의 경우에 빗대어 말하자면 에바는 좋은 엄마가 되고 싶은데 케빈의 행동 앞에서 분노하며 자꾸 나쁜 엄마가 된다. 바울은 본래 선한 엄마라는 것 자체가 문화(율법)가 만들어 낸 인간 욕망의 산물일 뿐이라고 말하는 것과 같다.

> 그러므로 율법은 거룩하며, 계명도 거룩하고 의롭고 선한 것입니다. 그러니 그 선한 것이 나에게 죽음을 안겨 주었다는 말입니까? 그럴 수 없습니다. 그러나 죄를 죄로 드러나게 하려고, 죄가 그 선한 것을 방편으로 하여 나에게 죽음을 일으켰습니다. 그것은 계명을 방편으로 하여 죄를 극도로 죄답게 되게 하려는 것이었습니다. 우리는 율법이 신령한 것인 줄 압니다. 그러나 나는 육정에 매인 존재로서, 죄 아래에 팔린 몸입니다. 나는 내가 하는 일을 도무지 알 수가 없습니다. 내가 해야겠다고 생각하는 일은 하지 않고, 도리어 해서는 안 되겠다고 생각하는 일을 하고 있으니 말입니다(로마서 7:12-15).

어떤 문화적 개념을 그대로 유지하려고 하는 일, 세상에서 지혜와 표적을 찾으려는 일들은 인간이 가지고 있는 욕망이다. 이것이 역사의 진보에 어느 정도 기여했지만 역사는 종말이라는 파국을 향하여 달리고 있다. 영화에서 엄마다움의 결핍으로 케빈이 죄를 지었다고 보는 사람들은 모두 세상의 표적과 지혜를 찾는 사람들이다.

> 유대 사람은 기적을 요구하고, 그리스 사람은 지혜를 찾으나, 우리는 십자가에 달리신 그리스도를 전합니다. 그리스도가 십자가에 달리셨다는 것은 유대 사람에게는 거리낌이고, 이방 사람에게는 어리석은 일입니다 (고린도전서 1:22-23).

아담과 하와의 죄는 스스로 지혜롭고 싶었던 것밖에 없다. 그들이 인류를 향해 저지른 무시무시한 죄는 똑똑해지려는 죄였다. 다음에는 가장 가까운 사이끼리 책임을 떠넘기려는 죄로 연결된다. 현대를 살아가는 사람 입장에서 보면 세상에 죄를 유전시킨 근원적 죄치고는 참 하찮은 수준이다. 성서는 하나님에 대한 불순종이라고 무시무시하게 말하지만 스스로 똑똑해지고 싶다는 말(특정의 기준을 자기가 정하고 싶다는 말)에 다름 아닌 것이 원죄다.

죄는 우리를 지배하는 세력이다. 바울은 로마제국을 죄의 지배 세력으로 은유적으로 묘사한다. 로마의 평화로 위장된 당시 세계의 모든 체계가 죄라는 말이다. 거기에는 철학이 있었고 예술이 있었고 남성다움이 있었고 여성성이 있었고 사랑이 있었고 교양이 있었다. 그런데 죄의 근원이라는 말이다. 안타깝게 죄의 근원을 파헤치기도 전에 기독교 공인 이후 그들의 죄를 묻지 않고 기독교 공동체 안에 받아들인 데서부터 기독교의 타락은 시작되었다. 아우구스티누스는 실체적 죄가 없어진 상황에서 개념적 죄의 문제를 갖고 씨름한다.

악 앞에서 무기력한 선

원죄로 인한 가장 무서운 악은 인간이 그들 스스로 무엇이든 할 수 있다고 믿는 것이다. 마지막에 에바는 케빈에 대하여 모든 것을 포기한다. 엄마로서 하려고 했던 모든 노력이 헛되었음을 인정한다. 면회 가서 케빈에 대하여 비아냥거리듯이 말한다. "이제껏 우울증약을 먹으면서(정신병으로 범죄를 일으킨 것처럼 해서 죄를 감형받으려는 케빈의 의도) 잘도 버텨왔구나. 이제 18살이 되었으니 (무시무시한) 성인 감옥으로 옮겨 가겠구나!"라고 비아냥거리듯이 말한다. 그제야 악(케빈)은 자신을 제대로 본 에바 앞에서 약한 모습을 보인다. 에바와 케빈은 포옹으로 헤어지지만, 아들에 대한 연민이 아니라 영원히 이별을 고하는 장면이다.

세상의 모순은 그냥 그대로 존재한다. 그런데 보수는 그것을 개인의 탓, 즉 엄마의 탓, 가정의 탓으로 돌리며 아버지의 권위라는 이데올로기를 공고화하는 데 사용한다. 진보는 사회의 구조적 탓으로 돌리며 악의 심원에 대해 회피하려고 한다. 죄는 선천적인 것이며 동시에 구조적인 것이다. 죄는 내면의 욕망(선한 욕망까지도)이 지배하는 사회를 만들려고 한다. 내면의 욕망이 마음껏 보장받는 사회가 도덕 사회고 자본주의 사회다. 도덕 사회는 선한 욕망과 악한 욕망을 분별하는 척하고 자본주의는 선한 욕망(노력)의 결과로 우리가 잘살게 되었다고 거짓말을 한다. 르네 지라르가 말한 '낭만적 거짓말'이다. 악의 실체를 제대로 보고 조롱해 주어야 하는데 우리는 십자가보다는 사회의 통념과 성과주의에 사로잡혀 아주 충실한 원죄(악)의 전달자로 살고 있다.

〈영화와 함께 읽은 책〉

르네 지라르, 『그를 통해 스캔들이 왔다』

르네 지라르, 『낭만적 거짓과 소설적 진실』

수 클리볼드, 『나는 가해자의 엄마입니다』

테리 이글턴, 『악』

| 3부 |

영화관에서 읽은 신문

불편한 그러나 최고의 페미니즘 영화
〈엘르〉

나는 여성의 힘을 믿는다.

_록산 게이, 『나쁜 페미니스트』

    2016년~2017년 여러 영화제에서 호평을 받은 프랑스 영화 〈엘르Elle〉 감독인 폴 버호벤은 여자 주인공을 캐스팅하면서 미국 배우 니콜 키드먼, 르네 젤웨거 등에게 출연을 제안했었다. 그러나 시나리오를 읽어본 미국 배우들의 출연 고사로 영어 영화로 제작하려던 계획을 포기하고 프랑스어 영화로 만들었다. 왜 그들은 거장의 제안을 거절했을까? 이 영화를 이해하기 위한 첫 번째 관문이다.

    일단 〈엘르〉는 불편한 영화다. 아니, 보기에 따라 (반여성주의적인) 혐오스러운 영화일 수 있다. 영화는 주인공 미셸(이자벨 위페르 분)이 집에 침입한 괴한으로부터 강간을 당하는 장면으로 시작하는데 폭행 후에 미셸이 보인 행동은 피해자의 정형성에서 많이 벗어나 있다. 경찰에 신고하거나, 개인적으로 복수에 나서지 않고 미셸은 금방 일상으로 돌아간다. 반항하는 과정에서 부서진 물건들을 청소하고 목욕을 하고 초밥을 먹으러 간다. 다음 날부터 그는 늘 그래왔듯이 성실한 게임회사 대표로 살아간다.

이 복잡한 심리를 연기에 담아낼 배우들이 많지 않았을 것이다. 한국에서 이런 영화가 만들어진다면 전도연밖에 미셸 역을 맡을 배우는 없어 보인다. 전도연은 영화 〈해피 엔드〉(정지우 감독, 1999년)에서 미묘한 심리를 잘 담아냈다. 최민식(극중 서민기 역)은 불륜을 벌이는 아내 전도연(극중 최보라 역)을 살해하고 내연남인 주진모(극중 김일범 역)를 범인으로 조작한다.

불륜은 나쁘지만, 살인은 더 나쁘다. 하지만 영화는 제목을 〈해피엔드〉로 정함으로써 아내의 불륜을 바라보는 남성들의 폭력적 시각을 비웃는다. 관객 역시 최민식이 벌이는 완전 범죄의 공범이 되어 불륜 아내를 죽이는 남편의 계획에 동화되어 간다.

성폭행을 바라보는 남성들의 이중적 시각

성폭행당한 여성을 바라보는 남성들의 시각도 이중적이다. 남성들은 폭행당한 여성에게 항상 같은 수준의 심리상태를 바란다. 상처를 영원히 안고 살아가면서 끔찍한 순간을 기억 속에서 지워내지 못하는 여성상 말이다. 그렇게 미리 예단해 놓고 자칭 페미니스트적 시각을 가진 남성들은 여성의 상처를 위로한답시고, 남성의 폭력적 여성관을 목청껏 비판한답시고 기억을 후벼 판다. 성폭행당한 여성이 이전과 변함없이 행동할 때 여성의 용기를 높이 사기보다는 '어떻게 저럴 수 있지?'라고 생각하는 게 사내들의 근저에 깔린 이중적 심리다. 결국 여성들은 상처 속에서 살아가도록 강요됨으로써 두 번의 피해를 입는다. 이처럼 피해자의 자격과 처신 방법도 남성들이 정하는 경우가 많다. 심지어는 여성들조차 피해 여성을 돕는다면서 피해자를 이러한 틀에 꾸겨 넣곤 한다.

이처럼 세상은 어떤 행위를 당한(혹은 행한) 사람들에게 동일한 대응만을 요구한다. 그래서 '성폭행 피해자스러움'의 정형이 있는데 〈엘르〉는 그것을 깨버린다. '엘르'는 프랑스어로 '그녀'라는 뜻이다. 세상의 모든 '그녀'는 각기 다른 '그녀들'인데 사회는 '그녀'라는 대명사 안에 모든 여성을 일반화시켜 버린다. '그녀'는 '그녀들'의 종속 개체가 아니라 독립 개체 '그녀'인데 세상은 '그녀'와 '그녀들'을 동일시한다.

미셸이 경찰에 신고하지 않은 데는 이유가 있다. 39년 전 평범한 주민이었던 미셸의 아버지는 자신의 동네에서 무차별 연쇄 살인을 저지르고 현재 종신형으로 수감 중이다. 당시 언론은 어린 미셸까지 뉴스에 노출시키며 흥미 위주의 보도를 했다. 이후 미셸 가족에게 남은 것은 수모와 손가락질뿐이었다.

미셸이 성폭행 사실을 신고한다면 뉴스는 '연쇄 살인범의 딸, 성폭행 당하다', '강간당한 유명 게임회사 대표가 연쇄 살인범의 딸이었다니!' 등으로 헤드라인을 뽑을 게 뻔했다. 일부 황색 언론은 '강간 스토리 담은 새 게임 출시 앞두고 대표가 자작극?' 이런 제목을 뽑았을 수도 있다. 게다가 아버지가 가석방을 신청해 놓은 상태여서 39년 전 그 일이 대중에게 다시 회자되고 있는 시점도 안 좋다. 뉴스, 아니 세상이 보고 싶어 하는 부분을 잘 아는 미셸에게 경찰 신고는 기름을 붓는 격이다.

회사에 출근한 미셸은 일단 자신의 정책에 반기를 든 젊은 남성

직원부터 시작해서 주변 인물들 중심으로 범인 색출을 시작한다. 복면을 썼을 때는 면식범일 가능성이 크기 때문이다. 동시에 그 일에만 매달려 있지 않고 새로 출시할 게임의 최종 승인을 놓고 직원들과 아이디어 회의를 한다. 게임 속 여자 캐릭터는 강간을 당하고 있는데 미셸은 그 캐릭터의 얼굴에 오르가즘을 더 강하게 묘사하라고 젊은 남성 직원들을 닦달한다.

이 와중에 가까운 친구의 남편과 몇 개월째 불륜을 벌이고 있으며 잘생기고 성실한 이웃 남성 패트릭을 몰래 숨어서 바라보면서 자위 행위를 한다. 패트릭을 집에 초청해 놓고서는 아내가 버젓이 함께 앉아 있는 테이블 밑에서 발로 그의 허벅지 사이를 공략(?)한다. '저런 사람이니 성폭행을 당해도 그렇게 당당하지!'라는 생각을 관객들이 쉽게 하도록 감독은 도발한다.

성폭행범이 또 찾아왔고 세 번째 찾아왔을 때 미셸은 저항하면서 남성의 복면을 벗기는데 범인은 미셸이 유혹하던 이웃집 패트릭이었다. 미셸은 신고하지 않았고 복면을 쓴 패트릭의 폭행과 미셸의 저항은 이후로도 몇 번 지속된다. 상대방이 누군지 아는 상태에서 계속되는 성폭행, 그러나 신고하지 않는 역겨움이란. 여성들의 분노와 남성들의 착각이 교차하는 지점이다.

미셸은 도대체 어떤 사람인가? 패트릭은? 그들은 SM(가학성 피학성 성생활)을 즐기는 사람들인가? 복면은 썼지만, 서로가 아는 상태에서 폭력과 저항이 일어나고 있을 때 마침 집에 돌아온 미셸의 아들에 의해 패트릭은 살해된다. 패트릭은 이 폭력을 쾌락 게임으로 이해한 듯 억울해하면서 죽어간다. 그간의 진행을 모르는 아들로서는 당연한 행위였다.

아버지로부터 자유로워지는 미셸

아버지 조르주의 죄를 미셸이 감당해야 할 일은 아니지만, 아버지로 인한 죄책감의 무게는 평생 그녀를 짓눌러 왔다. 게임 캐릭터를 통해 묘사하려고 했던 성폭행 당하는 여성의 얼굴에 나타나는 환희의 표정은 미셸의 마음이다. 살인범 아버지를 둔 자신의 상처는 누군가로부터 모멸적인 폭행을 당해야만 해소될 것 같은 마음을 게임에 담았다.

그런데 실제 상황이 자신에게 발생했다. 아버지의 살인으로 죽어갔던 사람을 생각할 때 자신이 누군가의 폭행의 피해자가 된다는 사실은 일종의 '씻김굿'이다. 패트릭에게 지속적으로 성폭행을 당하면서 내가 왜 아버지의 죄를 대신해야 하는가 라는 생각에 몸은 격렬하게 저항했지만, 마음은 편해지고 막혔던 게임의 줄거리도 잘 풀려나간다. 마음이 편해진 미셸은 친구에게 네 남편과 불륜을 벌였다는 사실도 고백하고 처음으로 아버지를 면회해서 이제 당신으로부터 자유로워졌다고 말하고 싶은 용기도 생긴다.

불편하다. 성폭행이 누군가에게는 평생 씻을 수 없는 상처이지만 미셸에게는 자기 정화의 의례였다. 미국 배우들이 출연을 고사한 지점이 이 부분이었을 것이다. 감독은 이 불편함에 종교적 메시지를 더한다.

조르주는 39년 전 아무 집이나 문을 두드려 사람이 나오면 그들을 이유 없이 죽였다. 구약성서에 나오는 유월절 그날의 사건이다. 야훼의 대리자는 출애굽이 있던 전날 문에 양 피가 묻어 있는 집은 살려두고 그렇지 않은 집의 장자는 모두 죽였다. 그날의 '문'이 유대

인들에게는 구원의 상징이지만 이유 없이 당한 이집트인들에게는
거대한 폭력의 흔적이다. 야훼의 폭력성을 상징하는 조르주는 가석
방을 요구한다. 다시금 세상에 개입하고 싶다는 의미다. 하지만 법원
이 가석방을 거부하자 그는 이튿날 감옥에서 자살한다. 니체는 신을
죽였지만 '엘르'는 세상에 개입하려던 계획이 실패한 신이 스스로
죽게 만든다. 39년은 유월절로부터 40년이 되어 가나안 땅에 진입하
기 직전 죽은 신의 대리인 모세를 떠올리는 숫자다.

패트릭의 아내는 프란치스코 교황이 프랑스에서 가까운 스페인
의 산티아고를 방문하자 그를 만나러 갈 정도로 독실한 가톨릭 신자
다. 집에 크리스마스 장식을 하는데 동방박사가 흑인이다. 백인 가톨
릭 신자가 흑인 동방박사 모형을 크리스마스 장식에 사용한 점만 보
면 프란치스코 교황의 영향을 받아 열린 마음을 가진 인물인 듯하다.

그녀는 살해된 강간범 남편과 함께 살던 집을 떠나면서 미셸에게
의미심장한 말을 던진다. "그에게 필요했던 걸 미셸, 당신이 줄 수
있어서 다행이었어요." 모든 것을 알고 있었다는 의미다. 아내의 종
교성이 싫었던 남편은 이웃집 여자에게 폭력을 행사하는 사디스트
놀이를 하고, 미셸은 속죄 놀이를 하며, 패트릭의 아내는 신의 역할
놀이를 하고 있었다. 신의 역할 놀이에 빠져 남편의 가학적 성욕 해소
의 도구가 된 미셸이 당한 폭력을 감히 '용서'한다. 또한 삶에서 생생
하게 체득된 것이 아니라 생명이 없는 흑인 인형 장식물로만 인종
문제에 접근할 뿐이다.

반면 미셸의 아들은 임신한 여자 친구 때문에 결혼을 서두르는데
출산한 아이는 흑인이다. 여자 친구에게 속았다는 설정이 아니라
이미 임신한 여성과 교제를 시작했고 그 아이에게 아버지가 필요할

것 같아 결혼을 서둘렀다는 이야기다. 상대를 사랑하면 여인의 태중에 있는 아이까지 받아들여야 한다는 예수 아버지 요셉의 마음이다. 아들은 잠시 이혼의 위기를 맞았을 때 아기를 자기가 키우겠다며 아기를 빼돌리기도 했다.

불편한 영화는 이렇게 구원의 메시지를 우리에게 선포한다. 똑같은 사건은 있어도 똑같은 결론은 있을 수 없다. 많은 사람들이 진리의 근원으로 삼는 종교조차도 누구에게는 구원이지만 누구에게는 폭력이다.

그럼에도 우리는 모든 선택과 판단에서 한국 드라마의 흔한 장면처럼 남편의 내연녀를 찾아가 머리채를 잡아 흔드는 해법만 강요받고 있다. 남편이 미셸과 불륜관계였다는 것을 안 친구는 미셸 대신 남편을 버리고, 미셸도 친구의 남편을 버리면서 두 사람의 우정은 지속된다. 핀란드 영화 〈블랙 아이스〉(페트리 코드위카 감독, 2007년)와 이 영화를 원작으로 한 한국 영화 〈두 여자〉(정윤수 감독, 2010년)에도 이런 설정이 사용되었었다.

세상에 많은 '그'와 '그녀'들이 저지르거나 당한 모든 경험을 '잘 알지도 못하면서' 동일하게 판단하는 일은 또 다른 폭력이다. 구원이란 패트릭의 아내처럼 교회나 책에서 배운 내용에 있지 않다. 미셸처럼 성폭행을 씻김의 기회로 삼는 파격, 그녀의 아들처럼 애인의 아이까지 보듬는 사랑, 이처럼 내가 알고 있는 해법이 전부인 양 착각하는 통념을 거부하는 게 바로 구원이다.

염석진은 죽지 않았다
〈암살〉

지치지 말고, 냉담하지 말고.

_ 앙리 프레데릭 아미엘, 『아미엘의 일기』 1849년 5월 27일 일기

실재의 사막에 오신 것을 환영합니다

〈매트릭스〉(워쇼스키 형제 감독, 1999년)에서 네오(키아누 리브스 분)
는 컴퓨터 해커다. 현대 사회에서 다른 이의 컴퓨터에 자유자재로
드나든다는 것은 그의 침실을 드나드는 것과 마찬가지다. 당하는
사람의 불쾌감이야 말할 나위가 없겠지만 해킹으로 삶을 엿보는 자
들은 자신들이 타인의 삶을 조종하고 있다는 짜릿한 쾌감을 느낄지
도 모른다. 라캉이 말하는 대타자大他者라도 된 듯이 그들은 다른 이의
삶을 조종한다는 착각에 빠진다.

영화 속 네오는 해커로서 모든 것을 알고 있다고 생각하는 존재
다. 그러던 어느 날 네오는 자기가 경험하고 있는 현실이 가상의 세계
라는 사실에 놀란다. 그는 메가 컴퓨터 속에서 조종되고 있을 뿐이었

다. 저항군 지도자 모페스는 세계 전쟁 이후 불에 탄 잔해들만 남아있는 시카고의 황량한 곳으로 네오를 데리고 온다. 그때 모페스는 네오에게 이렇게 말한다. "실재의 사막에 오신 것을 환영합니다."

사실 네오가 가상의 세계 속에 있을 때 그에게 아무런 어려움이 없었다. 영화 속 가상의 세계는 지금 우리가 살고 있는 세계다. 슬픔과 기쁨이 교차하고 사랑과 이별이 있고, 부와 가난이 갈등하는 곳이다. 하지만 새롭게 인도된 황량한 실재 세계에는 아무것도 없다. 네오 아니 우리는 아무것도 없는 실재계를 택할 것인가? 모든 것이 갖추어진 가상계를 택할 것인가?

대한민국의 암울한 시절에 "나라를 걱정하는 분들이 내 삶을 조금 엿본들 어떤가! 그들이 나를 지켜주고 있는데"라고 생각하던 사람들은 지금까지도 가짜 세계를 벗어나지 못한다. 반면 그것이 잘못되었다고 지적하면 사방 모두가 적이 되는 황량한 실재 세계에 던져지게 된다. 〈매트릭스〉가 던지는 질문이고 슬라보예 지젝은 이 말을 책 제목으로 삼아 철학 놀이를 한다.

〈암살〉(최동훈 감독, 2015년)은 오락성을 갖춘데다 친일 극복이 화두인 한국 사회가 고민해야 할 지점을 잘 아는 영리한 영화다. 결코 계몽하지 않으며 엄숙미를 강조하지 않는다.

안옥윤의 아버지와 미츠코의 아버지

뛰어난 사격 솜씨의 소유자 안옥윤(전지현 분)은 독립군 3지대 안에서 상관을 살해한 죄로 진영 내 감옥에 수감 중이다. 그의 솜씨를 알아본 항저우의 임시정부는 안옥윤을 대장으로 하는 3인조 암살단을 조직해 경성에 투입한다. 그곳에서 작전개시일을 기다리던 안옥윤은 어릴 때 어머니에게서 들은 쌍둥이 언니 미치코와 조우한다.

두 사람의 마주 섬은 라캉의 이론을 빌리자면 거울기에 해당하는 상상계다. 라캉에 따르면 상상계란 어린아이가 거울에 비친 자신을 타자로 규정하는 단계다. 아이는 거울에 비친 자기 모습을 통해 자아를 구성하는데 이렇게 구성된 자아는 거울 속의 자신을 보고 소외를 경험한다. 소외된 두 주체 안옥윤과 미츠코는 상대방(거울에 비친 자신)에게서 자신의 잃은 것을 채우려 한다.

미츠코는 아버지 강인국의 친일 욕망을 내면화하면서 아버지의 정당성을 주장한다. 미츠코는 어릴 때 잃어버린 동생을 통해 아버지의 욕망(자신이 잃어버린 것)을 완성하려고 한다. 아버지는 잃어버린 딸에 대한 그리움(그것이 진심이 아닐지라도)을 미츠코에게 표출해 왔다고 짐작할 수 있기 때문이다.

반면 안옥윤은 자신의 아버지의 독립 의지를 내면화해야 한다. 어머니(실제로는 유모)를 통해 너의 아버지는 독립을 위해 싸우다가 죽었다고 귀에 못 박히도록 들었을 것이다. 그런데 안옥윤이 한 번도 보지 못한 이야기 속의 아버지는 강인국이 미화된 존재가 아니라 그녀의 생모 안성심이다. 그래서 어머니(유모)는 아이의 성을 안씨로 했다. 두 아버지를 내면화하는, 하지만 그 결과가 전혀 같을 수 없는 현장에서 미츠코는 자신의 욕망의 근원인 아버지에 의해 살해된다.

이 사건으로 안옥윤은 아버지를 내면화하면서 진입하게 되는 상징계에서 혼란을 겪게 된다. 라캉에 따르면 상징계란 우리가 살고 있는 현실 세계로 아버지로 시작하는 수많은 타자들과의 관계 속에서 이루어지는 세계다. 아버지는 이 세계의 대표적 존재고 나의 모든 것에 개입하는 대타자이다. 아버지는 모든 권위의 상징 팔루스(남근)를 소유한 존재이기 때문에 상징계에 진입한 주체는 권위의 상징을 욕망하게 된다.

그런데 안옥윤은 그녀의 아버지(안성심)가 남근적 존재가 아니라는 것을 아는 순간 아버지에 대한 콤플렉스가 사라진다. 생부 강인국은 안옥윤을 지배하는 또 다른 대타자인 애국심의 시선으로 보면 제거되어야 할 자이다. 그런 점에서 살부단의 일원이었던 하와이 피스톨(하정우 분)과는 다르다. 살부단(친일 아버지를 서로 죽이기로 한 아들들의 연합체)의 실패자 하와이 피스톨은 아버지를 넘어서지 못한 트라우마로 돈만 주면 모든 사람을 죽이는 살인 청부업자가 되어버렸지만, 안옥윤에게 두 아버지 모두 더 이상 대타자가 아니기에 혼란스러워한다.

대타자로부터의 분리에 실패한 하와이 피스톨은 안옥윤을 대신해 강인국에게 방아쇠를 당긴다. 이제 안옥윤은 희생된 수많은 타자의 집합체인 국가를 위해 염석진을 제거해야 한다.

염석진이 죽은 공간의 비밀

마침내 해방되었다. 미츠코로 살아온 안옥윤은 시장 번화한 곳에서 반민특위의 재판을 조롱하듯 무죄를 선고받은 염석진을 만난다. 이곳에서 그의 밀정 행각을 뒤쫓다가 오히려 역습당해 말을 잃었던 명우가 쏜 총에 의해 염석진은 쓰러진다. 그런데 시장에서 총을 맞은 염석진이 쓰러지는 곳은 황량한 '실재의 사막'과 같은 곳이었다. 번화한 시장과 담을 하나 사이에 두고 이렇게 넓은 공터가 있을 리 없을

터, 이곳은 모페스가 네오를 안내했던 그 실재의 사막이다. 어떤 대타자의 시선도 용납할 것 같지 않은 하얀 천만 나부끼는 그곳은 라캉이 말하는 실재계다. 라캉에게 있어서 실재계는 상징계에 담지 못하고 남은 관념의 세계고 도달할 수 없는 세계다.

안옥윤과 명우는 염석진이 쓰러진 곳으로 따라가지 못한다. 이 황량한 장소는 언어와 전통에 의해 포박된 상징계에 사는 사람들의 시선으로 보면 가상의 공간 같지만, 오히려 그 벌판이 실재 세계다. 염석진이 시장에서 죽지 않고 벌판에서 죽는 장면, 시장에서 염석진을 처단한 안옥윤과 명우가 시장 담벼락을 넘지 못한 장면, 죽인 자와 죽은 자를 한 장면에 넣지 않은 감독의 의도는 실재계의 진입 불가능성을 의미한다.

결국 〈암살〉은 〈매트릭스〉의 네오가 그랬던 것처럼 역사와 스크린이라는 가상 공간에서 실재의 세계로 과감하게 넘어서라고 우리를 추동하는 영화다. 안옥윤은 시장에서 친일파를 처단했지만, 동우는 염석진이 변절 전에 일본군에게 맞은 4발의 총알보다 더 많은 6발의 총을 그에게 발사해 정의를 실현한 것 같지만 지금의 현실 세계는 친일파가 신친일파의 이름으로 활동하는 세계다. 이 세계를 바로잡는 일은 라캉이 말하는 실재계에 들어가기만큼 어렵다. 안옥윤도 상징계 속에서밖에 하지 못했던 일은 이제 관객의 몫이다.

쓰러진 염석진이 실재의 사막에서 말하는 것은 '나 잡아 봐라!'다. 안타깝게 안옥윤과 명우는 실재의 사막으로 진입하지 못한다. 하지만 두 사람은 우리가 이만큼 했으니 이제는 당신들의 차례라고 관객들에게 책임을 떠넘기고 있다.

관객이 천만을 넘는 현실 속에서도 친일파의 논리인 건국 논쟁을 불러일으킬 정도로 저들이 용감한 것은 소시민들이 영화로만 만족하지, 거친 실재 세계로 진입할 의사가 없다는 것을 알기 때문이다.

그때 왜 우리 그렇게 싸웠었지?
〈보리밭을 흔드는 바람〉

아이랜드 완전 독립

_「신한민보」 1937년 5월 6일.

1920년대 아일랜드를 배경으로 한 〈보리밭을 흔드는 바람〉(켄 로치 감독, 2006년)은 우리에게는 아직 견뎌야 할 고통의 세월이 남아 있다고 말하는 것 같다. 외세의 개입으로 야기된 자국민 사이의 갈등을 다룬 이 영화는 해방과 전쟁으로 이어지는 우리나라의 역사와 흡사하다.

영화 제목은 로버트 조이스의 같은 제목의 시에서 따왔다.

그녀를 향한 오래된 사랑
나의 새로운 사랑은 아일랜드를 생각하네
산골짜기의 미풍이 금빛보리를 흔들 때
분노에 찬 말들로 우리를 묶은 인연을 끊기는 힘들었지
그러나 우리를 묶는 침략의 족쇄는

그보다 더 견디기 어려웠네(시 일부분)

시는 1798년 아일랜드 봉기에 나섰다가 연인을 잃었던 청년의
슬픈 이야기를 모티브로 했다.

이야기가 많은 땅, 아일랜드

아일랜드, 척박하지만 이야기가 많은 땅이다. 다음 해 농사를 위
해 기근 중에도 큰 감자를 먹지 않고 씨감자로 남겨 두었다는 이야기
는 목사들의 단골 예화고, 주당들에게 아이리쉬 위스키는 명주 반열
에 끼는 술이다. 기원후 5세기 녹색 옷으로 상징되는 선교사 세인트
패트릭이 그 땅에 증류법을 처음 소개했으니 위스키는 선교사가 만
든 매우 기독교적인 전통주나 다름없다. 19세기 말 『진보와 빈곤』이
출판된 후 저자 헨리 조지가 아일랜드에 초청받아 강연을 다닐 정도
로 토지 수탈이 심했던 곳으로 영국의 식민지배를 받던 땅이다. 존
F. 케네디가 처음으로 비앵글로색슨계 미국 대통령이 되었지만, 임
기도 채우지 못한 채 암살당하고 동생 로버트마저 유세 중에 암살당
한 사건도 그들의 슬픈 이야기에 포함된다.

영화의 배경이 되던 1920년대보다 조금 앞선 시점인 1918년 11
월 선거에서 신페인('우리 자신'이라는 뜻)당이 다수 의석을 확보하면
서 아일랜드 의회를 설립하고 아일랜드가 독립국임을 선포했지만,
누구도 거들떠보지 않았다.

1920년대 아일랜드, 청년들이 토착 스포츠인 헐링을 즐기고 있
다. 게임이 끝난 후 마을에 돌아왔을 때 영국군이 들이닥쳐 청년들을

제압한다. 일종의 "집회 및 시위에 관한 법률"을 위반했다는 이유인데 그 과정에서 자기의 이름을 아일랜드 고유 발음으로 말하던 미하일(그는 마이클이라고 했어야 했다.)이 군인들에게 맞아 죽는다. 재판도 없이 친구와 가족들이 보는 데서 당한 이 억울한 죽음에 친구들은 분노할 뿐 슬퍼하지 않는다. 그런 일이 많았다는 이야기다.

의사 다미안(킬리언 머피 분)은 이런 일을 목격하고도 자신의 꿈을 위해 함께 아일랜드를 위해 싸우자는 친구들의 만류를 뒤로하고 런던을 향한다. 그러나 역에서 영국군을 기차에 태우지 않으려는 기관사와 역무원이 폭행당하는 모습을 보고 기차를 떠나보낸다. 다미안은 형 테디(패드레익 딜레이니 분)가 이끄는 IRA^{Irish Republican Army}의 단원이 된다.

IRA와 영국군 사이에 보복의 악순환이 계속된다. 악덕 지주는 자신의 농장에서 일하는 크리스가 수상하다고 영국군에게 밀고하고 크리스의 진술로 다미안과 테드를 포함한 청년대원들이 구속된다. 정식 재판도 없이 사형에 처할 이들은 아일랜드계 영국 병사의 도움으로 탈옥에 성공하지만 3명은 미처 구하지 못한다.

다미안은 기차역에서 영국군에게 폭행당했던 기관사 단을 감옥에서 만난다. 단은 1916년 아일랜드 저항을 주도하다가 사형당한 사회주의자 제임스 코널리의 추종자로 "우리가 당장 내일 영국군을 몰아내고 더블린 성에 녹색기를 꽂는다고 해도 사회주의 공화국을 조직하지 못한다면 우리의 노력은 모두 헛될 뿐이며 영국은 계속 우리를 지배할 것이다. 지주와 자본가, 상권을 통해"라는 코널리의 말을 금과옥조처럼 여긴다.

탈옥한 다미안과 테디, 동료들은 지주와 크리스를 처형하는 데 여기서부터 민족과 독립보다는 보복과 회한이 이들 삶을 지배하기 시작한다. 그토록 증오하던 영국군처럼 재판 없이 밀고자를 처형할 때부터 영화는 뭔가 꼬이고 있음을 암시한다. 크리스를 처형한 다미안은 연인 시네이드에게 "이렇게 우리가 싸우는 아일랜드가 그럴 가치가 있기를 바란다"라며 흐느낀다.

아일랜드 장악 지역에서 벌어진 지주의 고리대금에 대한 재판에서 처음으로 테디와 다미안이 대립한다. 형 테디는 재판받던 지주를 데리고 나가 버린다. 아무리 IRA의 리더라고 하더라도 그들이 세운 자치 정부의 재판정을 스스로 무시한 이면에는 재판정에 불려 나온 고리대금업자의 수탈이 드러났기 때문이다. 테디는 이런 자본가가 돈줄이 되어 독립자금을 지원하는데 재판정이 그에게 너무 가혹하다는 불만을 드러내었다. 반면 다미안은 지주 자본가는 모두 인민의 적이라는 논리를 전개한다. 해방 이후 북한에서 김일성이 양심적인 자본가 지주를 처형하지 않았던 역사를 반추하게 만든다.

'동지는 간데없고 깃발만 나부끼'던 자리에 원수만 남았다

마침내 영국과 아일랜드 간에 전쟁이 종식된다. 양측은 얼스터 6주 (지금의 북아일랜드)를 영국령으로 그대로 남겨 두고, 아일랜드는 완전 독립국이 아니라 자치령으로 두는 조건에 합의했다. 테디는 부분적인 성취지만 일단은 받아들이자는 입장이고, 다미안은 지주 자본가를 포함한 영국의 기생 세력들을 완전히 몰아내자는 입장이었다.

형과 동생은 영화 제목과 같은 조이스의 시처럼 견디기 어려운 '침략의 족쇄'를 함께 끊어 오다가 더 견디기 어려운 시대의 한복판에서 마주한다. 결국 조약 찬성파와 반대파 사이에 내전이 발발한다.

한국전쟁도 그랬다. 일제하에서 함께 투쟁하던 형제자매 이웃들이 생소한 '주의'에 매몰되어 서로를 죽였다. 조약 찬성파는 반대파를 찾아내기 위해 옛날 영국군이 그들에게 했던 것과 똑같은 방식으로 가택수색을 벌인다. 이 과정에서 한 여인의 말이 인상적이다.

"내가 옛날에 너희들을 숨겨주고 먹여 주었는데 나에게 이럴 수 있느냐!"

'동지는 간데없고 깃발만 나부끼'던 자리에 원수만 남았다. 계속해서 독립군으로 남은 조약 반대파는 무기를 탈취하고 그 과정에서 어제의 동지들을 사살한다. 이처럼 은인을 원수로 몰아가고, 앙갚음을 정의로 위장하고, 독선을 명분으로 위장하는 것이 전쟁이다.

마침내 다미안은 테디에 의해 사형당한다. 손톱이 뽑히는 고문에도 동료들을 지켜냈던 테디는 자본가도 포용하고 외세도 인정하자는 온건파가 되어 동생을 사형시키고, 빨리 아일랜드를 벗어나 런던에서 출세하고 싶었던 의사 다미안은 조약을 인정 못 하고 목숨까지 잃는다.

계급주의 시각으로 보면 다미안이 옳고, 국제 정세를 인정하고 온건론을 받아들이자는 입장에서는 테디가 옳다. 그런데 역사에서 이런 논쟁이 없었던 적이 있었고, 또 해답을 준 적이 있었던가!

〈보리밭을 흔드는 바람〉은 감독 켄 로치의 말처럼 계급적으로 읽어야 한다는 주장도 있지만, 계급도 민족도 온건도 강경도 정답을 제시하지 못한다. 가톨릭 신부가 교회에서 강경파를 종교의 이름으로 비난하는 것에 다미안은 당신도 지배 계급의 편이라고 비난하며 교회를 떠난다. 가톨릭이 삶의 전부였던 문화에서 계급은 신앙보다

위에 있었고 목숨보다도 소중했다.

지배자들은 항상 분열과 분할을 통해 피지배자들을 요리한다. 민족과 계급, 종교도 지배자들의 입맛에 따라 조리될 뿐이다. 아일랜드 상류층은 영국계 아일랜드 인으로 주로 개신교(성공회)인들이고 하층민들은 가톨릭계 농민들이어서 서로 적대한다는 분석도 그대로 적용되지 않는다. 다미안은 상류층으로 편입을 마다하고 민중과 함께 서며 신부는 민중과 연대하지 않고 상류층을 대변하는 장면에서 '정치적 분석'은 무색해진다.

진정한 평화는 어디에?

"네가 싸우는 적이 누군지는 알기 쉽지만, 네가 왜 싸우는지는 알기 어렵다(무엇에 반대하는 것은 알기 쉽지만 무엇을 원하는지 알기는 어렵다)"라는 영화 속 대사처럼 우리가 어디로 가고 있는지 알기란 쉽지 않다.

평화는 원하고 있는 것을 알기 위한 노력에서부터 시작한다. 적대 놀이는 그만두고 내가 원하는 것이 종말론적으로 옳은 것인 가부터 성찰해야 한다. 그 처참했던 전쟁에 민족과 해방과 반공과 자유가 정말 우리가 원하던 것이었을까? 그 개념들은 우리가 주체적으로 정립한 것인가? 지배자들에 의해 강요된 것이 아니던가?

이제 좋은 개념이었다 할지라도 그것에 익숙해져 있던 자신을 탈출시키지 않는 한 평화는 오지 않는다. 상대 진영을 비판하기 전에 내 진영의 익숙한 개념으로부터 자유로워지지 않으면 평화는 요원해진다.

나중에 언제?
〈핵소 고지〉

지난 7월 음주운전 및 과속으로 체포됐던 배우 겸 감독 멜 깁슨(50)이 자
신의 체포를 "은총"이라고 표현했다.
_ 「한겨레 신문」, 2006년 10월 13일.

2차 대전 말엽 오키나와 전투에 참전했던 미군 위생병 데스몬드
도스(1919~2006)의 실화를 다룬 〈핵소 고지〉(멜 깁슨 감독, 2016년)는
영웅 신화를 동원한 국가주의 영화처럼 보인다. 전투가 얼마나 치열
했으면 고지의 이름도 핵소hacksaw(쇠톱)였겠는가? 지옥 같은 현장에
서 75명이나 되는 병사의 목숨을 구했다는 전설 같은 실화는 국가주
의를 고취시키기에 충분하다.

그러나 이 영화를 그렇게만 보기에는 미안한 부분이 있다. 도스
는 '제7일안식일예수재림교회', 우리가 흔히 안식교라고 부르는 종
파의 교인을 어머니로 둔 가정에서 성장했다. 일본의 진주만 습격
이후 미국의 젊은이라면 '애국'을 위해 자발적 참전이 하나의 흐름인
시절, 도스도 기꺼이 입대한다. 일반 체력 훈련을 좋은 성적으로 통

과한 도스는 군사 훈련이 시작되자 살인 무기를 잡을 수 없다는 이유에서 집총을 거부한다. 여호와의 증인과 달리 안식교에서는 집총거부가 신자 개개인의 선택이다. 도스는 어릴 적 실수로 동생을 죽일 수도 있었던 사고(실제로는 그렇게 큰 폭력이 아니었을 수도 있지만)의 기억으로 십계명의 살인 금지 계명이 마음속에 깊게 각인된 채로 성장했기에 집총을 거부한다. 여기서부터 상관과 동료들의 박해가 시작되고 도스는 고통의 시간을 견뎌 내야 했다.

우여곡절 끝에 도스는 위생병으로 핵소 고지 전투에 참전하고 비처럼 쏟아지는 포탄 속을 누비며 무기 없이 75명을 구해낸 무용담, 영웅 설화의 주인공이 되었다. 영웅 설화를 그냥 흘려보낼 수 없는 이유는 모두가 전쟁의 광기를 품고 있던 2차 대전 시기에 한 양심적 집총 거부자의 신념과 주변의 사회가 그것을 수용하는 과정을 담았기 때문이다.

참회록을 쓰는 심정으로 〈패션 오브 크라이스트〉(이하, 패션) 영화를 만든 영화감독 멜 깁슨은 '성비오 10세회' 소속의 가톨릭 교인이다. '성비오 10세회'는 제2차 바티칸 공의회의 결정 중 지역 교회는 모국어로 미사를 드리라는 내용을 거부하고 트리덴티노 미사 예전을 따르는 즉 라틴어 예전을 고집하는 단체다. 교황청으로서는 골칫거리일 수밖에 없는데 지금은 가톨릭교회의 일부이긴 하되 로마 가톨릭교회의 완벽한 지체라고 할 수는 없다는 모호한 입장을 취하고 있다.

멜 깁슨이 여기에 속한 신실한 가톨릭 교인이란 뜻은 그만큼 경직되어 있다는 뜻이다. 그가 연출한 영화 〈패션Passion〉은 유대인을 지나치게 악독하게 묘사했다는 비판을 받았으며 〈패션〉에서 사용된 언어도 아람어였다. 멜 깁슨은 2006년 7월 음주운전에 단속될 당시 "X같은 유대인들 때문에 세계의 모든 전쟁은 일어나고 있다"라는 인종 혐오 발언으로 구설에 올랐었다. 그랬던 그가 이번 영화에서 개신교 내에서도 비주류인 안식교인 데스몬드 도스의 손을 들어 주었다. 개신교 중에서는 토요일을 안식일로 지키는, 다시 말해 가장 유대교스런 개신교인데도 말이다. 이 영화는 멜 깁슨의 참회록처럼 보인다. '성비오 10세회' 신도로서의 배타성을 파기하고 그는 다양성에 더 많은 방점을 찍은 것이 아닐까라는 실낱같은 기대를 가질만한 영화였다.

나중에 언제?

한국 사회는 2020년 총선에서 진보 개혁 진영이 압승함으로써 개혁에 한 걸음 더 다가설 수 있게 되었다. 이번 기회에 국가보안법 폐지, 차별금지법 시행 등을 이루어내자는 의견들은 많지만 조심, 겸손, 민심 등의 관념어에 의해 뒤로 밀려나 있는 상태다. '조금 있다가'를 또 믿어줘야 하는 지지자들의 마음은 초조하다. 화끈한 경기력은 없이 승수만 쌓아가는 스포츠팀을 그래도 응원할 수밖에 없는 심정이라고나 할까? 최근 몇 년간의 선거에서 4연승으로 지지율 패티쉬에 취해 있었고, 지지율이 떨어지는 상황에서는 몸조심에만 머물러 있다가 2021년 보선에서 혹독한 심판을 받았다.

핵소 고지에서 부대의 지휘관들은 도스를 불명예 제대시키려고 온갖 수단을 다 동원하지만, 도스는 신념을 굽히지 않았고 영웅이 되었다. 2020년 이후 대한민국은 외부의 적이 아니라 총을 들지 않

는 아군을 따뜻한 시선으로 바라봐야 하는 핵소 고지 상황에 놓여
있다. 마지막 남은 승리를 위해서는 일사불란한 전투력만 필요한
게 아니다. 전투에 승리하기 위해 소수자들은 잠시 닥치고 있으라는
요구는 전투의 목적이 무엇인지를 의심케 한다. 싸워서 쟁취하려는
목표는 특정 팀의 승리가 아니라 소수자가 차별받지 않는 세상을
만들려는 것이다. 따라서 그들을 전투에 동참시키는 일이야말로 승
리를 보장하는 전술이다. 도스가 그랬듯이 말이다.

북한 소재 영화의 명대사
〈국경의 남쪽〉

우리는 언제나 인민을 위하여 혁명을 위하여 말을 하고 글을 써야 한다는
것을 잊어서는 안 된다.
　_ 전미영,『김일성의 말, 그 대중설득의 전략』

　남북미 관계가 첫발을 내디뎠을 때와 달리 파행을 계속하자 다양
한 전망들이 쏟아져 나오고 있다. 비관론과 낙관론, 스몰딜과 빅딜,
미국 책임론과 북한 책임론 등 백가쟁명의 형국이다.
　남북관계라도 어그러지지 않기 위해서는 남쪽 정부와 북쪽 정부
의 결단이 중요하다. 북한 자유여행이나 이산가족 상봉 상시화 등
과감한 결정을 해야 하는데 북은 아직 체제를 완전히 개방할 만큼
준비가 안 되어 있고 남쪽 역시 보수층과 미국의 눈치를 봐야 한다.
　문재인 정부 들어 중도층의 대북 적대 인식은 많이 개선되었지
만, 북한 사회를 바라보는 한국의 시각은 그대로인 것처럼 보인다.
김진향 이사장(개성공업지구 지원재단)은 북한에 대한 무지를 '북맹'이
라고 부른다. 이런 우려는 북한을 소재로 한 영화에서 잘 드러난다.

1990년대 말 이후 꾸준히 나오던 북한 소재 영화들은 반공 영화의 틀은 많이 벗어났지만, 그 안에는 변함없는 '정형'이 있다. 혼자서 수십 명을 상대해도 이기는 무술 실력, 경직된 북한 사회 분위기, 총알도 피해 가는 공작원들, 자신 없는 모습의 북한 주민들은 영화의 단골 메뉴다. 북한 공작원들이 최민식(쉬리)처럼 험악한 캐릭터에서 강동원(의형제), 김명민(간첩), 정우성(강철비), 현빈(공조, 사랑의 불시착), 김수현(은밀하게 위대하게)처럼 잘생긴 배우로 옮겨간 것이 변화라면 변화다.

그럼에도 불구하고 영화를 통해 북한 사회에 대한 이해를 넓힐만한 장면들이 꽤 있었다. 북한 사회를 향한 대중의 오해를 불식할 수 있는 몇 개의 명대사다.

그 여자의 젖가슴이 만져 집데까?

〈국경의 남쪽〉(안판석 감독, 2006년)에서 평양 교향악단 트럼펫 주자인 차승원은 결혼을 약속한 연인을 놓아두고 탈북을 할 수밖에 없는 상황에 처한다. 남쪽에 도착한 차승원은 팍팍한 삶 속에서도 연인 조이진을 탈북시키기 위해 돈을 모은다. 교회에서의 탈북 간증은 그의 주 수입원이었다. 북한에서 부러울 것 없이 살고 아름다운 사랑을 했던 차승원이었지만 돈을 주는 교회에서 바라는 간증의 내용은 북한을 악마화하는 것이었다.

북의 연인에게 연락을 취해도 이렇다 할 응답이 없자 지쳐가던 차승원은 치킨집을 하던 생활력 강한 남쪽 여성과 결혼을 한다. 결혼 생활을 이어가던 중에 마침내 조이진의 탈북 소식이 전해진다. 조이진은 차승원의 도움이 아니라 제 발로 사랑을 찾아 모험을 감행했다.

새터민 교육시설인 하나원에서 두 사람이 만났을 때 차승원은 결혼 사실을 숨긴다. TV를 통해서 우연히 차승원의 결혼을 알게 된 조이진은 차승원에게 이렇게 내뱉는다.

그 여자의 젖가슴이 만져 집데까?

여자는 끝까지 사랑을 믿었고 그것 때문에 탈북했지만, 남쪽에서 지쳐버린 남자는 다른 여자와 결혼을 했다. 탈북 이유가 그곳에서 못 살아서이겠지만 못 사는 이유가 다 체제와 경제난 때문만은 아니다. 사랑이 떠나간 자리는 남북을 불문하고 지옥이다.

내 꿈은 우리 조선이 초코파이보다 더 맛있는 과자를 만드는 거야

〈공동경비구역 JSA〉(박찬욱 감독, 2000년)에서 이병헌, 김태우 두 남측 병사는 북측 병사 송강호, 신하균이 근무하는 북측 초소를 몰래 찾아가 우정을 나눈다. 어느 날 이병헌이 가져다준 초코파이를 맛있게 먹는 송강호에게 이병헌은 금기의 말을 한다. "형! 남쪽으로 내려가자." 순간 송강호의 표정은 굳었고 북측 초소 분위기는 싸늘해졌다. 마침내 송강호는 먹던 초코파이를 손바닥에 내뱉는 일촉즉발의 상태에 다다른다. 이때 일어난 반전.

내 꿈은 우리 조선이 초코파이보다 더 맛있는 과자를 만드는 거야.

송강호는 손바닥에 뱉었던 과자를 다시 먹는다. 이병헌이 송강호를 남쪽으로 귀순시키기 위해 사용한 도구는 고작 '초코파이'였다. 남한이 북한을 바라보는 태도는 항상 이랬다. 못사는 나라, 배고픈 나라, 과자조차도 없는 나라, 한마디로 말하면 맛있는 과자 하나에 마음이 흔들릴 '인민'으로 보았다. 북한의 경제력은 남한보다 떨어지고 생필품의 수준도 우리에 못 미치지만, 그것으로 인해 흔들릴 만큼 그들은 비굴하지 않다. "모진 고난의 세월 속에서 자존심을 지켜온" 그들이라고 문재인 대통령도 능라도 경기장에서 연설했다.

주민들이 몰래 숨어서 한국 드라마를 본다고 해서 남한 체제를 동경한다는 뜻은 아니다. 장마당에서 사 먹는 초코파이가 남쪽 과자라는 것도 안다. 남한이 과자를 맛있게 만든다고 해서 우월한 체제로 인정하지도 않는다. 그들은 그들만의 문법이 있고 시스템이 있다. 대북 지원이 그들을 굴복시키려는 도구가 되어서는 안 된다.

너희들이 와 전쟁에서 지는 줄 아니?

〈고지전〉(장훈 감독, 2011년)에서 6.25 전쟁이 개전하자마자 하루 만에 의정부까지 내려온 인민군 장교 류승룡은 포로가 된 신하균과 고수에게 이렇게 말한다.

너희들이 와 전쟁에서 지는 줄 아니? 너희가 왜 도망치기 바쁜지 알어? 그건 왜 싸우는지 모르기 때문이야.

그러면서 류승룡은 조국 해방이 되면 함께하자며 고향에 가서 조용히 숨어 있으라고 포로들을 풀어준다. 북한군이 남한군 포로를 '악랄하게' 학살하지 않고 풀어준 장면은 지금껏 한국 전쟁영화에 드문 장면이다.

북한에서 6.25는 '민족 해방 전쟁'으로 정의된다. 반면 이승만 정부는 공허한 통일과 반공을 이념으로 삼았다. 혼자서 통일을 이룰 군사적 능력이 없던 이승만 정부였기에 통일의 동력을 반공으로 삼고 보도연맹 학살을 자행했다. 자기 백성의 학살 위에서 성립한 반공 이데올로기가 민족해방 이데올로기를 당할 수 없었다. 영화 끝부분에 가서 류승룡도 왜 싸우는지 모르는 전쟁을 하다가 죽어간다.

1986년 당시 통일민주당 국회의원 유성환은 국회 연설에서 "국시를 반공에서 통일로 옮겨야 한다"라고 주장했다가 국회의원직을 박탈당했다. 반공 없는 통일은 생각할 수 없는 일이었다. 이 패배의 논리는 2019년 국회에서도 작동했다. 나경원은 문재인 대통령이 김정은의 수석 대변인이라고 주장함으로써 이승만, 박정희, 전두환의 논리를 답습했다.

내가 잘못 온 것 같시오, 평양으로 다시 데려다 주시라요

〈풍산개〉(전재홍 감독, 2011년)에서 휴전선으로 남과 북을 마음대로 오가며 택배를 비롯한 심부름센터의 일을 하는 정체불명의 윤계상은 국정원으로부터 북한에서 여인 하나를 데려오라는 지시를 받는다. 북한 여인 김규리와 윤계상은 휴전선을 넘는 과정에서 생사의 고비를 함께 나눈다. 마침내 남에 도착한 김규리는 일이 뭔가 잘못되었음을 깨닫고 북으로 돌아가겠다며 이런 말을 했다.

북한이탈주민지원재단 자료에 따르면 탈북자 73.2%가 남쪽에서 하류층이라 생각했다. 북한에서의 생활에 대해서는 50.5%가 하류층이라 답했다. 하류층으로 인식하는 비율이 남에서 더 늘어났다는 말이다. 또한 남북하나재단 조사에 따르면 탈북자 20.5%(일반국민은 6.8%)가 최근 1년간 죽고 싶다는 생각을 해봤다고 답했다. 남쪽에서 탈북자들의 삶의 질이 크게 개선되지 않았다는 반증이다.

청진의과대학을 졸업한 최승철 씨는 북한에서 의사로 일하다가 2002년 탈북했다. 그리고 2008년 영국으로 건너가 재영한민족협회(탈북자 모임) 회장을 맡았다. 2015년 11월 10일 미디어 오늘과의 인터뷰에서 그는 엘리트 집안에서 태어난 자유주의자로서 북한의 통제 분위기가 싫어 탈북했지만 언젠가 다시 북한으로 돌아갈 것이라고 이야기했다. 형제들은 북에서 잘살고 있으며 1차 탈북해서 중국에서 '자유'를 좀 즐기다가 다시 들어가 가족과 함께 2차 탈북을 해 한국으로 왔다. 탈북자들의 남은 가족이 고통 속에 있지도 않고 탈북 후 다시 돌아가도 심한 문초를 당하지도 않았다는 말인데 교회를 돌아다니는 '전문 탈북 강사'들은 기름통에 넣어서 죽인다는 등의 거짓을 읊어댄다.

최 씨는 한국 사회에서 탈북자는 2등 시민이고 전쟁포로라고 표현한다. 남한 사회가 그들을 같은 시민으로 받아들이지 않을뿐더러 체제 선전의 도구로 쓴다는 말이다. 월북자(탈남자)들을 체제 선전의 도구로 사용하는 짓은 북한에서도 이미 1980년대 그쳤다. 한국만 북한에서 무슨 짓을 했건 다 받아들여서 '전쟁 포로' 취급을 하거나 태영호처럼 강남의 부유층들이 진보 정권을 조롱하기 위한 허수아비로 소모된다.

언니 피가 장군님에게 들어가고 있으니 영광이갔소

〈강철비〉(양우석 감독, 2017년)는 북한 내 쿠데타 시도로 중상을 입은 북한 1호가 남쪽으로 피신해서 치료를 받는다는 이야기로 시작하는 영화다. 쿠데타 세력을 피해 남으로 피신할 때 정우성과 두 명의 여성 노동자가 함께한다. 일단 아무 병원(산부인과)이나 들어가서 응급치료를 받는데 여성 노동자 중 한 명의 혈액형이 1호와 맞아 수혈하게 된다. 이 장면에서 다른 여성이 부러워하면서 한 말이다.

김정은은 2019년 3월 제2차 전국 당 초급선전일꾼대회에 보낸 서한에서 "수령은 인민과 동떨어져 있는 존재가 아니라 인민과 생사고락을 같이하며 인민의 행복을 위하여 헌신하는 인민의 영도자"라면서 "수령의 혁명 활동과 풍모를 신비화하면 진실을 가리우게(가리게) 된다"라고 말했다고 조선중앙통신이 전했다. 최근에는 축지법 논란도 잠재웠다.

한국의 언론은 이 소식을 전하면서 김정은에게 초점을 맞췄지만 실제로 '수령'은 김일성에게 해당하는 호칭이다. 그래서 '유훈통치'고 김정일과 김정은은 위원장으로 호명된다. 수령의 혈통에 있는 김정은으로서는 파격적인 선포다.

남쪽에서는 수령의 혈통에 의한 영도체제가 억압과 세뇌에 의한 것이라고 폄하하면서 3대 세습을 문제 삼는다. 선거로 사람을 뽑는 나라들의 시각에서는 낯설지만, 그들이 보기에 남쪽도 이상하기는 마찬가지다. 이 부분은 영화 〈간첩〉(우민호 감독, 2012년)에서 잘 드러난다. 남쪽에서 생계형 간첩 생활을 하고 있는 고정간첩들이 새로운 임무를 부여받고 일식집에서 오랜만에 조우하면서 이런 대화를 나눈다.

자기들이 뽑은 대통령을 김정일보다 싫어하는데 요즘 간첩이 할 일이 어딨어?

북한 사람들에게 최고 지도자는 인민을 옳게 지도하는 존재다. 김정일은 주체사상을 다음과 같이 설명한다.

사회 력사의 주체로서 인민 대중은 력사의 창조자이지만 옳은 지도에 의해서만 사회 력사 발전에서 주체로서의 지위를 차지하고 역할을 다할 수 있다.

직장 상사 앞에서는 주눅이 들면서 권력의 정점에 있는 대통령(영화 배경으로 보면 노무현 대통령 시절이다)에게는 온갖 막말을 쏟아내는 남쪽의 분위기는 북쪽 사람들 이해의 한계를 넘어선다.

〈강철비〉에서 여성 노동자의 이 발언은 진심일 것이다. 우리 사회에서 정치 지도자에게는 수혈할 마음이 생기지 않아도 그들이 좋아하는 스포츠 스타나 연예인에게 수혈할 기회가 주어진다면 기꺼이 할 사람들이 있는 것과 마찬가지다. 영도자는 지도력의 원천이고 모든 인기와 존경을 누리는 존재다. 이런 존재에게 도움을 줄 수 있는 행위는 영광이지 세뇌의 결과가 아니다. 그들의 눈에는 인기스타에 열광하는 남한 사람들이 오히려 소비주의와 향락주의에 세뇌된 것으로 보일 수도 있다. 그 시스템이 좋다는 뜻이 아니라 북한 인민들이 모두 권력이 두려워 거짓으로 살고 있는 것은 아니라는 말이다. 2003년 대구 하계 유니버시아드 대회에도 방한한 북한 응원단은 이른바 '북한 응원단 현수막 사건'(현수막에 포함된 김정일의 사진이 비에

젖었던 사건)으로 인해 눈물을 흘려 보는 이들을 당혹하게 했지만 그들의 조금 다른 친밀함의 표현으로 너그럽게 이해해야 한다.

선한 사람을 위한 도청
〈타인의 삶〉

암약하는 스파이 시모노세키요새를 염탐하다. 2명의 외국인의 기이한
행동. 목하 전국에 수배 중
_「부산일보」, 1934년 12월 13일.

영화 〈타인의 삶〉(플로리안 헨켈 본 도너스 마르크 감독, 2006년)은 도
청에 관한 영화다. 1984년, 베를린 장벽이 무너지기 5년 전, 동독의
비밀경찰 비즐러(울리히 뮈헤 분)는 그가 하는 일에 조금도 거리낌이
없는 사람이다. 확신에 가득 차 '국가'(동독)를 위해 봉사하는 그의
모습에서 청교도가 풍기는 순결의 냄새마저 감지된다. 통일 직전까
지 동독에서는 9만 명이 넘는 비밀경찰(슈타지, 국가 안전부의 약칭)과
약 17만 명의 정보원이 활동했다고 한다. 당시 동독 인구(1980년대
약 1,600만 명 정도)를 기준으로 하면 50명 중 1명은 감시원이었던 셈이
다. 비즐러 역을 맡은 울리히 뮈헤는 동독 출신 배우인데 반체제적
성격이 강했던 그도 아내에게 감시를 당했었다고 인터뷰에서 밝힌
적이 있다. 이 역할이 너무 강렬해 스트레스를 받았던 것인지 영화가

개봉된 이듬해 53살의 젊은 나이에 위암으로 사망했다.

영화 속 비즐러는 반국가 혐의가 있는 용의자를 잡아다가 윽박지르지 않으면서도 상대방을 공포에 몰아넣어 자백하게 만드는 고수다. 영화 내용으로만 미루어 보자면 80년대까지 죽음에 이르는 폭력이 있었던 반공 한국의 '안전기획부'보다 공산국가 정보기관이 더 점잖다.

비즐러가 심문하면서 피의자에게 "우리가 멋대로 잡아들였다는 건가? 우리의 인도적인 시스템을 모독하는 것만으로도 자네는 체포감이야"라고 한 말은 히틀러 밑에서 선전상을 지낸 괴벨스의 어록 "나에게 한 문장만 달라. 누구든 범죄자로 만들 수 있다"를 연상시킨다.

때리지 않는 심문 고수 비즐러에게 극작가 드라이만(세바스찬 코치 분)과 그의 애인이자 여배우인 크리스타(마르티나 게덱 분)를 감시하라는 새로운 임무가 부여된다.

비즐러는 드라이만의 집에 도청 장치를 설치한 후 두 사람의 은밀한 사생활까지 도청한다. '두 사람은 선물을 푼 후 육체관계를 한 것으로 판단' 따위의 보고까지 하던 비즐러는 점점 그들의 삶에 매료되어 간다. 더불어 동독 정부에 반대하는 자유 인사들을 모두 반국가적 인물로 매도하던 그의 생각도 조금씩 바뀌게 된다. 드라이만의 삶을 엿들을수록 동독 정부 체제에 반대하는 순수한 사회주의자 드라이먼에 매료된다. 비즐러와 드라이만은 각기 다른 방법으로 사회에 봉사하고 있을 뿐이다. 비즐러가 혼란에 빠지는 부분이 바로 여기다. 자신이 살아오던 방식이 애국을 위한 최선의 길이라고 알고 있었지만, 드라이만은 다른 방식으로 인민과 예술과 삶을 사랑하고 있었다.

한편 문화부 장관 헴프는 크리스타에게 눈독을 들인다. 곪을 대로 곱은 사회주의 국가에서 인민은 평등하지 않고 헴프는 권력을 이용해 크리스타를 탐낸다. 사회주의 국가만의 문제이겠는가? 타락한 자본주의 사회에서 자본은 권력을 대신해 똑같은 짓을 한다. 헴프는 드라이만을 그녀에게서 떼어놓아야 했고 그러려면 드라이만의 반국가 행위를 잡아내어야 한다. 비즐러는 국가를 위한 일이라고 여기고 도청 지시를 성실히 수행했지만 실은 권력자 개인을 위한 업무였다. 이 사실을 알게 된 비즐러는 국가와 권력 사이의 균열을 비로소 깨닫게 되고 두 사람을 도우려고 한다.

헴프의 끈질긴 유혹과 배우로서 성장하고 싶은 크리스타의 욕망이 일치하는 순간 둘은 관계를 갖는다. 이 사실을 아는 비즐러는 그만의 방법으로 드라이만으로 하여금 둘의 내연 관계를 눈치채게 만든다. 국가를 위한다고 사랑 한 번 제대로 못 해본 건조한 삶을 살아온 비즐러는 외도한 애인 크리스타를 받아들이는 드라이만에게 충격을 받는다. 그들의 삶을 엿듣던 비즐러는 매춘부를 불러 그들의 삶을 흉내 내지만 사랑이 반드시 육체관계에 기초하고 있지 않다는 서글픔만 터득했다.

좋은 사람들을 위한 소나타

드라이만의 친구 알베르트 예스카는 드라이만에게 "좋은 사람을 위한 소나타"라는 악보를 건넨다. 얼마 지나지 않아 정부로부터 감시받던 예스카가 자살한 시체로 발견된다. 이에 충격을 받은 드라이만은 동독의 현실을 서독의 슈피겔지에 폭로하기로 작정하고 동독 정부에 등록되어 있지 않은 타자기로 작업을 한 후 친구 한 명을 서독으로 탈출시켜 슈피겔지에 투고한다. 물론 비즐러는 이 모든 과정을 알고 있었지만, 묵인한다.

드라이만과 크리스타 이 두 타인의 삶은 비즐러의 삶 속으로 들어와 그를 혼란에 빠뜨린다. 본래 비즐러가 그들의 삶에 개입하는 것이었는데 오히려 비즐러가 그들에 의해 흔들리고 있다. 비즐러는 드라이만이 연주하는 '선한 사람을 위한 소나타'를 들으며 눈물을 흘리면서 '인간'이 되어 간다.

동독 정부는 슈피겔에 실린 글의 필자가 드라이만 밖에 없다고 판단하고 그를 더욱 옥죄기 위해 약물 중독 혐의가 있는 크리스타를 잡아들인다. 결국 크리스타는 배우 생활을 계속하고 싶은 마음에 타자기를 숨겨둔 곳을 말하고 만다. 하지만 비밀경찰은 드라이만의 집에서 타자기를 찾지 못한다. 본래 타자기가 숨겨져 있어야 할 곳을 비밀경찰이 뒤지자 드라이만은 순간 크리스타를 바라보는데 그 길로 크리스타는 길거리로 나아가 달려드는 차에 뛰어들어 자살한다.

모든 작전이 실패로 돌아가자 비즐러는 한직으로 좌천되고 그곳에서 베를린 장벽 붕괴의 소식을 듣는다. 통일 후 드라이만은 우연히 만난 문화부장관 헴프로부터 도청에 관한 사실을 듣고 그제야 자신이 슈타지로부터 감시받고 있었다는 사실을 알게 된다. 그러면 수색 당시 늘 숨겨두던 곳에 타자기가 없었던 이유는 무엇인가? 드라이만을 '보호'하고 있던 비즐러가 미리 숨겨 두었던 것이다.

베를린 장벽 붕괴와 이듬해 이루어진 독일 통일 후 동독의 모든 자료가 공개된다. 드라이만은 문서 보관소에서 자신을 감시한 그러나 도와준 비즐러에 대한 모든 정보를 얻는다. 세상이 바뀌었어도 크리스타의 일로 슬럼프에 빠져있던 드라이만은 친구가 준 악보 제목인 '선한 사람을 위한 소나타'라는 제목으로 책을 출간한다. 그리고 책 앞부분에 비즐러의 암호명인 'HGW/XX7'에게 헌정한다는 말을 쓴다.

비즐러는 서점 앞에서 드라이만의 신간을 발견하고 책을 구입한다. 서점 직원이 비즐러에게 묻는다. "선물하실 거에요?" 비즐러는 말한다. "아니요. 나를 위한 겁니다."

누가 정말 선한 사람일까?

드라이만은 모든 사실을 알기 전까지 타자기를 숨겨둔 위치를 정보기관에서 밀고한 것도 그리고 미리 그곳에서 타자기를 치운 것도 크리스타가 한 일로 알고 있었다. 미리 치워주기는 했지만 밀고한 사실만으로도 죄스러워 차에 뛰어들었다고 생각했었는데 그녀는 타자기를 치우지 않은 것이다. 그러면 크리스타는 왜 자살을 선택했을까? 당연히 죄책감이 컸겠지만, 그녀가 알고 있던, 타자기 숨겨둔 곳인 마루 밑에서 타자기가 나오지 않았을 때 드라이만을 향해 이 남자가 나를 못 믿고 있다고 생각해서 모멸감에 그렇게 한 것은 아닐까? 숨이 넘어가는 순간 달려온 비즐러를 보고 크리스타는 그를 비난한다. 죽기 직전에야 모든 것이 비즐러 소행이었음을 알게 된 것 같다. 사랑과 욕망 사이에서 방황한 크리스타는 선한 여자는 아니었지만 불쌍한 여자다.

드라이만, 대부분의 영화 평론가들은 동독이라는 암울한 사회를 견뎌낸 지식인 드라이만에 주목한다. 그는 정말 선한 사람일까? 오히려 그는 전형적인 비겁한 지식인에 가깝다. 사랑했던 여인이고 그를 배신한 일 때문에 죽음을 택한, 아니면 자신을 신뢰하지 못한 애인에 대한 배신감 때문에 죽음을 택한 여인이다. 어느 연유가 그녀를 죽음으로 몰았는지 알 수 없지만 죽음의 일차적 책임은 드라이만에게 있다. 죽어가는 크리스타를 안고 '미안하다'를 외쳤지만, 죽음 후 몇 해 동안 그 충격으로 슬럼프에 빠져 지냈지만 모든 사실을 알게 된 후 드라이만은 크리스타를 마음속에서도 떠나보낸다. 그는 자신의 책을 크리스타에게 헌정하지 않는다. 더구나 책의 제목의 모티브가 된 자살한 음악가 친구 예스카에게도 헌정하지 않는다. 그를 감시하면서도 지켜주었고 마침내 책을 쓰게 된 동기를 제공한 비즐러에게 헌정한다.

비즐러는 책임감이 투철한 정보요원이었지만 그 책임감이 얼마나 부질없는 것인가를 알아가면서 자신도 모르게 드라이만을 돕는다. 수많은 사람을 감옥에 보낸 그이지만 자신의 잘못을 발견하는 순간 출세도 포기하고 마치 스스로 고행하듯 좌천된 장소에서 예전에 그랬던 것처럼 성실히 일한다. 통일 후 드라이만은 책을 발견하고 이 책은 나를 위한 책이라고 말한다. 이제 그는 자신이 했던 일을 곱씹으면서 더욱 처절히 회개해야 한다. 행여 비즐러가 그 책을 읽으면서 내가 작가 하나를 키웠다는 오만에라도 빠지지 않기를 바란다.

예수께서 바리새파를 위선자라고 부른 것도, 사도 바울이 죄와 은혜를 연결시켜 설명한 것도 결국은 같은 맥락이다. 성서에서 말하는 죄는 추악한 죄가 아니다. 그런 죄는 성서가 아니어도 얼마든지 단죄할 수 있고 이런 죄를 짓고도 뻔뻔하게 은혜의 이름으로 용서를 구하는 자들은 은혜를 모르는 자들이다. 예수와 바울이 문제 삼은 죄는 죄 같지 않은 죄이다. 본인이 죄라고 인식하지 못하는 죄이다.

비즐러가 그랬다. 그는 성실한 국가 공무원이었을 뿐이다. 그런데 타인의 삶을 엿보는 불법행위를 하면서 그는 도청보다 더 큰 죄, 즉 자신이 잘 못 생각하고 있었다는 고백에 다가간다.

드라이만의 책상 위에는 베르톨트 브레히트의 책이 있었다. 아마도 그 책에는 브레히트의 명시 '선한 사람을 위한 심문'이 있었을 것이다. '자신을 팔지 않는다고 하니 당신은 선한 사람이네요'라는 영화 속 대사와 브레히트의 이 시는 맥을 같이 한다.

선한 사람을 위한 심문

앞으로 나오라, 우리는
그대가 좋은 사람이라고 들었다.
그대는 매수되지 않지만,
집을 내려치는 번개 또한
매수되지 않는다.
그대는 그대가 했던 말을 지켰다.
그러나 어떤 말을 했는가?
그대는 정직하고, 자기 의견을 말한다.
어떤 의견인가?
그대는 용감하다.
누구에게 대항하는 용기인가?
그대는 현명하다.
누구를 위한 현명함인가?
그때는 자신의 개인적 이익을 돌보지 않는다.

그렇다면 그대는 누구의 이익을 돌보는가?

그대는 좋은 친구이다.

그대는 좋은 사람들에게도 좋은 친구인가?

이제 우리의 말을 들으라, 우리는

그대가 우리의 적임을 안다. 그런 이유로 우리는

이제 그대를 벽 앞에 세우리라. 그러나 그대의 미덕과 장점들을 고려하여

우리는 그대를 좋은 벽 앞에 세우고 그대를

좋은 총의 좋은 탄환으로 쏠 것이며 그대를

좋은 삽으로 좋은 땅에 묻어 주리라

_ 슬라보예 지젝, 『폭력이란 무엇인가』에서 재인용

첨단 장비 없이도 우리는 노출된 세상을 살고 있다. 영화 마지막 부분에서 드라이만은 차를 타고 비즐러의 뒤를 쫓아간다. 감시당하던 자가 이제 감시하는 자가 되는 장면처럼 우리는 좋든 싫든 타인의 삶에 개입되어 살아간다. 타인의 삶이라는 텍스트를 통해 우리는 지금 무슨 짓을 하고 있는지 깨우치는 지혜에 도달한다. 이처럼 타인의 삶이 반면교사를 넘어 텍스트로 작동할 때 우리는 누군가에게 진리의 방편으로 역할을 하게 될 것이다.

신부님 저는 괜찮아요
〈검은 사제들〉

가톨릭 퇴마사(마귀를 퇴치하는 사람)들이 부활하고 있다. 지난달 말로
마 교황청은 공식적으로 퇴마사를 양성하겠다고 발표했다.
_ 「조선일보」, 2008년 1월 12일.

2014년 음력 7월 15일, 불교 전설에 따르면 아귀(악령)에게도 하
늘에서 선을 베푸는 날이라고 영화는 설명한다. 따라서 악령의 활동
이 가장 활발한 이 날, 퇴마사 김범신 신부(김윤석 분)는 여고생 영신
(박소담 분)의 몸에 들어온 악령을 잡으려는 퇴마 의식을 최준호 부제
(강동원 분)와 함께 진행한다. 이날 떴던 보름달은 '슈퍼문'이라고 불
리는 달로 서양 점술사들도 슈퍼문과 관련된 갖가지 '비설'들을 쏟아
냈다.

음력 7월 15일은 양력으로 8월 10일, 바로 전날인 9일에는 광화
문에서 세월호 특별법 제정을 위한 집회가 열렸다. 그 여파로 시내
곳곳에는 전경들이 배치되어 있고 명동 성당 후미진 곳 '정의 구현
사제단'에서는 신부들이 현수막을 만들고 있는데 '진실', '밝혀라' 등

이 영화 속에서 얼핏 스쳐 지나간다. 8월 13일에 있었던 프란치스코 교황의 방한 환영 현수막은 아니다. 국가적 행사를 위한 현수막을 이렇게 조악한 곳에서 만들 리가 없다. 그들은 지금 뭔가 '비공식적'인 일을 꾀하고 있다.

영화 〈검은 사제들〉(장재현 감독, 2015년)이 퇴마 영화의 전범 〈엑소시스트〉(윌리엄 프리드킨 감독, 1973년)의 어설픈 베끼기라는 평론가들의 악평이 많은 것도 실은 이 영화에서 '세월호'를 놓쳤기 때문이다. 세월호를 은유했다고 해서 좋은 영화라는 뜻은 아니다. 감독은 이 은유를 너무 깊이 숨겨두려고 은유를 과잉 사용했고 그 결과 영화는 산만해져 버렸다.

악령이 영신의 몸에 들어왔다는 2014년 2월 10일을 세월호의 안전 검사가 통과된 날과 연관시키면 지나친 비약이라고 지적받을 수도 있겠으나 영화가 세월호를 말하고 있다고 느낀 내가 영화 관람 후 '세월호와 2월 10일'을 검색해 보니 '세월호 안전 검사 통과'가 제일 먼저 검색되었다. 이날부터 거대한 악의 음모가 시작되었다는 의미가 아닐까?

한국에서 12 형상 악마 중 하나가 발견되었다는 보고에 따라 퇴마 신부들의 모임인 장미십자회 소속 신부 2명이 한국에 입국한다. 이들은 12 형상 악마를 포획했지만, 악마를 확실하게 없애기 위해 급하게 이동하던 중 여고생 영신을 치어 버린다. 악마의 제거가 더 시급하다고 느낀 두 신부는 뺑소니를 치는데 그들이 탄 차가 다른 차와 충돌하면서 숨을 거두고 결국 악령은 소녀의 몸속으로 들어간다.

그런 점에서 이 '교통사고'는 단순한 교통사고가 아니라 거대한 악의 기획이었다. 그날의 사건이 그랬던 것처럼 말이다.

이때부터 한국 신부들이 부마자(악마의 숙주)가 되어 버린 소녀 영신의 퇴마 사역을 이어받으면서 악령과 길고 지루한 싸움을 이어가는 내용이 영화의 기본 줄거리다. 줄거리로 치자면 전형적인 엑소시즘 영화의 틀 속에 있기 때문에 〈엑소시스트〉의 모작이라고 혹평받아 마땅하다. 감독은 이런 비난을 고려한 듯 다음과 같은 몇 가지 상징으로 2014(5)년 사회를 담아내려 한다.

새끼 돼지

영화 속 새끼 돼지는 영신의 몸에서 빼낸 악령이 자리 잡게 될 새로운 숙주다. 영화 속 돼지는 마가복음 5장의 거라사 광인 이야기에 나오는 그 군대 귀신이다. 거라사 광인에게서 쫓겨난 악령들이 돼지 떼 속으로 들어가 모두 물에 빠져 죽었다. 돼지고기를 먹지 않는 유대인들이 왜 돼지를 키웠을까? 당시 로마제국이 건설한 통상로였던 '비아 마리스Via Maris'를 오가던 상인들을 위해 돼지를 키웠을 가능성이 크다. 따라서 거라사 광인의 악령이 돼지 떼로 옮겨 감으로써 당시 유대인들의 천박한 '장삿속'이 드러났다면 〈검은 사제들〉의 돼지는 '군대'에 방점이 찍힌 귀신처럼 보인다. 그런데 왜 하필 '새끼' 돼지였을까? 5·16쿠데타로 활동을 시작한 군대 귀신의 '새끼'를 말하고 싶었던 걸까?

신부님 저는 괜찮아요

엑소시즘 영화에서 악령은 주로 여성에게 기생한다. 여성의 나약한 이미지가 악령이 활동하기 쉬울 것이라는 생각 때문인데 〈검은 사제들〉에 나오는 악령은 남성에게 들어갔어야 하는데 잘못 들어간 존재다. 그래서 악령은 더 강력하게 활동한다. 영신의 입을 통해 나오는 악령의 소리에는 '남성'과 '여성'이 반복해서 나타난다. 2월 10일 이후로 거대한 악의 기획을 담은 숙주가 된 영신이 그 상태를 벗어나려면 나약한 여성을 부마자 삼은 거대한 악의 실체를 밝혀야 하는데 영화는 슬쩍 주제를 바꿔버리며 비겁한 결말을 내린다.

여성(영신)은 사제들을 가리켜 원숭이라고 비웃는다. 거대한 악의 세력에 맞서지 못하는 비겁한 '남성'들을 향한 질타다. 최준호 부제는 어릴 때 맹견에게 공격당해 결국 목숨을 잃고 만 누이동생을 두고 도망간 트라우마에 벗어나지 못하는 인물이다. 그러나 그는 이제 더 이상 도망가지 않겠다고 다짐하며 퇴마 예식에서 큰 역할을 한다. 세상을 비웃는 영신 속의 악령을 언제까지 두려워할 것인가라고 영화는 묻고 있다.

퇴마 의식이 절정에 달했을 때 영신이 힘들어하자 최 부제는 돌변해 김 신부를 공격한다. 거대한 악과 싸우는 순간 최 부제의 마음속에서 두 명(동생과 영신)의 여자아이를 죽일 수 없다는 온정이 꿈틀거린 것이다. 영신에게 있던 악령이 최 부제에게 옮겨 갔다고 관객들이 추측을 막 시작할 때 최 부제는 제정신을 차린다. 거대한 악과 싸울 때 악의 전체성을 보지 못하고 겉모습만 보고 그릇된 판단을 하는 어리석음도 악령에 씌운 것과 크게 다르지 않다는 점을 감독은 보여준다. 그래서 김 신부는 최 부제의 과거 이야기를 듣고도 야비할 정도로 냉소한다.

악마의 얼굴로 변했던 영신이 착하디착한 소녀의 얼굴로 돌아와

"신부님 저는 이제 괜찮아요, 다 나았어요"라고 이야기할 때 김 신부도 잠시 흔들렸었다. 이 아이를 죽여야 하는가? 거대한 악의 기획을 바로 잡는 방법이 이것밖에 없나를 번민하던 김 신부는 냉정하게 퇴마 예식을 진행한다.

> 형제자매 여러분, 그때와 시기를 두고서는 여러분에게 더 쓸 필요가 없겠습니다.
> 주님의 날이 밤에 도둑처럼 온다는 것을, 여러분은 자세히 알고 있습니다.
> 사람들이 "평안하다, 안전하다" 하고 말할 그때에, 아기를 밴 여인에게 해산의 진통이 오는 것과 같이, 갑자기 멸망이 그들에게 닥칠 것이니, 그것을 피하지 못할 것입니다(데살로니가 전서 5:1-3).

사람들이 괜찮다(평안하다, 안전하다)고 할 때가 멸망의 때다. 여기서 안전하다는 로마제국이 상대 지역을 정복해 나갈 때 피정복민들에게 약속하던 안전보장에 사용되는 법률적 용어다. 사도 바울은 팍스 로마나에 감춰져 있는 악마성에 속지 말라고 데살로니가 교인들에게 당부한다. 악마도 이 점을 노린다. 옆에서 수백 명이 수장을 당해도, 노동자들의 삶이 갈수록 피폐해져도 지금 나에게 당장 해가 되지 않는다면 '나는 괜찮다'라고 하는 것이 바로 악마의 속삭임이다.

김 신부는 악마의 '괜찮다'에 속지 않았다. 하지만 이 길은 험한 길이다. 그래서 김 신부는 최 부제에게 "이 길을 걷는다면 잠도 편히 못 자고 매일 술을 마셔야 할 거야"라고 경고한다. '괜찮게 보이는 것'을 괜찮지 않다고 말해야 하는 일이 종교인의 사명일 터 '괜찮지 않은 현실'을 앞장서서 '괜찮다'라고 우기고 있는 지금의 종교인들

머릿속에는 어떤 군대 귀신이 자리 잡고 있는지 궁금하다.

그들은 나약한 여고생으로 변장한 악령을 소멸시켰다. 마가복음 9장에서 자신들은 귀신을 내쫓는 데 왜 실패했냐는 제자들의 질문에 기도 말고는 방법이 없다고 대답했던 예수의 말처럼 시대의 거대한 악의 기획과 맞서는 방법은 이런 퇴마 의식 말고는 다른 방법이 없는 것일까? 영화의 아쉬운 부분이다.

녹두장군은 전봉준이 아니라 김개남이다
〈녹두꽃〉

인류 안에 존재하는 다양성이라는 것이, 난이라든지 참새를 분류할 때와
다르지 않게 무척이나 거대하다는 것이 주지의 사실입니다.
_ 일로나 예르거, 『두 사람, 마르크스와 다윈의 저녁 식사 』

가보세 가보세
을미적 을미적
병신되면 못 가보리

동학농민군이 불렀던 혁명가다. 갑오년(1894년) 단숨에 혁명을
완성시켜야 하는데 자꾸 미적대다가 을미년(1895년)까지 넘어가면
금방 병신년(1896년)이 되어서 실패하고 만다는 내용이다. 이 노래는
동학군의 장군 김개남이 지은 것으로 알려져 있다. 본래 이름이 김기
범이었는데 남조선을 연다는 뜻의 개남으로 이름을 바꾸었다. 그래
서 농민군들은 그를 개남장이라고 불렀다.
　〈녹두꽃〉(신경수 연출, 2019년 SBS 드라마)은 동학혁명이 주제지만

드라마를 끌고 가는 밑 이야기는 적자와 서자 관계인 이복형제의 운명과 그들 각각의 러브스토리다. 이복형제가 사랑하는 여인이 각각 다르다는 것은 한 여인을 사이에 둔 뻔한 삼각관계가 아니라는 점에서 신선하다.

제목이 〈녹두꽃〉이니 동학혁명(갑오농민혁명)의 주축 녹두장군 전봉준이 부각되는 건 어쩔 수 없더라도 전봉준과 김개남의 갈등이 형제의 이야기와 함께 전개되었으면 극이 더 긴장감이 있었을 것이라는 아쉬움이 남는다.

김개남이 누군가?

소설 『만다라』의 작가 김성동의 역사 에세이 『염불처럼 서러워서』에 따르면 본래 녹두장군은 김개남이었다고 한다. 그가 태어난 전라도 동곡리에 녹두꽃이 많이 핀 데서 연유한 이름이었지만 김개남이 전봉준에게 대장 자리를 양보하면서 이 명칭도 전봉준의 것이 되었다. 1차 봉기 후 동학혁명을 수습하러 내려온 전라감사 김학진과 평화 조약을 맺는 과정에서 전봉준과 김개남 두 사람의 관계는 조금씩 어긋나기 시작했다. 5월 9일 전봉준이 제시한 폐정개혁안弊政改革案을 수용하는 조약을 맺고 전라도에 자치 기구인 집강소를 53군데 세웠지만, 김개남은 1차 봉기에 나타난 민중의 열망이 가라앉는 것을 바라지 않았다.

김개남과 달리 왕실의 가치를 소중히 여기던 전봉준은 왜군이 쳐들어온다는 소식에 그해 10월 북진(2차 봉기)을 결심한다. 어쩌보면 조약을 먼저 깬 셈이다. 하지만 이는 일본의 계략이었다. 집강소를 통한 자치가 자리를 잡아가자 이를 탐탁지 않게 여긴 일본이 거짓 서신을 보내 동학군을 유도해 내었다.

대원군의 밀서라고 꾸며 전봉준에게 보내진 편지의 내용은 다음과 같았다.

> 왜놈들이 조선 내정까지 간섭하여 국정이 혼미하니 전봉준 장군은 최시형 동학 교주와 같이 동학군을 이끌고 북진하여 관군과 손잡고 왜군을 쳐내 달라.
>
> _『염불처럼 서러워서』에서 재인용

이 편지에 속은 전봉준은 북진을 감행했고 승부의 분수령이 된 공주 우금치 전투에서 패배하면서 전봉준은 체포되고 만다. 전봉준의 북진에 회의적이었던 김개남은 전주에서 8,000명 군사와 함께 다른 경로로 서울로 진격할 준비를 하고 있었으니 우금치 전투에 동학군 전투력이 집중되지 못했고 이것이 패배의 원인이 되었다. 이 때문에 김개남은 전봉준에 비해 덜 알려져 있고 심지어는 분파주의자로 인식되어왔다.

작가 김성동뿐 아니라 신영복도 묻혀 버린 김개남을 안타까워한다.

전봉준과 김개남의 현실 인식에 있어서의 차이를 주목할 필요가 있다. 전봉준이 일본의 침략에 대응하여 반봉건투쟁을 일단 유보하고 항일 반제투쟁에 주력하는 이를테면 주요모순 우선노선임에 비하여, 김개남은 어디까지나 계급모순을 중심에 두는 기본모순 우선노선이다. 그래서 이름도 개남(開南)으로 바꾸어 남쪽에 새로운 나라를 연다는 뜻을 담았다.

남원부사를 비롯하여 순천부사, 고부군수 등을 차례로 처단하는 등 그의
비타협적 의지는 전봉준의 근왕주의적(勤王主義的) 태도와는 분명한 차
이를 보인다. 그것 역시 부정적 평가의 근거가 되기도 할 것이다.

_ '신영복의 변방을 찾아서', 「경향신문」 2011년 11월 29일

요즘 용어로 풀어쓰자면 전봉준은 자주파였고 김개남은 평등파
였다. 전봉준의 동학농민군이 공주 우금치에서 진퇴를 거듭하고 있
을 때, 김개남의 동학농민군은 청주로 진격했지만, 일본군에 패배하
고 매부 집에 숨어 있던 그는 친구 임병찬의 고발로 체포되어 전주에
서 효수되었다. 임병찬 역시 의병장으로 이름을 날린 강직한 인물이
었지만 전봉준과 마찬가지로 근왕주의자였기에 왕 자체를 부정하
는 김개남을 밀고했다고 볼 수밖에 없다. '자주파'와 '평등파'는 그때
부터 함께 할 수 없는 관계였다.

왕을 중심으로 하는 '보국안민'을 주장하던 전봉준과 달리 조선
정부를 부정하고 남쪽에 새로운 나라를 세우려고 했던 김개남을 진
정한 혁명가로 보는 시각이 있는 것도 이 때문이다. 1864년 동학
교조 최제우가 혹세무민의 죄명으로 처형당한 뒤, 동학교도들이 그
의 죄명을 벗고 교조의 원한을 풀기 위해 펼친 교조 신원 운동에서
근왕주의적 태도는 나타났다. 교조가 죄 없음을 스스로 선포하지
않고 왕에게 탄원함으로써 문제를 해결하려고 했던 것은 동학교도
들이 봉건주의로부터 완전히 자유로웠다고 볼 수 없는 대목이다.

왕조 자체를 부정한 김개남은 큰 그림을 그릴 줄 아는 사람이었
다. 그렇다고 해서 왕실이 곧 국가이던 시절 당장 눈앞에 닥친 일본의
침략에 맞서 싸운 전봉준이 폄하되어야 할 까닭도 없다.

대하소설『토지』의 작가 박경리는 김개남을 작품 속 인물로 소환한다. 『토지』의 김개주는 김개남을 모델로 한 인물로 알려져 있다. 박경리의 사위 시인 김지하와 향토사학자 신정일의 증언에 따르면 "통영에서 어린 시절을 보내며 김개남 장군에 대한 이야기를 많이 들으며 자랐고 그래서『토지』에 그 양반을 썼다는 이야기, 김개남 장군은 세계적 혁명가"(신영복 위의 글에서 인용)라는 말을 박경리로부터 들었다는 것이다.

김개주는 동학 장군이 되기 전 절에 은거하던 중 남편을 잃고 청상과부가 되어 절을 찾은 윤 씨 부인을 겁탈한다. 윤 씨 부인이 수치심에 자결하려 하자 김개주는 "청상이 되어도 평생 혼자 살도록 강요하는 조선의 제도가 잘못이지 당신 잘못이 아니"(이 부분은 원작 소설에는 없고 2004년 방영된 SBS 드라마에만 나오는 대사다)라며 윤 씨 부인의 죽음을 막는다. 윤 씨 부인은 아들 김환을 비밀리에 출산한 후 절에 버려둔 채로 평사리로 돌아온다. 김개주는 동학혁명으로 전주에서 참수당했지만, 그의 아들 김환의 역할은『토지』에서 오랫동안 계속된다.『토지』는 윤 씨 부인 아들 최치수 손녀 최서희를 중심으로 전개되는 이야기지만 "반역의 피는 억압된 상민들의 진실이요 소망"(『토지』6권)이라는 김개주, 김환, 김길상으로 이어지는 저항정신이『토지』의 다른 쪽을 차지하고 있다.

동학 잔당으로 도피하던 김환이 윤 씨 부인 집에 머슴으로 들어와 생모인 윤 씨 부인의 정식 며느리이자 자신의 형수이기도 한 최치수의 아내(그는 남편 최치수에게 버려진 존재와 다름 없었다)와 야반도주를 하고(도주를 도운 사람은 윤 씨 부인이었다),『토지』의 실질적인 주인공 최서희가 노비였던 김길상(결혼 후 독립운동에 뛰어든다)과 결혼을 했으니 이 구조만 봐도 박경리가 김개남의 사상에 깊게 영향받은 것은 틀림없어 보인다. 김환은 김길상과 함께 독립운동을 하다가 최서희의 남편 김길상을 대신해서 죽음으로써 조카인 최서희에게 어머니를 뺏은 죗값을 치른다.

최서희는 친척 조준구에 강탈당한 땅을 되찾기 위해 토지에 그의 삶을 걸었지만 결국 소설의 마지막에서 되찾은 땅을 모두 소작인들에게 나누어 준다. 이처럼 『토지』는 윤 씨 부인으로 상징되는 봉건과 김개주로 상징되는 평등이 3대에 걸쳐 갈등을 겪다가 마침내 하나가 되는 소설이다. 토지 분배 결정이 일본의 재산 헌납 강요에 대한 최서희식 대응이었다는 점에서 '자주'도 큰 역할을 했다.

전주 덕진 공원에 있는 김개남의 추모비에는 "개남아 개남아 김개남아, 수천 군사 어디 두고 짚둥우리가 웬 말이냐"라고 쓰여있다고 한다. 이 글귀는 당시 '새야 새야 파랑새야'와 함께 불려졌던 노래다. 도올 김용옥은 동학혁명을 두고 프랑스 혁명보다 위대한 사건이라고 평했다. 그 평가가 인정받으려면 평등을 강조했던 김개남을 전면에 세우는 게 낫지 않을까?

서로 다른 민중 서사
〈군함도〉, 〈덩케르크〉

재일동포근황 — 백만동포 아직 고투중 원한의 부도환 사건 해결?
 _「민주중보」, 1946년 4월 21일.

차라리 역사 그대로 만들었더라면. 영화 〈군함도〉(류승완 감독, 2017년)에 대한 아쉬움이다. 군함도로 불리는 하시마 탄광에 끌려갔던 조선인 징용자의 실제 최후는 고국으로 돌아오던 배가 침몰함으로써 모두 수장되는 비극으로 끝났다. 일본인들이 저지른 고의적인 침몰인지 진짜로 풍랑이나 기관 고장으로 인한 것인지는 '설'만 난무하지만, 자연적인 침몰이라 할지라도 그만한 비극이 어디 있겠는가? 이제 해방이 되어서 제 나라로 돌아가려던 이들의 비참한 최후, 이것이야말로 가공되지 않은 비극이고 신파 없는 리얼리티다.

1945년 8월 24일 군함도에서 착취당하던 조선인 노동자들을 실은 일본 해군의 군수물자 수송선 우키시마호(부도환, 浮島丸)가 일본의 군항 마이즈루를 들어서다가 바다로 침몰했다. 일본 측은 우키시마호가 미군 기뢰를 건드려 침몰했다고 발표했다. 귀국의 기쁨으로 가득 찬 징용노동자들과 가족 500여 명이 수장됐다. 이후로 대한민국 정부는 원인 규명에 적극 나서지 않았으며 사건 후 한국 신문들은 재일동포의 원한으로 사건을 축소했다.

착취와 수장, 망각만으로도 좋은 영화를 만들 수 있었을 터인데 감독은 익숙한 서사로 영화를 만드는 안전한 쪽으로 방향을 잡았다. 조선인 징용자들은 반란을 일으켰고 우여곡절 끝에 수많은 희생을 감수하고 탈출에 성공한다. 역사 속에서 이겨보지 못한 자들의 '한'이 영화에 투영되면서 관객들은 감동에 빠져들고 일본의 만행에 불끈한다.

이런 감동은 건강한가? 영화는 출구가 없는 상황에서 출구를 찾아줄 영웅을 소환한다. 독립군 소속의 박무영(송중기 분), 종로 주먹 최칠성(소지섭 분), 악단장 이강옥(황정민 분), 말년(이정현 분)의 네 영웅에 의하여 민중은 구출된다. 그리고 반대 지점에 변절한 영웅 윤학철(이경영 분)이 있다. 독립군 소속의 박무영은 당연히 영웅일 터이고, 최칠성은 옛날 깡패들은 그래도 낭만이 있었다는 근거가 불투명한 대중들의 회고처럼, 즉 드라마 〈야인시대〉에 나올법한 의리 있는 주먹 영웅이다. 이강옥은 한국 문화에서 가장 공감하기 쉬운 '부성'을 통해 아버지=영웅이라는 공식을 비켜가지 않는다. 종군위안부로 모진 시련을 견뎌낸 말년 또한 여성 영웅이다. 있는 듯 없는 듯하면서도 제 역할을 해낸 배역도 당대 엘리트인 경성제대 학생이다.

그리고 영화는 가짜 영웅 윤학철에게 열광하는 민중들을 보여준다. 가짜에 열광했던 민중들은 아직 검증되지 않은 새 영웅 박무영의 지시를 순순히 따른다. 일본의 만행에도 불구하고 일본을 믿어보자던 소수의 무리들은 우리 사회에 남아있는 친일 세력들이 한 줌밖에 안 된다는 희망을 제공한다.

영화에 등장하는 조선인 감시자, 조선인들 간의 갈등, 도박, 음화를 거래하는 장면들이 일본이 조선을 강제 병합한 논리를 정당화시켜주는 것이 아니냐는 비판이 많았지만 불편할 정도는 아니었다. 이광수의 '민족 개조론'에 나올법한 조선인에 대한 폄하도 많이 거슬리지 않는다.

제 민족을 감시하고 학대하는 일은 이미 아우슈비츠 소재 영화에서 수없이 보아 왔던 캐릭터였다. 동료 유대인 수감자들을 가스실로 몰아넣고 그들의 시체를 치우는 일을 떠맡은 존더코만도^{Sonderkommando} 같은 직책도 있었다. 수용소의 유대인들 초점 없는 눈과 피골이 상접한 몸으로 굶어 죽어가고 있던 환자 집단을 무셀만이라고 불렀다. '껍데기만 남은 인간'을 뜻하는 독일어 '무셀만^{Muselmann}'이 무슬림으로 변했다고도 하고, 쇠약한 상체를 떨고 있는 그들 모습이 마치 무슬림들이 기도하는 모습과 비슷했기 때문이라는 설도 있다. 어쨌든 군함도의 '존더코만도', 혹은 '무셀만'들은 훨씬 더 악독했다.

영화는 나름 객관성을 유지하기 위해(이른바 '국뽕' 영화가 되지 않기 위해) 이런 장면들을 삽입했지만 마치 20부작 드라마의 1, 2회에서 등장인물과 갈등 구도에 대한 시청자들의 이해를 돕기 위해 만든 장면처럼 지루하고 과도했다. 말 없는 표정으로, 특정 사건의 전개 방식으로 충분히 설명될 수 있는 사실을 굳이 이강옥의 입을 통해 확인하는 장면은 거슬린다.

탈출에 성공한 이들이 탄 배에서 멀찌감치 나가사키의 원자탄 폭발 장면이 보인다. 조선인들이 탄 배는 흑백으로 처리되지만, 원자탄의 폭발 장면은 칼라로 처리된다. 영웅들의 활약으로 탈출에는 성공했지만 새로운 영웅(미국)이 만든 화려한 색은 조선인들의 미래에 기다리고 있는 분단과 독재 같은 암울함과 대비된다.

〈덩케르크〉(크리스토퍼 놀란 감독, 2017년) 역시 탈출에 대한 영화다. 1940년 제2차 세계대전 당시 프랑스 덩케르크 해안에 고립된 40만여 명의 영국, 프랑스, 벨기에, 폴란드 병력을 영국 본토로 탈출시키는 다이나모 작전을 소재로 삼았다.

〈덩케르크〉에는 '적'(독일)을 악마로 모는 과도한 전투 장면이 나오지 않는다. 유일한 영웅적 구조자인 전투기 조종사들은 물에 빠져 피구조자가 되거나 적에게 생포된다. 반면 전쟁에서 늘 피보호자인 비무장의 주민들이 무장한 군인들을 구출한다.

〈군함도〉가 영웅 서사라면 〈덩케르크〉는 민중 서사다. 민간인의 유일한 희생자였던 청년은 신문에 한 번 나오는 게 소원이었던 철없는 청년이었다. 그는 선상에서 어처구니없는 죽음을 당했지만, 신문은 그를 영웅으로 호명한다. 영웅이 될법한 두 명의 고위 지휘관이 영화에서 하는 일이란 하늘을 쳐다보는 일밖에 없다. 주인공 역할인 두 명의 병사가 하는 일이라고는 출구가 없는 상황에서 온갖 수를 다 써서 탈출해 보려다가 실패해서 다시 제자리로 돌아오는 것밖에 없다. 병사들을 구하는 어민들의 표정에도 비장함이 없고 그저 쳐 놓은 그물을 회수하러 가는 듯한 표정으로 일관한다. 그렇지만 영화는 인간이 만든 가장 추악한 '오락'인 전쟁의 무의미함을 잘 묘사한다.

영국으로 돌아온 '탈출된' 군인들은 낙오자가 아니라 용사처럼 열렬한 환영을 받는다. 이겨본 자들이 보여주는 여유고 이겨본 경험이 있는 이들이 만들 수 있는 영화다. 실제로 이들 병사 대다수가 훗날 노르망디 상륙작전에 자원했다. 그에 비하면 〈군함도〉는 허구에서라도 이겨보고 싶은 조급함을 곳곳에서 드러낸다. 때문에 이기는 장면에서 민중의 역할은 축소된다.

신자유주의의 모순이 심화되어 출구 없는 현실 세계의 민중들은 변함없이 구출을 기다리고 있다. 이 구출 작전에서 주체는 누가 될 것인가?

세월호를 기억하는 방법
〈생일〉

'세월호 전원구조' 오보는 행정관료들의 보고 경쟁에서 비롯된 것으로 밝혀졌다.
_「경향신문」, 2014년 9월 15일.

일단 세월호 폄훼 세력들은 제쳐 놓고, 주변에 〈생일〉(이종언 감독, 2018년) 이야기를 하면 너무 슬플 것 같아서 못 보겠다는 대답들이 많았다. 마치 의무감에 보아야 할 듯한, 그러나 의무감이 슬픔의 두려움을 압도하지 못해서 관람을 주저하는 사람들의 이야기다. 극적 완성도도 있고 전도연과 설경구라는 두 주연배우의 연기도 좋고 세월호 이야기는 한마디도 안 나온다고 해도 믿지 못하는 눈치다. 영화관 곳곳에서 훌쩍이는 소리가 들리기는 하지만 억지로 눈물을 쥐어짜는 신파 영화도 아니다. 어떤 이는 또 이렇게 이야기했다. "〈그날 바다〉(김지영 감독, 2018년)를 극영화로 만든 거겠지"라며 다 아는 이야기이니 재미와는 거리가 멀겠다는 추측을 에둘러 표현했다.

김지영 감독의 다큐멘터리 〈그날 바다〉는 세월호 침몰과 구조의 실패 그리고 거기 얽힌 풀리지 않은 의혹을 다루는 다큐멘터리다. 반면 〈생일〉은 침몰 원인과 진상규명, 의혹 등에 목소리 높이지 않는다. 아들 수호를 잃은 엄마 순남(전도연 분)의 슬픔을 견뎌내는 방식을 다룬 영화다. 그날 사고 때 남편 정일(설경구 분)은 베트남에 있어서 오지 못했다. 영화 트레일러만 보고 요즘 세상에 베트남에서 못 온다는 게 말이 안 되는 이야기라고 주장하는 사람도 있던데 감독은 그런 문제 제기하는 이들처럼 어리석지 않다.

이런 반응들을 보면서 세월호를 이해하는 우리의 방식도 많이 다르다고 생각했다. 고통 중에 있는 욥에게 온 세 명의 친구 엘리바스, 빌닷, 소발의 위로처럼 모두 맞는 말 같은데 정작 욥에게는 해당 안 되는 삐걱거림이 우리에게도 존재한다. 어쩌면 우리가 유족들을 더 힘들게 할지도 모른다. 폄훼 세력들에게는 욕 한 사발을 던지면 그만이지만 이해한답시고, 슬퍼한답시고 나선 우리의 모습도 영화를 대하는 자세처럼 다양해서 하는 말이다.

우리는 유가족들에게 슬픔의 획일성만을 요구함으로써 그들을 틀에 가두어 둔 것이 아닌가? 그래서 함께 울어주기는 했지만 웃어 주지는 못했다. 의무감과 죄책감이라는 자기감정이 그들을 향한 공감보다 앞서지 않았는가? 각종 의혹을 학습하고 나서는 세월호에 대해서 다 알고 있다고 전문가 행세를 하지는 않았는가?

〈생일〉의 감독인 이종언 감독에게는 미안한 말이지만 〈생일〉에는 제작자인 이창동 감독의 흔적이 많이 남아 있다. 이종언 감독은 이창동 감독의 〈밀양〉(2007년)과 〈시〉(2010년)에서 연출부와 스크립터로 참여했었다.

이창동은 원수 같은 가족과 따뜻한 이웃의 관점에서 영화를 풀어

나가기 좋아한다. 〈박하사탕〉(1999년)에서는 현대사의 비극에서 악역을 담당했던 영호(설경구 분)가 가족으로부터도 버림받고 죽음에 이르는 영화다. 〈시〉에서는 양미자(윤정희 분)가 키우던 외손자의 성폭행 가담 사실을 알고 가해 소년들 가족과 한편이 되어 피해자를 회유하려다가 결국에는 외손자를 경찰에 넘긴다. 처음에는 가족을 먼저 생각하다 이웃에게 눈떴기 때문이다. 이웃에 눈떠가는 과정과 양미자의 치매 진행 과정이 함께 가는 것이 영화의 묘한 역설이다. 〈오아시스〉(2002년)에서는 가족에게 모두 버림받은 3류 문제아 홍종두(설경구 분)와 중증 뇌병변 환자 한공주(문소리 분)의 사랑을 다룬 영화다. 한공주는 가족들이 아파트 특별분양을 받는 데 사용되는 도구에 다름없다.

〈생일〉에서도 가족의 갈등은 의미 있는 소재다. 든든한 버팀목이었던 아들을 그날 사고로 잃고 순남은 슬픔에서 헤어나오지 못한다. 유가족 모임의 다른 부모들이 슬픔을 이겨내는 방식도 참아내지 못하고 그들에게 소풍 나왔냐고 쏘아붙인다. 사업을 핑계로 늘 바쁜 남편의 빈자리를 대신하던 아들은 엄마를 순남 씨라고 부를 정도로 속 깊은 아이였다. 국내에서도 바삐 지내던 정일은 어느 날 작은아버지에게 빌린 6천만 원과 아파트 한 채를 남겨 두고 훌쩍 베트남으로 떠났다가 뜻하지 않게 감옥살이하면서 비극의 날에 아내와 함께하지 못했다. 아들은 떠났고 3년 만에 돌아온 남편과는 이혼을 준비 중이고 초등학교 1, 2학년쯤 되었을 딸 아이도 순남의 화풀이 대상이 된다. 필요한 가족은 옆에 없고 옆에 있는 가족은 필요 없다.

이처럼 어느 쪽에도 끼지 않고 혼자의 방식으로 슬픔을 견디던 순남에게 유가족 모임에서 아들의 생일 파티를 열어주자고 제안한다. 유가족 모임과도 거리를 두고, 유가족 지원 단체는 뭔가 얻을 게 있어서 접근하는 사람들쯤으로 바라보던 순남은 슬픈 기억 속에서 기쁨을 발굴해낼 준비가 안 되어 있었다.

순남은 남편에 대한 미움 속에서도 시아버지의 제사상을 차린다. 그러나 제사에 참석한 작은 시아버지의 보상금 발언에 순남은 아파트 단지가 떠나가도록 넋 놓아 오열한다. 세월호와는 관계없는 옆집 여인은 벽 너머로 들려오는 잦은 오열에 분노한 남편과 딸을 제쳐두고 이 오열에 익숙한 듯 달려와 순남을 껴안아 준다.

이 과정에서 '가족'도 위로가 되지 못함을 깨달은 순남은 똑같은 슬픔을 당했던, 그러나 표현 방식은 조금씩 달랐던 이웃들에게 마음을 열고 아들의 생일 파티를 연다.

〈생일〉에서 '아들의 생일'과 '시아버지 제사'는 상징적인 대립항이다. 정일과 순남의 세대가 지나가면 장남 수호가 죽었으므로 더 이상의 제사는 사라진다. 죽은 이들을 향한 기억은 언젠가 사라지기 마련이고 기억이 사라진 자리를 채우는 것은 후손들의 욕망이다. 그래서 형식적인 의례가 지나고 나면 덕담의 탈을 쓴 욕망이 마구 분출된다. 땅값, 투자, 승진, 진학 등등. 모든 제사가 그렇다. 순남이 차린 제사도 마찬가지여서 보상금이 대화의 주제가 되면서 결국 작은 시아버지와 정일이 충돌한다.

세월호 참사를 기억하는 방식은 제사가 되어서는 안 된다. 사람들이 잊을 때도 되지 않았냐고 말하는 이유는 제삿날로는 기억해 줄 터이니 그냥 보상금 받고 가족 단위에서 죽음만 추모하라는 의미다.

문제는 세월호 유족 편에 서 있다고 생각하는 사람들 중에도 그날을 죽음의 날인 제삿날로 기억하는 사람들이 있다. 세월호는 살아있는 기억이어야 한다. 제사처럼 시간이 지나면서 욕망이 대신하는 자리가 아니라 삶이 끝까지 기억되는 자리여야 한다. 희생자를 죽음이 아니라 삶으로 기억하고 아직도 밝혀지지 않은 진상을 끝까지 규명해서 정의를 세우는 '삶의 날'(생일)이 되어야 한다. 영화 〈생일〉은 진상규명을 하자고 선동하지 않는다. '생일'의 은유를 통해 진상규명이 필요하지 않냐고 조용하게 설득한다.

유가족들은 돈으로 모든 것을 환산하는 피폐해진 세상에 돈보다 더 소중한 것이 있다고 우리를 일깨워 준 참 이웃이다. 이제는 우리 차례다. 우리가 그들의 이웃으로 끝까지 남아야 한다. 우리의 연대가 지치지 않기 위해서는 제사가 아니라 생명에의 경외를 우리 안에 남겨 두어야 한다.

세대 갈등의 본질은 정치
〈사도〉

비정의 아버지 생활고에 아귀되어 아들 살해하고 바다에 유기

_「마산일보」, 1964년 2월 12일.

〈사도〉(이준익 감독, 2015)는 사도세자(유아인 분)가 뒤주에 갇혀 죽어가는 8일과 사도세자의 출생에서부터 아버지 영조(송강호 분)와의 갈등에 이르기까지의 회상이 교차하는 형식으로 진행된다.

이전의 영화나 드라마에서 사도세자에 대한 평가는 노론(영조)과 소론(사도세자)의 암투에 희생된 인물, 개혁 군주를 꿈꾸다 좌절한 인물, 정신이상자, 살인마 등 극과 극이었는데 이번 〈사도〉에서는 환관을 죽인 정신이상을 가진 사도세자, 아버지 영조를 죽이려 했던 패륜 세자였다는 점을 부정하지 않는다. 안암골 비구니 가선을 불러들여 난잡한 행동을 했다는 역사의 기록도 영화는 담고 있다. 영화의 엔딩 크레딧에도 나오는 『권력과 인간 — 사도세자의 죽음과 조선왕실』의 시각을 많이 빌려 온 것으로 보인다.

〈사도〉에서 영조는 아들에 대한 불만으로 똘똘 뭉친 인물이다.

무수리 출신의 생모로 인한 열등감과 이복형인 경종 임금을 독살했다는 의혹으로부터 자유롭지 못했던 영조는 이런 약점이 없는 아들이 자기의 기대치와는 다른 방향으로 성장해가자 점점 불만이 쌓여간다. 이런 불만은 평생을 노론괴의 긴장 관계 속에서 살아온 사신과 달리 자유분방하게 살아가는 세자를 향한 열등의식이 폭발한 증상이다. 반복되는 왕위 선위 소동, 대리청정 번복, 세자 책봉 취소, 뒤주 살인에 이르면서 그의 열등감은 자신에 대한 복수심으로 번져 아들을 희생양 삼는다.

이런 갈등 구조는 한국 사회의 부자 관계에서 늘 있었던 구도다. 전쟁 세대는 산업화 세대를 못마땅해했고 산업화 세대의 눈에는 정의, 민주 따위를 외치는 민주화 세대가 철없어 보였다. 어언 4~50대가 된 민주화 세대에게 지금의 젊은이들은 패기 없는 '루저'로만 보인다. 전 세대는 항상 고통을 딛고 일어선 영웅 설화의 주인공들이고 다음 세대는 전 세대가 다 만들어 놓은 밥상도 챙겨 먹지 못하고 걷어차 버리는 패륜 세대다. 전 세대는 '패륜 세대'를 가르치는 듯하지만 실제로는 그들의 가치관과 다르게 살아가는 자식들에 대한 열등의식을 억지로 감추고 그것을 훈계로 포장하는 경우가 대부분이다.

영조는 신분과 독살 의혹의 한계를 극복한 입지전적 인물로 자신을 부각시키고 싶어 한다. 그래서 자신의 입지전을 세자에게 전하려는 마음으로 세자를 위한 책을 직접 써서 가르침을 주지만 세자는 그렇게 살아가기를 거부한다.

영조에게는 나쁜 말을 들었을 때는 귀를 씻은 후 자기가 싫어하는 사람에게 첫 말을 건네는 습관이 있었다. 일단 말이 들어온 귀를 씻어내고 말을 통해서 그 '화'가 다른 이에게 전달되게 하자는 의도인데,

영조가 경종 독살설을 제기하는 죄인들을 친국하고 침소로 돌아와서 똑같은 행위를 반복한다. 그런데 그날 "별일 없냐?"라는 첫 말을 들은 사람은 사도세자였다. 세자는 그 말 한마디를 듣기 위해 침전으로 갑자기 부름 받았다. 경종과 관계된 의혹으로 인한 '액땜'을 아들에게 넘긴 아버지가 영조다.

마지막 뒤주에서 죽어가는 아들과 뒤주 밖의 산 권력 아버지는 영혼의 대화를 나눈다. 아버지는 자신의 속마음을 알아달라고 강변하고 아들은 아버지의 사랑이 그리웠다고 호소한다. TV 아침드라마 속 시어머니와 며느리, 그사이에 낀 아들이 나누는 대화와 별반 다름 없다. 영화의 가장 실망스러운 부분이다.

애써 '정치'를 외면한 감독

영화는 "이것은 나랏일이 아니고 집안일이다"라는 영조의 말로 시작해서 혜경궁 홍씨(문근영 분)의 회갑 잔치로 끝난다. 부자 갈등을 세대의 보편적인 갈등으로 보지 말고 그 집안의 일로 좁혀서 보라고 감독은 유인한다.

영화 마지막 부분에서 혜경궁 홍씨는 왕비의 격에 맞는 대접을 받을 자격이 없음에도 불구하고 할아버지(영조)를 이어 왕위에 오른 정조(소지섭 분)는 어머니의 회갑연을 왕비급으로 열어준다. 사도세자가 예법을 어겨가면서까지 생모 영빈 이 씨에게 왕비급의 회갑연을 열어준 것을 기억하기 때문인데 영빈 이 씨는 왕비는 아닐지언정 후궁인 '빈'이었고 게다가 당시 사도세자는 왕도 아니었고 '불법', '탈법' 이미지가 굳어진 상태였다.

반면 지금 정조는 국왕이다. 국왕이 국법을 어기면서까지 최고의 직책이 세자빈이었던 어머니 '홍씨'에게 왕비의 예를 갖추는 것은 아버지 사도세자보다 더 파격적인 행보였고, 국가보다 가족이 먼저라는 의미다. 가족이 먼저라는 인식을 탓할 일은 아니지만 그렇다고 국왕이 국법을 어길 수는 없다. 이인화의 『영원한 제국』 이후 개혁 군주로 각인되어 후대에 인기 좋은 정조 임금이지만 이 장면에서는 가족사를 위해 별짓 다 하는 인물로 묘사된다.

이처럼 이준익 감독은 철저하게 정치를 외면한다. 노론이 전횡하던 왕실의 정치적 역학 관계도, 노론 집안을 지키기 위한 혜경궁 홍씨의 줄타기도 슬쩍슬쩍 다룰 뿐 깊이 있게 접근하지 않는다.

오늘 한국 사회가 안고 있는 세대 갈등은 가족의 문제가 아니라 정치의 문제다. 전 세대는 끊임없이 자신들의 '정치'를 주입하고, 현 세대는 그것을 밀어낸다. 기득권을 유지하려는 전 세대 혹은 전 세대와 가치관이 맞는 상위 계급들은 극 중 영조처럼 "네가 국방에 대해 뭘 알어?"라며 '종북몰이'를 시작한다. 종북은 실체가 없는 공포의 알약이지만 한쪽에서는 그 약을 억지로 먹이려고 하고, 다른 한쪽에서 그 약을 먹지 않으려고 하는 대립 구도 속에서 그 약의 실체가 뭔지는 밝혀지지 않는 공허한 싸움만 되풀이한다. 반대의 경우도 마찬가지다. 최루탄 가스 속에서 자살과 의문사 속에서 민주화를 이룬 세대들이 보기에 지금의 젊은 세대는 생각 없는 세대일 뿐이다.

"아버지 왜 나에게 정 한 번 주지 않으셨어요!", "다 네가 잘되라고 그랬다!"라는 신파적 대화로 오늘날의 세대 갈등이 풀린다면 좋겠지만 현실은 그렇지 못하다. 세대 갈등이라는 말은 너무 말랑하다. 세대 전쟁이 옳다. 세대 전쟁 속에서 이기려면 전 세대의 그릇된 가치관과 단절해야 한다.

현대의 정치 철학자들이 '단절'을 강조하는 것도 같은 이유에서이다. 그들은 단절이 전통의 부정이 아니라는 점을 보여주기 위해 그 옛날 예수와 사도 바울이 '단절'하는 사람들이었기에 그들에게서 배워야 한다고 권고한다. 이런 권고는 영화를 통해서도 나타나고 있다. 〈암살〉(최동훈 감독, 2014년)은 생부 살해 모티브로 친일 세대와의 단절을 표현해내었고, 〈차이나타운〉(한준희 감독, 2014년)에서 일영(김고은 분)은 생모가 아닌 엄마(김혜수 분)와 힘겹게 단절한다. 이처럼 단절이 대세인 세상에 감독은 그것을 오히려 가족 속으로 억지로 끌고 들어온다.

처음에는 영조와의 단절을 시도하다가 영화 후반에 갈수록 아버지의 사랑을 그리워하는 애정결핍을 가진 아들로 사도세자를 묘사하면서 영화는 결국 힘을 상실해 버린다.

정치적 사건을 부자 갈등으로 축소 시킨 감독은 정치적인 함의를 담고 있는지 아닌지 모호한 두 개의 장면을 삽입했다. 하나는 경종 독살설을 제기하던 사람들이 영조 앞에서 "우리 지역(호남)에서는 당신을 왕으로 인정하지 않고 있소!"라는 말이다. 다른 하나는 영조와 사도세자가 행차를 나가던 중 폭우가 쏟아지자 영조가 사도세자에게 한 말이다. "너는 그 지역(호남)에서 인기 얻으려고 (그곳에 발령받아 가는 사람에게) 시를 써주면서 인기나 얻으려 하니 비가 와야 할 호남에는 비가 안 오고 이렇게 오늘 행차 길에 비가 오는 것이 아니냐"며 사도세자를 더 이상 따라나서지 못하게 한다.

영화 진행상 크게 영향을 주지 않을 것 같은 두 장면을 왜 집어넣었을까? 한국 사회에서 '호남'이 가지는 정치적 의미를 생각할 때 그 함의를 파악하기 어려운 장면이다.

사라진 고공 농성자 2명
〈터널〉

터널 공사 중 떨어진 암석에 깔려 1명 사망 5명 중경상.
_「부산일보」, 1935년 7월 3일.

하정우의 독보적 연기가 돋보인 〈터널〉(김성훈 감독, 2016년)에 대한 리뷰는 모두 세월호에 집중되어 있다. 부실 공사에 따른 하도 터널의 붕괴로 기아자동차 하도 영업소 직원 이정수(하정우 분)는 터널에 갇히고 만다. 액션 영화에서 총알은 항상 주인공을 빗나가듯이 영화는 주인공이 죽을까 살아남을까를 궁금증으로 남겨 두지 않는다. 35일 동안 갇힌 채로 사투를 벌이면서도 인간다움을 잃지 않았던 이정수에게서 해피엔딩이 짐작되었기 때문이다. 하지만 터널 바깥에서는 부실이 계속되고 있다. 관료들의 보여주기식 행보, 언론들의 특종 경쟁, 1명의 희생과 다수의 행복 중 어떤 쪽을 택할 것인가를 묻는 마이클 센델의 '정의란 무엇인가'식 질문이 영화를 끌고 가는 기본 틀이다.

하정우가 당한 재난 상황, 박근혜를 연상시키는 여성 장관, 세월호 당시 해양수산부 장관이었던 이주영을 닮은 배역 등이 나온다고 해서 〈터널〉을 세월호 영화라고 할 수 없다. 〈터널〉은 오히려 세월호를 철저히 비껴간다. '의미 이론Logo Theraphy'의 창시자 빅터 프랭클이 아우슈비츠 수용소에서 깨진 유리 조각으로 면도를 했던 경험처럼 이정수는 매몰된 상태에서도 면도하고 다른 매몰자의 얼굴을 귀한 물로 닦아 준다. "인간이 살아가는 데 문제가 되는 것은 자신을 기다리는 운명이 아니라 그 운명을 받아들이는 방법"이라는 프랭클의 말처럼 이정수는 상황을 긍정적으로 받아들인다.

〈마션〉(리들리 스콧 감독, 2015)에서 맷 데이먼이 그랬던 것처럼 재난의 상황에서 긍정적 태도는 바람직하다. 그러나 세월호는 다르다. 그들에게 남은 희망이라고는 바깥 사회에 대한 신뢰밖에 없었다. 세월호 밖의 상황도 터널 밖과 달랐다. 세월호의 경우 마치 모두 죽을 때까지 기다리는 것처럼 행동했다. 반면 〈터널〉에서 포기의 시점은 1차 굴착이 잘못된 설계도로 인해 허사가 된 이후였다. 터널에 나오는 정부는 세월호 정부보다 훨씬 유능했다.

냉소는 힘이 없다

정치에 대한 냉소, 언론에 대한 냉소, 이익 앞에서 비굴해지는 시민들의 냉소는 우리의 자화상임이 틀림없다. 그러나 냉소는 힘이 없다. 안전을 지키겠다는 정부의 발표를 개 짖는 소리로 덮어버린 장면은 사회의 구조적 모순을 웃음으로 치환한다. 한국 사회에서 정치 냉소를 부채질하는 데 앞장서는 기관은 보수 언론이다. 그들은 여도 야도 보수도 진보도 똑같다는 여론을 조장한다. 이런 논리는 자유주의자들로 하여금 냉소를 개혁이라고 착각하게 만든다.

대기업의 횡포나 아파트 입주를 때맞추어서 하고 싶어 하는 소시민들(강남이 아니라 하도라는 가상의 도시는 중산층의 도시일 것이다)의 욕망은 모두 똑같다는 논리도 빠져들기 쉬운 함정이다. 인간이라면 모두 욕망을 가지고 있지만 지배 계층은 욕망을 조절하고, 서민들은 욕망에 지배되는 차이를 간과해서는 안 된다. 그런데도 〈터널〉은 마지막 부분에서 구조 작업을 포기하게 만드는 주체를 정부가 아니라 소시민의 욕망으로 슬쩍 바꾸어 놓는다. 비겁한 연출이다.

김대경이라는 '허수아비' 영웅

두 개의 집단이 경쟁적으로 갈등하다가 폭발에 이르게 되면 희생양을 선택해서 갈등을 잠재운다는 르네 지라르의 희생양 이론으로 보면 〈터널〉은 희생양의 영화가 아니라 영웅 서사다. 이정수도 영웅이지만 구조반장 김대경(오달수 분)은 지금의 한국 사회에서 찾아보기 힘든 영웅이다. 비록 높지 않은 지위이지만 자기의 책임을 다하고 고위층의 부당한 지시에 맞서는 인물은 현실에서는 찾아보기 어려워도 영화에서는 흔한 캐릭터다.

감독이 오달수에게 그 역할을 맡긴 의도는 옳았다. 만약 차인표가 그 역할을 맡았다면 영화는 신파로 흘러갔을 것이다. 매몰자를 구조하는 일은 정의의 문제가 아니라 당위의 문제라는 점을 '가벼운' 오달수는 잘 표현했다. 심각한 정의의 사도가 아니라 당위에 따라 행동하던 그는 구조 작업이 중단된 후에도 희망의 끈을 놓고 있지 않다가 마침내 구조에 성공한다. 그리고 정치인들과 언론을 향해 거친 말을 쏟아낸다. 이 부분이 통쾌하다고? 그래서 뭐가 바뀌었는데?

　세월호는 갈등을 잠재우기 위해 유병언을 희생양으로 삼았지만 지라르의 표현을 다시 빌리자면 (세월호의) 폭력은 은폐되지 않았다. 유가족들은 희생양으로 만들어 낸 거짓 봉합에 속지 않았다. 그 뒤로도 '경제', '화합'의 용어로 덮으려 했지만, 유가족과 시민들은 말려들지 않았다. 〈터널〉이 세월호 영화가 되려면 이런 부분을 그려야 했다. 그러나 영웅 서사로 우회하면서 진짜 현실과 맞서지 않는다. 이런 영웅을 그리워하는 먹고 살기 위한 생존이 최우선인 사회라는 사실을 외면할 생각은 없다. 그러나 세월호를 비롯한 한국 사회의 모순은 영웅 하나로 인해 해결될 성질의 것이 아니다. 구조에 나섰던 민간 잠수사들은 영웅 대접을 받기는커녕 오히려 비난의 대상이 되곤 했다. 그 과정에서 김관홍 잠수사가 극단의 선택을 했다. 영화는 이처럼 현실과 다르게 김대경이라는 영웅을 통해 한국 사회의 모순과 갈등을 서둘러 덮어버렸다.

두 명의 고공 농성자는 어디로 갔을까?

　무너진 터널 위에는 고압 송전탑이 지나가고 있다. 밀양 송전탑을 보여주려고 한 것 같은데 그냥 맛보기였다. 영화가 끝나고 엔딩 크레딧이 올라갈 때 보조출연자들 명단에서 고공 농성자 1, 고공 농성자 2가 나온다. 그런데 영화에는 고공 농성 장면이 등장하지 않는다. 밀양 송전탑과 마찬가지로 뭔가를 보여주려고 했는데 감독의 용기가 거기까지는 못 미쳤나 보다. 아니 잦은 코믹코드를 집어넣을 때부터 감독은 용기를 내려놓았던 것 같다. 요즘 한국의 감독들은 코믹코드 없이는 스토리를 전개할 역량이 없다고 자인하는 듯이 영화를 만들어나간다. 〈터널〉에서의 잦은 코믹코드는 영화의 그나마 가벼운 메시지를 희화화시킨다.

기아자동차 하도 대리점 이정수, 기아자동차는 이 영화에 많은 투자를 했을 것이다. 터널이 완전히 무너졌는데도 이정수가 타고 가던 기아의 차종 올뉴K5는 붕괴를 견뎌냈고 35일 동안 자동차의 배터리는 방전되지 않았다.

영화에서 편집된 엔딩 크레딧의 고공 농성자가 궁금해 인터넷을 검색해 보니 쌍용자동차가 아니라 기아자동차가 먼저 검색된다. 아마도 가장 최근의 기사 순으로 배열된 것 같다.

2016년 8월 18일 연합뉴스 보도다.

옛 국가인권위원회 건물 옥상 광고탑에서 1년간 고공 농성을 벌여 광고탑 전광판 소유 업체 측에 억대의 배상금을 물게 된 기아자동차 비정규직 노동자들의 재산을 집행관이 강제집행 했다. 18일 금속노조 기아차지부 등에 따르면 수원지법 소속 집행관은 이날 오전 양경수, 최정명 씨의 가전제품 등 유체동산을 경매에 부쳐 400여만 원을 전광판 소유 업체에 전달했다. 집행관은 지난달 양 씨와 최 씨, 한규협(42) 씨 등 3명으로부터 유체동산을 압류, 이날 양 씨·최 씨 등 2명의 유체동산을 처분했다. 한 씨에 대한 강제집행 일정은 정해지지 않았다. 이날 강제집행은 전광판 소유 업체가 "기아차 고공 농성으로 전광판 운영에 손해를 봤다"며 양 씨 등을 상대로 제기한 손해배상청구 소송에 따른 것이다.

국가폭력과 거대 기업의 횡포가 지속되는 사회에서 밀양송전탑과 고공 농성은 맛보기가 아니라 당사자들에게는 생존 자체다. 세월호는 희생자들의 생존 기술과 영웅적인 행동이 없어서 일어난 일이 아니라 거대한 국가 권력이 일방적으로 행한 폭력이다. 터널이 세월호 영화라고? 그것은 희생양을 통해 폭력을 은폐하려는 시도를 막아낸 유가족과 노란 리본을 단 시민들에 대한 모독이다.

눈 덮인 예수상
〈헤이트 풀 8〉

모든 것이 엉망이다. 예정된 모든 무너짐은 얼마나 질서 정연한가

_ 기형도, 「오후 4시의 희망」

    미국의 남북 전쟁 직후 와이오밍의 눈 내리는 산골에서 승객을 실은 마차와 시체를 끄는 북군 전역장교 워렌(사무엘 L. 잭슨 분)이 마주쳤다. 현상금 사냥꾼으로 활동하는 워렌은 현상금이 걸려 있는 시체 몇 구를 이송하다가 늙은 말을 잃고 어렵게 산길을 걸어가던 중이었다. 마차에는 또 다른 현상금 사냥꾼 존 루스가 10,000달러의 현상금이 걸린 여성 죄수를 호송하고 있다. 여성 죄수 한 명의 '가격'은 워렌이 지난 '여러 개의 상품'보다 훨씬 비싸다. 고가의 상품을 무사히 넘길 수 있는 레드 록까지 죄수를 호송해야 하는 존 루스에게 모든 사람은 자신의 물건을 탐내는 적으로밖에 보이지 않는다. 영화 〈헤이트 풀 8〉(쿠엔틴 타란티노 감독, 2015년)은 이렇게 시작한다.

    다행히 존 루스와 워렌은 구면, 그들은 마차에 탑승해 레드 록으로 가던 중 자신이 레드 록에 부임하는 젊은 보안관이라고 주장하는

크리스가 합승을 요청한다. 마부 OB를 포함해 모두 다섯 명은 레드 록으로 가는 길목에 있는 미니의 가게에서 눈보라가 그칠 때까지 쉬어가기로 한다. 워렌 일행이 도착했을 때 이곳에는 다른 무리들이 있었다. 전쟁에서 패배한 남군 장군 샌드포드 스미더스, 미니를 대신해서 가게를 지키고 있던 밥, 교수형 집행인 오스왈도, 엄마를 보러 가는 길이라는 조 이렇게 9명이 가게 안에서 눈이 그칠 때까지 함께 보내기로 한다.

서로가 인사를 나누지만 뭔가 미심쩍은 부분이 있다. 이 분위기는 워렌이 가장 먼저 감지했다. 주인 미니가 자리를 비웠다는 사실과 그동안 일을 봐주고 있다는 멕시칸 밥에게서 워렌은 수상한 점을 발견한다. 존 루스 역시 호송하는 죄인 도머그를 풀어주려는 세력이 8명 중에 숨어 있다고 의심한다.

서로서로 믿지 못하는 좁은 공간에서의 위장된 평화는 당연히 오래가지 못할 터. 먼저 샌드포드 장군과 워렌이 맞붙는다. 두 사람은 남북 전쟁 당시 배턴 루지 전투 이야기를 하면서 남군과 북군의 정당성을 늘어놓는다. 이 과정에서 샌드포드의 아들로 이야기가 옮겨가자 둘의 대립은 극한으로 치닫고 먼저 총을 뽑은 샌드포드는 워렌의 총에 목숨을 거둔다.

워렌 일행이 미니의 가게에 도착했을 때 이미 그곳에 있었던 3명은 도머그와 한 패인 강도들이었다고 영화는 상세히 설명한다. 도머그를 구하기 위해 가게에 있던 사람들을 모두 죽인 후 추위를 피하는 손님으로 위장해서 존 루스와 도머그를 기다리고 있었던 것이다. 미리 손님으로 와 있던 샌드포드 장군은 살육의 현장을 목격했지만 비굴하게 입을 다문다. 워렌과의 말싸움에서는 남군의 정당성을 강

하게 주장하던 그였지만 강도들 앞에서는 자신의 목숨을 비굴하게
구걸했다.

풀리지 않는 숫자 - 8

미니의 가게에는 모두 9명이 있었다. 마루 밑에 숨어 있던 갱단의
두목인 도머그의 오빠를 포함하면 모두 10명이다. 그러나 영화 제목
은 '증오에 찬 8명'이다. 도머그 오빠는 영화 후반에 등장하니 그렇다
고 쳐도 누군가 한 명은 영화 제목에서 빠져야 한다. 도머그가 여자이
기 때문에? 그나마 가질 분노라고는 없는 마부 OB? 도머그가 빠지
는 것이 감독의 의도처럼 보인다. 나머지는 각기 삶에서 흑인이기
때문에 가지는 증오, 흑인을 향한 증오, 세상을 향한 증오를 간직한
채 살아가지만 어쨌든 악인을 잡아 돈을 벌든지 갱단 동료를 구해내
던지 문제의 해결을 위해 모인 사람들이다. 하지만 도머그와 오빠는
증오 유발자다.

아침에 미니의 가게를 점거했던 도머그 갱단의 일당은 총질을
하다가 문고리를 부수어 버렸다. 안에서는 나무에 못을 박아 문을
닫고 밖에서 들어오려면 발로 차서 못을 빼야 한다. 총질로 부서진
문은 못질과 발길질에 의해서 닫히고 열린다. 가게 안의 사람들은
화장실을 가기 위해 밖으로 나가야 하는데 그곳에는 어두운 밤에
갈 사람들을 대비해 긴 줄로 표식을 해 놓았다.

흑백 갈등, 남미계 이민자들과의 갈등, 각종 범죄 등이 미국 사회
의 단면인데 영화는 그 모든 것을 좁은 가게 안에서 보여준다. 가게로
통하는 문은 부서진, 즉 닫힌 문으로 폭력으로만 열고 닫히는 문이

다. 미국은 세상에 모두 개입하고 싶어 하지만 오히려 닫힌 사회다. 닫힌 사회와 유일하게 연결된 공간은 배설의 공간 화장실뿐이다.

미국이 아니어도 자본주의 사회는 모두 미니의 가게 같다. 다양한 증오가 사회를 지탱하는 힘이 되어 버렸다. 나누어 먹어야 할 몫의 90%는 극소수 계층이 독점했다. 나머지 10%를 놓고 싸우는 사람들은 90% 소유자를 향해 싸움을 벌이는 것이 아니라 10%를 서로 빼앗으려고 싸운다. 이런 사회 구조에서 미니의 가게를 본래 지키던 순박한 사람들은 폭력에 희생된다. 코로나바이러스 앞에서 나이가 또 다른 차별의 요소가 되어 미국과 유럽에서 수많은 노인들이 방치된채 죽어갔다.

주인공이라 할 수 있는 워렌이 상대적으로 선한 존재로 보이지만 그 역시 존 루스와 다름없이 사람을 상품으로 생각해서 돈을 버는 존재다.

링컨의 편지

워렌은 북국 장교로 근무 당시 링컨 대통령으로부터 받았다는 편지를 항상 소지하고 다닌다. 설원에서 존 루스와 처음 만났을 때도 그 편지를 읽어 주었다. 흑인 워렌의 말처럼 링컨의 편지는 백인을 비무장시키는 힘이 있다. 심지어는 남북 전쟁 당시 남부의 배경을 가진 사람들조차 '링컨의 편지'라는 권위를 존중한다. 하지만 미니의 가게에 모인 이들은 유일한 흑인인 워렌이 링컨의 편지를 갖고 있다는 말을 믿지 않는다. 크리스가 앞장서서 워렌이 거짓말을 하고 있다고 가게 안의 사람들에게 동조를 구한다. 이때 워렌은 편지는 가짜라고 실토한다.

살육극이 벌어진 뒤 가게 안에는 중상을 입은 크리스와 워렌 만이 남는다. 이들도 중상을 입어 죽어가는데 남부 출신으로 링컨의 편지가 가짜라고 몰아붙이던 크리스가 워렌에게 편지를 달라고 해서 읽어 내려간다. 크리스는 마지막 힘을 다해 편지를 읽고 익숙한 구절이 나오면 워렌은 그것을 중얼거리며 따라 한다.

세상은 계속 천천히, 그러나 확실하게 바뀌어 가고 있어. 당신(워렌)은 흑인들의 자랑거리이기도 해. 아직 갈 길이 멀지만, 함께 그 길을 걸어 목적지에 도착합시다.

링컨의 편지는 진짜인가? 가짜인가?

그것은 중요하지 않다. 편지라는 대상 너머에 있는 진리가 무엇인지 알지 못하지만, 그들은 편지를 수단 삼아 가게 안에서 반나절 사이에 일어난 대립을 극복한다. 남군과 북군은 죽어가면서 도머그를 함께 응징하고 링컨의 편지를 유언 삼는다. 모든 게 끝난 것 같지만 세상은 여전히 조금씩의 변화를 향해 나갈 것이라는 링컨의 진리(진짜와 가짜라는 대립을 초월한)와 이들은 결별하지만, 다음 세상에서는 여전히 유효할 것이고 진리를 위해서라면 라캉의 용어처럼 '죽음 충동'을 감수해야 할지도 모른다. 그러나 충동 너머로 얼핏 보이는 진리가 두렵다고 외면할 수는 없다.

때문에 편지의 내용은 마지막이 아니라 새로운 출발점이 된다.

영화 〈헤이트 풀 8〉에서는 모두가 죽었지만, 아직 우리는 그 정도 상황은 아니다. 가게의 닫힌 문처럼 앞뒤가 꽉 막혀 보이지만 세상의 변화를 위해서라면 워렌처럼 죽어가면서도 계속 중얼거려야 할 그 무엇이 있다. 정의건 평화건 해방이건 민주주의건 세월호건 간에 사람들이 아직도 그런 말을 하느냐고 비웃는다고 해도 우리는 중얼거려야 한다.

영화 처음과 끝에 눈 덮인 예수상이 나온다. 인적도 드문 산길의 예수상 그리고 눈이 덮여 꽁꽁 언 예수상은 사회의 부조리한 현실 앞에서 아무것도 하지 못하는 기독교를 상징한다. 성서가 모든 이들에게 왜곡된다고 해서 성서의 진실이 왜곡되는 것은 아니다. 봄이 오면 예수상의 눈은 녹을 것이다. 성서를 왜곡하는 자들이 녹아 사라질 때까지 우리는 성서가 본디 말하고 싶었던 것을 계속 중얼거려야 한다. 미니의 가게 문이 정상적으로 열리고 닫힐 때까지.

모두 라라랜드를 꿈꾸지만
현실은 녹터널 애니멀스

〈라라랜드〉, 〈녹터널 애니멀스〉

치정관계? 원한살인? 미궁에 빠진 부산내지인 여인 살해

_「조선신문」, 1924년 5월 11일.

〈라라랜드〉(데미안 셔젤 감독, 2016년)는 젊은이들의 꿈과 사랑을 다룬 영화다. 뮤지컬 형식을 도입한 영화는 판타지 영화 같은 촬영기법과 아름다운 노래들이 사람들의 감각을 사로잡는다. 전작 〈위플레쉬〉에 이어 두 번째 작품에서도 성공을 거둔 32살짜리 천재 감독 다미안 셔젤은 2017년 아카데미 감독상 수상을 비롯해 여우주연상(엠마 스톤), 촬영, 미술, 주제가, 음악에서 상을 거머쥐었다. 아카데미 시상식에서 시상자 워렌 비티가 〈라라랜드〉를 작품상으로 잘못 호명하는 바람에(실제로는 〈문라이트〉가 작품상이었고 시상자의 실수가 아니라 발표내용을 적은 메모가 잘못 전달되었다고 한다) 아카데미상 최대의 방송사고라는 '번외상'을 받았다. 라라랜드 제작자는 수상 소감을 말하다가 그만두어야 하는 수모 아닌 수모를 겪어야만 했다.

배우가 되기 위해 오디션을 보러 다니는 미아(엠마 스톤 분)는 꿈과 사랑을 다 놓치지 않으려고 한다. 재즈에 인생을 건 재즈피아니스트 세바스찬(라이언 고슬링 분)과 미아는 사랑을 나누면서도 열정을 추구하고 서로를 격려한다. 카페 종업원의 짜증 나는 미아의 삶에 세바스찬의 음악은 하나의 복음이었다.

두 사람이 꿈도 이루고 사랑도 이룬다면 영화가 무슨 재미가 있을까? 사랑은 깨어지고 아니, 깨어졌다기보다는 꿈을 이루는 과정이 서로 달랐던 두 사람은 이별한다. 남자는 여자의 꿈을 이루기 위해 자신의 꿈을 잠시 유보하지만, 여자가 바라던 것은 그게 아니었다. 그녀를 구원한 재즈에 기꺼이 열성 신도가 될 수 있었는데 남자는 그 점을 놓쳤다.

세월이 흐른 뒤 두 사람은 우연히 만난다. 이 장면도 아름답다. 말은 안 해도 지금 살고 있는 서로의 삶을 격려하는 눈빛을 나눈다. 통속 드라마처럼 세바스찬은 미아에게 "지금 사는 남편이랑 행복해?" 따위의 질문은 던지지 않는다. 옛사랑과 꿈은 아름다웠고 지금 그것을 추억하는 것조차 아름답다.

그런데, 과연 현실은?

노량진 고시촌의 사랑은 그리 생명이 길지 않단다. 꿈이 사치재가 되어버렸다. 공무원 고시에 젊음을 걸어야 하는 '생존'이 우선인 현실에서 꿈은 유보를 넘어 폐기된다. 미국도 다르지 않아서 중산층이 무너지고 한국처럼 미국의 젊은 세대는 부모 세대보다 못사는 세대가 되어가고 있다. 라라랜드의 화려한 색채도 현실과 꿈은 다르다는 것을 보여주는 미장센이다. 아카데미에서 미술상은 분명히 받고도 남을만했다.

스릴러물에 인색한 아카데미이기에 〈녹터널 애니멀스〉(톰 포드 감독, 2016) 는 후보에는 오르지 못했지만 좋은 영화다. 2016년 베니스 영화제에서 심사위원 대상을 수상했다. 〈녹터널 애니멀스〉 역시 젊은이들의 꿈과 사랑, 깨어진 사랑의 재회가 소재다. 한국 독자들에게는 낯선 오스틴 라이트의 소설 『토니와 수잔』(우리 말로도 번역 출판되어 있다)을 원작으로 한 영화다.

고급 갤러리의 주인인 수잔(에이미 아담스)에게 어느 날 전남편으로부터 출판을 기다리고 있는 원고가 배달된다. 소설가였던 전 남편 에드워드(제이크 질렌할)는 예전 함께 하던 시절 자기가 쓴 소설의 첫 독자였던 수잔에게 19년 만에 원고를 보낸 것이다. 영화 속 소설의 제목은 '녹터널 애니멀스,' '수잔에게 바친다'는 문장으로 시작하는 소설을 부족한 것 없는 현실이지만 뭔가 따분한 수잔이 읽어나가면서 영화는 현실의 수잔이 에드워드와의 옛사랑을 기억하는 장면과 소설을 영상화한 장면으로 교차 편집된다. 영화 속 소설의 주인공 토니(수잔의 옛 연인 에드워드와 영화 속 소설 장면의 주인공 토니는 제이크 질렌할이 모두 연기했다. 반면 영화 속 소설의 토니 아내와 영화 속 현실 수잔은 다른 배우다) 에드워드가 소설을 통해 자신의 이야기를 하고 있다면 수잔은 잊혀진 존재다. 실제로는 그 상처에서 못 벗어나면서 말이다.

영화 속 소설의 주인공 토니는 아내와 딸과 함께 가족여행을 가다가 텍사스 한적한 고속도로변에서 아내와 딸은 강간 살해당하고 본인만 살아남는다. 토니는 폐암에 걸려 죽어가는 지역 형사 바비의 도움을 받아 아내와 딸을 그렇게 만든 이들에게 복수한다.

현실에서 수잔은 에드워드와 헤어지면서 꿈보다는 현실을 택했었다. 별로 재능도 없어 보이는 에드워드에게 첫 소설을 읽고 글도 제대로 쓸 줄 모른다고 편잔을 주었었다. 수잔이 이별을 고민할 때 에드워드를 향한 수잔 어머니의 미움은 두 사람을 갈라놓는데 결정적 기여를 한다.

이제 에드워드는 소설 속 토니를 통해 수잔에게 복수한다. 19년 만에 글로 복수하는 지질한 남자나 〈라라랜드〉에서처럼 꿈을 변질시킨 남자에 대한 미아의 실망과는 다른, 즉 법학 공부를 멀쩡히 하다가 헛된 꿈을 꾼다며 남자를 떠난 수잔 같은 사람들과 더 자주 마주친다. 녹터널 애니멀스, 즉 야행성 동물들처럼 우리는 모두 어둠의 가치에 익숙하다.

영화 속 소설에 나오는 인물들은 19년 전 에드워드와 수잔, 그리고 그를 둘러싼 주변 인물들을 중첩해서 담아 놓았다. 에드워드의 기억 속에서 수잔은 이미 죽었으며 강간범 레이는 수잔의 어머니다. 어머니에 의해 수잔은 19년 전 이미 죽은 것이나 다름없다. 반면 에드워드(토니)의 주변에는 그날 이후 사회의 냉혹함을 가르쳐 주는 형사 바비와 같은 사람들이 많았다.

마지막 에드워드는 수잔에게 만남을 제안한다. 고급 레스토랑에서 수잔은 오랫동안 기다리지만, 약속을 제안한 토니는 나타나지 않는다. 아! 지질한 복수여! 아니 어쩌면 에드워드는 영화 속 소설에서 토니가 복수를 마친 후 자살한 것처럼 자신의 자살로 자학적 복수를 완성시켰는지도 모른다.

에드워드를 기다리는 수잔은 어떤 마음이었을까? 자신이 선택했던 안락한 결혼이 주는 무료함 때문에 후회하고 있었을까? 딸의 행복을 물질과 지위에서 찾고자 했던 속물 엄마의 탓을 하고 있었을까?

〈라라랜드〉에서는 밤도 환하지만 〈녹터널 애니멀스〉에서는 낮도 어둡다. 라라랜드는 아름답지만 녹터널 애니멀스는 슬프다. 녹터널 애니멀스는 수잔이 운영하는 갤러리에서 과도한 비만의 여성들이 나신으로 춤을 추는 장면으로 시작한다. 육중한 몸매는 자본이 지배하는 현실 세계다. 자본주의는 이미 중병을 앓고 있지만 갤러리의 큐레이터들은 그것을 '돈 되는 작품'으로 연출한다. 모두가 신자유주의를 한마디쯤은 비판하지만, 그것을 즐기고 있는 현실, 수잔은 19년 전이나 지금이나 하나도 변하지 않았다는 복선으로 영화는 시작한다. 반면 19년 전 미래의 작가를 꿈꾸던 에드워드는 과거에 갇혀 있다.

라라랜드같이 아름다운 세상이면 얼마나 좋겠는가? 하지만 어둠과 욕망과 배신과 지질한 복수와 서글픈 추억 속에서 겨우겨우 생존해 가는 게 현실이다. 이런 사회를 구원할 사람은 폐암에 걸려 있으면서도 담배를 끊지 못하는, 즉 지질한 세상과 결별을 재촉하는 녹터널 애니멀스의 바비 같은 존재다.

꿈과 사랑과 재회를 두 영화가 이렇게 다르게 그릴 수 있나? 과연 라라랜드처럼 아름다운 색채로 가득한 세상이 오기는 할까? 실제 현실에서 꿈과 사랑과 정의를 찾는 사람들은 바비 형사처럼 용도 폐기된 사람으로 취급받는 세상에 살고 있는 것이 아닐까? 그런 점에서 녹터널 애니멀스는 시리도록 슬픈 영화다. 현실을 너무 잘 담고 있으므로.

내 서 재 소 개

글머리(제사)에 도움받은 책과 신문

가토 나오키/서울리다리티 옮김.『구월 도쿄의 거리에서』. 갈무리, 2015년.

게오르그 뷔히너/홍성광 옮김.『보이체크, 당통의 죽음』. 민음사, 2015년.

기형도.『입 속의 검은 잎』. 문학과 지성사, 2014년.

김연수.『일곱해의 마지막』. 문학동네, 2020년.

님 웨일즈/송영인 옮김.『김산, 아리랑』. 동녘, 2005년.

데이비드 그레이버/나현영 옮김.『아나키스트 인류학의 조각들』. 포도밭, 2016년.

로버트 D. 퍼트넘 · 데이비드 E. 캠벨/정태식 안병진 정종현 이충훈 옮김.『아메리
      칸 그레이스』. 페이퍼로드, 2013년.

록산 게이/노지양 옮김.『나쁜 페미니스트』. 사이행성, 2016년.

루미/이현주 옮김.『루미의 우화 모음집』. 아침이슬, 2010년.

밀란 쿤데라/이재룡 옮김.『정체성』. 민음사, 2012년.

수 클리볼드/홍한별 옮김.『나는 가해자의 엄마입니다』. 반비, 2016년.

스콧 니어링/김라합 옮김.『스콧니어링 자서전』. 실천문학사, 2000년.

슬라보예 지젝/주은우 옮김.『당신의 징후를 즐겨라』. 한나래, 1997년.

알렉산더 데만트/이덕임 옮김.『시간의 탄생』. 북라이프, 2018년.

앙리 프레데릭 아미엘/이희영 옮김.『아미엘 인생일기』. 동서문화사, 2005년.

애덤 모턴/변진경 옮김.『잔혹함에 대하여』. 돌베개, 2015년.

애덤 샌델/이재석 옮김.『편견이란 무엇인가』. 와이즈베리, 2015년.

얀마텔/공경희 옮김.『포르투갈의 높은 산』. 작가정신, 2018년.

에리코 말라테스타/하승우 옮김.『국가 없는 사회』. 포도밭, 2014년.

에릭 호퍼/방대수 옮김.『길위의 철학자』. 이다미디어, 2014년.

움베르토 에코/이세욱 옮김.『프라하의 묘지』. 열린책들, 2013년.

윌리엄 셰익스피어/최종철 옮김.『오셀로』. 민음사, 2001년.

윤지관.『놋쇠하늘 아래서』. 창비, 2001년.

일로나 예르거/오지원 옮김.『두 사람, 마르크스와 다윈의 저녁 식사』. 갈라파고
        스, 2018년.

자끄 엘륄/하태환 옮김.『선전』. 대장간, 2009년.

전미영.『김일성의 말, 그 대중설득의 전략』. 책세상, 2016년.

줄리언 반스/신재일 옮김.『10 1/2장으로 쓴 세계역사』. 열린책들, 2016년.

테리 이글턴/김준환 옮김.『낯선 사람들과의 불화』. 길, 2018년.

_____/조은경 옮김.『신의 죽음 그리고 문화』. 알마, 2017년.

토머스 머튼/정진석 옮김.『칠층산』. 바오로 딸, 2007년.

프리드리히 니체/이진우 옮김.『차라투스트라는 이렇게 말했다』. 휴머니스트,
        2020년.

프리모 레비/이현경 옮김.『이것이 인간인가』. 돌베개, 2011년.

필립 로스/김한영 옮김.『나는 공산주의자와 결혼했다』. 문학동네, 2013년.

필립 카곰/정주연 옮김.『나체의 역사』. 학고재, 2012년.

헬리 데이비드 소로우/김욱동 엮음.『소로의 속삭임』. 사이언스북스, 2008년.

황인찬.『구관조 씻기기』. 민음사, 2015년.

「경향신문」2014년 9월 15일.

「마산일보」1964년 2월 12일.

「민주중보」1946년 4월 21일.

「부산일보」1935년 7월 3일.

「부산일보」1934년 12월 13일.

「신한민보」1937년 5월 6일.

「조선신문」 1924년 5월 11일.

「조선일보」 2008년 1월 12일.

「한겨레신문」 2006년 10월 13일.

본문에 도움받은 책과 글

가야트리 차크라보르티 스피박 외/태혜숙 옮김.『서발턴은 말할 수 있는가?』. 그린
　　비, 2016년.

강정인.『죽음은 어떻게 정치가 되는가』. 책세상, 2017년.

고미숙.『한국의 근대성, 그 기원을 찾아서』. 책세상, 2015년.

길버트 체스터턴/홍희정 옮김.『결백』. 북하우스, 2002년.

김세중.『대역죄인 박열과 가네코』. 스타북스, 2017년.

김은국/도정일 옮김.『순교자』. 문학동네, 2010년.

김재인.『혁명의 거리에서 들뢰즈를 읽자』. 그물코, 2017년.

김진영.『희망은 과거에서 온다』. 포스트카드, 2019년.

김현수. "퍼스트 리폼드."「씨네 21」1202호(2019년 4월).

김호동.『동방기독교와 동서문명』. 까치, 2002년.

노자/김용옥 옮김.『길과 얻음-도덕경』. 통나무, 1991년.

님 웨일즈 · 김산/송영인 옮김.『아리랑』. 동녘, 2019년.

로랑 비네/이선화 옮김.『언어의 7번째 기능』. 영림카디널, 2018년.

로버트 스칼라피노/이정식 · 한홍구 옮김.『한국 공산주의운동사』. 돌베개, 2015년.

루이 알튀세르/진태원 옮김.『알튀세르의 정치철학 강의』. 후마니타스 , 2019년.

르네 지라르/김진식 옮김.『그를 통해 스캔들이 왔다』. 문학과지성사, 2007년.

＿＿＿＿＿/김치수 · 송의경 옮김.『낭만적 거짓과 소설적 진실』. 한길사 , 2001년.

마이클 하트/김상운 · 양창렬 옮김.『들뢰즈 사상의 진화』. 갈무리, 2006년.

미야타 미쓰오/양현혜 옮김.『국가와 종교』. 삼인, 2004년.

박태원.『갑오농민전쟁(1~8)』. 깊은샘, 1993년.

박혜은. "물의 생기와 불의 광기."(영화평). 한국영상자료원 홈페이지.

버지니아 울프/이미애 옮김.『자기만의 방』. 민음사, 2013년

베네딕트 앤더슨/서지원 옮김.『세 깃발 아래에서 — 아나키즘과 반식민주의적 상
  상력』. 길, 2009년.

사토 요시유키/김상운 옮김.『권력과 저항』. 난장, 2012년.

수 클리볼드/홍한별 옮김.『나는 가해자의 엄마입니다』. 반비, 2016년.

수전 브라운밀러/박소영 옮김.『우리의 의지에 반하여 — 남성, 여성 그리고 강간
  의 역사』. 오월의 봄, 2018년.

슬라보예 지젝 외/김영찬 외 옮김.『성관계는 없다』. 도서출판 b, 2013년.

_____/이현우 외 옮김.『폭력이란 무엇인가』. 난장이, 2011년.

_____/김종주 옮김.『환상의 돌림병』. 인간사랑, 2002년.

시몬 베유/박진희 옮김.『시몬 베유 노동일지』. 리즈앤북, 2012년.

알랭 바디우/현성환 옮김.『사도 바울』. 새물결, 2008년.

_____/조재룡 옮김.『사랑 예찬』. 길, 2010년.

앙드레 슈미드/정여울 옮김.『제국, 그 사이의 한국』. 휴머니스트, 2007년.

야마다 쇼지/정선태 옮김.『가네코 후미코』. 산처럼, 2017년.

야콥 타우베스/조효원 옮김.『바울의 정치신학』. 그린비, 2012년.

엘리자베트 벡 게른스하임/이재원 옮김.『모성애의 발견』. 알마, 2014년.

요나스 요나손/임호경 옮김.『창문 넘어 도망친 100세 노인』. 열린책들, 2013년.

울리 분덜리히/김종수 옮김.『메멘토 모리의 세계, 죽음의 춤을 통해 본 인간의 삶
  과 죽음』. 도서출판 길, 2008년.

이야나가 노부미/김승철 옮김.『환상의 동양』. 동연, 2019년.

이진우 · 김민정 외 지음.『호모 메모리스』. 책세상, 2014년.

정화열/박현모 옮김.『몸의 철학』. 민음사, 1999년.

정병설.『권력과 인간』. 문학동네, 2012년.

제임스 C. 스콧/김훈 옮김.『우리는 모두 아나키스트다』. 여름언덕, 2014년.

조르조 아감벤/박진우 옮김.『호모 사케르』. 새물결, 2008년.

_____/김항 옮김.『예외상태』. 새물결, 2009년.

_____/윤병언 옮김.『불과 글』. 책세상. 2016년.

_____/박진우·정문영 옮김.『왕국과 영광』. 새물결, 2016년.

_____/강승훈 옮김.『남겨진 시간』. 코나투스, 2008년.

존 폴락/홍종락 옮김.『사도 바울』. 홍성사, 2009년.

최수철.『포로들의 춤』. 문학과지성사, 2016년.

최원.『라캉 또는 알튀세르 ― 이데올로기적 반역과 반폭력의 정치를 위하여』. 난
　　　장, 2016년.

칼 슈미트/김항 옮김.『정치신학』. 그린비, 2010년.

_____/조효원 옮김.『정치적 낭만주의』. 에디투스, 2020년.

테드 제닝스/박성훈 옮김.『데리다를 읽는다, 바울을 생각한다』. 그린비, 2014년.

테리 이글턴/오수원 옮김.『악』. 이매진, 2015년.

톰 라이트/순돈호 옮김.『톰라이트의 바울』. 죠이선교회, 2012년.

플래너리 오코너/고정아 옮김/『플래너리 오코너』/ 현대문학, 2014년.

피에르 라즐로/김성희 옮김.『냄새란 무엇인가』. 민음인, 2006년.

하퍼 리/김욱동 옮김.『앵무새 죽이기』. 문예출판사, 2003년.

헨리 나우웬/최원준 옮김.『상처입은 치유자』. 두란노, 2011년.

황교익. "대만 카스테라 몰락은 정해진 순서였다."「시사인」 499호(2017년 4월).

후지이 다케시.『무명의 말들』. 포도밭출판사, 2018년.